JN060556

京都を学ぶ
洛東編
—文化資源を発掘する—
京都学研究会編

はじめに

本書は、「京都の文化資源」共同研究プロジェクトによる五冊目の出版である。このプロジェクトは、京都府立京都学・歴彩館と、京都府内の大学・研究機関との連携によって推進されている。平成二七年度から、「洛北編」を第一期として始まり、ついで「丹波編」「南山城編」「洛西編」を、各共同研究報告書に取りまとめるとともに、一般書としても刊行してきた。そのシリーズ五冊目が本書である。

京都の東郊は、平安京の時代から東や北へ延びる東海道・東山道・北陸道が通過する、いわば陸上交通の東の玄関口であった。日本海や東国から、琵琶湖水運を経て大津や坂本の港津に上陸した荷もまた、山越えで京都へ運ばれたものもあれば、宇治川を経て京都へ向かったものもあった。

鎌倉に幕府が開かれると東海道はいっそう重要性を増し、江戸時代にはさらにその比重が高まった。明治時代に琵琶湖疏水が完成すると、蹴上が上水道、水運、発電の拠点となり、岡崎一帯は勧業博覧会場やそれに伴う路面電車開業の地となった。さらに北側には近代化を先導するいくつもの施設が立地した。

洛東の範囲を確定するのは困難であるが、洛中の東であり、まず鴨川とその東岸が含まれることは異論がないところであろう。白川、ときに鴨東などと呼ばれた地には、六勝寺が建設されて院政の拠点となり、少し南の六波羅一帯は、平氏の邸宅群、後白河院の法住寺殿（蓮華王院）、六波羅探題など、平安末・鎌倉期の重要拠点が数多く展開した。

東山を越えた東側の山科盆地は、入京する渤海使などの「郊の迎え」の地であり、平安時代から醍醐寺・勧修寺・安祥寺などの大寺院が展開した。のちの山科本願寺の立地もまた類似の立地条件に由来しているものであろう。

本書では、このような平安京・京都の東郊を取り上げ、さまざまな文化資源について検討した。豊かな文化資源の様相とその意義の解明を目指し、また文化資源の活用方策についても検討を加えようとしたものである。

本書における洛東とは、便宜的ではあるが次のように考えて共同研究を開始した。北は、先の「洛北編」において上賀茂神社や一乗寺付近を取り上げたので、それより南側の鴨川とその東側、南は、いずれ伏見を独立して取り上げたいので、その北側までとして、これに山科盆地を加えた範囲である。

本書は、研究報告を基礎にしながらも、詳細な資料を省略し、わかりやすい形に再編した部分がある。さらに、総論のほか、コラム四編を加えた。元になった調査報告をご使用になりたい方は、『令和元年度京都府域の文化資源に関する共同研究会報告書（洛東編）』（京都府立京都学・歴彩館、令和二年九月）をご覧いただきたい。

本書の編集については、京都学・歴彩館長の金田章裕と京都府立大学文学部教授の安達敬子が担当した。研究報告完成後も研究者各位には、本書の編集にご協力いただいた。また、本書出版についてはこれまでと同様に、ナカニシヤ出版のご高配を得ることとなった。あわせてお礼を申し上げたい。

本書が、洛東の文化資源の発掘とその理解の広がりに、多少なりとも寄与することがあれば、研究会としてこれほど幸いなことはない。

令和三年二月

京都学研究会代表　金田章裕

京都を学ぶ【洛東編】
——文化資源を発掘する——

目次

目次

はじめに …… 1
洛東概略図 …… 6

Ⅰ　洛中と洛東を結ぶ橋

洛中から洛東へ …… 金田章裕 8
五条の橋の牛若・弁慶伝承をたどる ―ヴィジュアルイメージの痕跡をもとめて― …… 本井牧子 22
◉コラム1　五条の橋の形 …… 中西大輔 44

Ⅱ　東山の山荘と寺院

浄蓮華院からみた吉田地域の中世 …… 吉江　崇 48
平安後期物語と白河院 ―天狗譚との関わりをめぐって― …… 安達敬子 68
東山山荘造営と足利義政 …… 川口成人 95

Ⅲ　山科の寺院
山科の古代寺院の造営と近世における再生　―大宅廃寺を中心に―……増渕　徹　116
醍醐寺の桜会……西　弥生　134
◉コラム2　安祥寺の創建と恵運の入唐　吉岡直人　154

Ⅳ　東山の近代
宮川町の成立と近代化　―京の花街の空間構成―……井上えり子　158
琵琶湖疏水利用庭園の成立と展開　―無鄰庵に先行する庭園と山県有朋人脈による別邸群の形成―……佐野静代　179
◉コラム3　京焼・清水焼と登り窯　―その構造と機能―　木立雅朗　202
登り窯の受難　―清水焼と五条坂の戦中戦後―……木立雅朗　205
◉コラム4　清水寺の明治維新　杉本弘幸　230
執筆者紹介……46・114・156・233
あとがき　234

写真●　大扉／ねじりまんぽ
目次／山科疏水

洛東概略図
比叡山ドライブウェイ
瓜生山
左京区
山中越え
出町柳駅
吉田山
銀閣寺
吉田神社
御所
大文字山
如意ヶ岳
長等山
JR湖西線
鴨川
無鄰庵
南禅寺
三井寺
三条大橋
京阪三条
京都市
知恩院
浜大津駅
四条大橋
八坂神社
京都疏水
琵琶湖疏水
毘沙門堂門跡
大津駅
東山区
天智天皇陵
五条大橋
清水寺
大津 IC
五条坂
JR 東海道本線
山科駅
逢坂越
山科区
京都東 IC
泉涌寺
JR 東海道新幹線
東福寺
京都府
音羽山
滋賀県
稲荷大社
稲荷山
稲荷駅
勧修寺
名神高速道路
京阪京都線
JR奈良線
醍醐寺
醍醐山
伏見区
伏見桃山城
伏見桃山稜
桃山駅
書島駅
近鉄京都

I 洛中と洛東を結ぶ橋

●洛中から洛東へ

●五条の橋の牛若・弁慶伝承をたどる

コラム1　五条の橋の形

洛中から洛東へ

金田　章裕

明治時代の鴨川と橋

洛東は洛中の東という意味である。ただし本書では、いわゆる東山と山科(やましな)のそれぞれの主要部を合わせた範囲としている。この内の東山を鴨東と呼ぶこともある。いずれにしても洛東は鴨川の東であり、洛中から洛東へ、洛東から洛中へは鴨川を越えなければならない。

明治時代中ごろの地図（図1、仮製二万分の一地形図を縮小、明治二四（一八九一）年）によれば、その鴨川にはいくつもの橋が架けられていた。現在の橋名でいえば上流から出町橋付近、荒神橋、丸太町橋、二条大橋、三条大橋、四条大橋、松原橋、五条大橋、正面橋、七条大橋に相当する橋であり、これだけで一〇か所にのぼった（以下、史料引用以外すべて○○橋と表現する）。

鴨川が流れる位置は、明治時代でも現在とほとんど同じであったが、河流の状況が大きく異なっていた。現在の河流の状況は、昭和一〇（一九三五）年に大水害が発生した後に構築された。河流の所々に堰を設けて段差をこしらえ、堰の間の水流が河道全体に、浅くなだらかに流れるようにしたものであった。

仮製二万分の一地形図では、現在の北大路付近から高野川と賀茂川の合流点付近まで、両川の河川敷に水流はなかった。これより上流側では、賀茂川の葵橋、出雲路橋や、高野川の御蔭橋、蓼倉橋（たでくらばし）などに相当する部分には、道は描かれているが、橋は存在しなかった。人々は河原の中の道を歩いて渡ったのである。通常はこのような河川敷内を歩くことができるが、増水時には歩けないので、川を渡ることができなくなったのは当然であった。

高野川と合流して鴨川となってからは、河川敷を河流が東に西に蛇行して流下する状況であった。時には二本、三本の分流となって、河流がもつれたように流れており、一般に網状流と呼ばれる状況であった。河川敷には従って、河流の間に広い河原があった。このような状況、つまり河道に水流がない状況や、河道に網状の水流がみられる状況は、鴨川が扇状地と呼ばれる地形上を流れることによって出現したものである。

扇状地は、主として砂礫質で構成されており、地表の流れが地下に浸透しやすく、特に上流側では通常は水流がみられず、下流側になって地表に水流がみられるのが普通である。鴨川の場合は、高野川と賀茂川の合流点付近において、糺（ただす）の森を流れてきた泉川の水流が加わり、その下流では地表流となっている様子を図1から読み取ることが可能である。いずれにしても増水時には、河川敷の全体に濁流が流れる。もちろん昭和一〇年の洪水なども、河川敷全体を濁流と流木が流れて橋脚にかかり、水流をせき止めたようになって氾濫した結果であった。

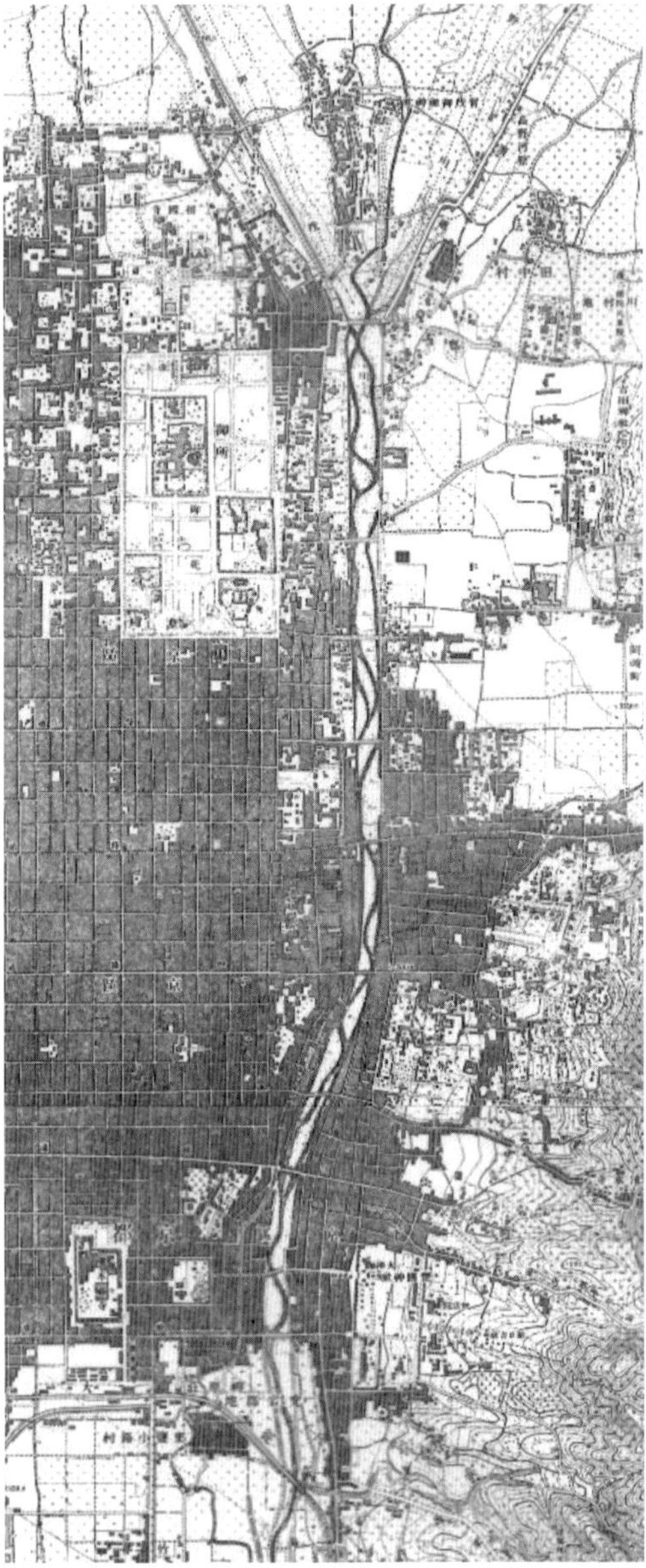

（図１）明治時代中頃の鴨川
（仮製二万分の一地形図の糺の森・七条間）

かつて、平安京の建設とともに鴨川の流路が、堀川付近から現在の河道へと変更されたとの説（塚本常雄　一九三二）があった。根拠は旧平安京域から、高野川の砂礫が検出されたことであった。しかし後に、その砂礫の堆積は平安京の時期よりはるかに古い時期のものであることが判明した。平安京以前から鴨川河道は、ほぼ現状の位置であったことが明らかとなったのである（横山卓雄　一九八八等）。ただし河川の形状は、すでに述べたように現在の河流と異なり、図１の状況に近いものであったと思われる。

平安京の正門と表玄関

平安京に遷都して百年ほど経た元慶三（八七九）年九月二五日、『日本三代実録』には、「この夜、鴨河(かもがわ)辛橋(からはし)に火つけり、大半を焼き断つ」と記されている。火事の原因の記載はない。この辛橋がいつ建造されたのかは不明であるが、この時に存在したことは間違いないであろう。

現存最古の平安京の地図である、九条家本『延喜式』（東京国立博物館蔵）の「左京図」には、九条坊門（八条大路と九条大路の間）に「韓橋、号唐橋」との記入がある。カラハシと呼ぶ橋があって、辛橋とも韓橋とも、また唐橋とも記載されたようである（以下、史料引用以外、唐橋と表現する）。

その位置は、現在のＪＲ東福寺駅の北端と、東寺東門から東へ延びる東寺通り東端とをつなぐ位置に相当する。この付近は、泉涌寺付近から西側へと、東山が最も張り出した部分に近く、鴨川東岸の地形は相対的に安定した地点であった。また東岸のすぐ北側には、山科から京（今熊野付近）に至る醍醐道（滑石(すべりいし)越）があり、東海道と接続する位置でもあった。平安時代末ごろの状況を描いているとみられる「山城国宇治郡山科地方図（「山科郷古図」ともいう）」に「交坂路」と記されているルートである。しかも同図には、滑石越のやや南に「旧京路畷」との標記（「昨田里」南辺）がある。これが山科盆地北部を東西走する東海・東山・北陸道設定以前における、盆地東辺を南北走していた東山道・北陸道との連絡道であったとすれば、まさしく唐橋への最短ルートである。

さて、唐橋が焼けたという記事から八年近く経た仁和三（八八七）年五月一四日、再び「始めて韓橋を守る者二人を置く」とあり、山城国の傜丁(ようてい)（労役の負担者）を充てることが記されている（『日本三代実録』）。この時までには、焼け切れた唐橋が修造されており、しかもそこに、橋守二人が置かれることになったことが知られる。

この唐橋の「橋守」二人の配置については、延喜二（九〇二）年七月五日の太政官符で追認しており、その折に「件の橋は、往還の要路」と、重要な交通路であったことを説明している（『類聚三代格』）。平安京のいわば正門が、朱雀大路南端の羅城門であったことは言うまでもない。しかし、平安京から東へと向かう東海道、東山道、北陸道については、羅城門から、あるいは羅城門へは、かなりの迂回を必要とする。例えば北陸道を上ってきた渤海使（ぼっかいし）などは、山科において「郊迎（こうのむかえ）」を受け、威儀を正して入京したことが知られている。入京してまず、使節は鴻臚館（こうろかん）へ向かったことからすれば、唐橋を経て入京した可能性は高いとみられる。唐橋は、平安京の東の表玄関とでもいうべき、一つの正式ルートであったと考えてよいであろう。

唐橋の名称も、このことを反映していたと思われる。時代は下がるが、例えば琵琶湖から流れ出る瀬田川の瀬田唐橋の場合は、やはり欄干のある橋であった。織田信長が建設した瀬田唐橋については、「双方に欄干をやり」（『信長公記』）と説明されているように、唐橋とはもともと欄干が設けられた橋を意味する語であった。

欄干があり、橋守が置かれた橋とは、平安京の玄関口にふさわしい、威儀を備えた橋であったと思われる。

白河への徒渉、稲荷社への徒渉

人臣最初の太政大臣となり、摂関政治の創始者ともなった藤原良房（八〇四～八七二）は、鴨川の東に別業（別荘）「白河殿」（京都市岡崎）を営んだ。平安京から鴨東への本格的な施設の展開であり、行幸も数度に及んだ。この摂関家別業であった白河殿を譲り受けた白河天皇は、承保三（一〇七六）年に法勝寺を建立した。以後、付近に六勝寺が相次いで建立され、白河一帯（岡崎）は院政期の一大拠点となった。

この白河は、平安京二条大路の東への延長部（東末（ひがしのすえ））に当たる。しかし、鴨川に橋があったという史料は知られていない。鴨川は、二条付近であったとしても、通常は徒歩で渡ることができたものであろう。輦輿（れんよ）であれば、輿上の院や公卿は河水にぬれることもない。

渡河地点は不明であるが、万寿元（一〇二四）年永円僧都が車で鴨川を渡っていた時、突然の増水にあい、車ごと流されて危うく助けられた（『小右記』）とする事件が記録されている。通常であれば、牛車で鴨川を渡ることもできたのであろう。橋のない鴨川の渡河と、増水の場合の状況を良く物語っている例である。

時代は下るが、一二世紀末ごろの京の様相を描いている『年中行事絵巻』には、稲荷祭の神輿の行列が、多くの見物人と共に進み、大幣を林立させながら、徒歩で川を渡っている様子を描いた部分がある（巻十二、三十七・八紙）。稲荷祭の見物は七条大路とされており、渡っているのは鴨川であろう。とすれば当時の七条大路には鴨川の橋はなかったことになる。唐橋はすでになかったものであろうか。あるいは神輿の行列の特定のルートであろうか。

さらに同絵巻（巻二、二三紙）には、騎乗で川を渡る人物と、その従者が裾をからげ、荷物を頭にのせて川を渡っている様子も描かれている。川を徒渉するのは一般的な状況であったとみられる（図2参照）。

ただし橋そのものは、平安京に数多く存在した。天長四（八二四）年の太政官符（『類聚三代格』）には、「京中、惣（すべて）五八四町、橋梁三百七十余処」とある（左京職の管轄分）。橋の総数を、仮に町（約一二〇メートル四方）の数でみると、ほぼ二町毎に一か所の橋があったことになる。また九条家本『延喜式』の「左京図」には、大宮、堀川、西洞院（上流では三本の支流）に川が描かれており、仮に各大路と小路のすべてに橋がかかっていたとすれば、これだけで百以上となろう。いずれにしても京中には、橋が多かったことになる。

先の『年中行事絵巻』（巻九、十九紙）には、角材を横に一〇本余り連ね、両脇に縦材を渡した橋を、馬上で越える人物の様子も描かれている。単なる板あるいは丸木を渡した橋より、少し手を加えた構造である。鴨川の徒渉はごく一般的であったが、同時に、河原のそこここにあった水流の部分には、このような簡易な橋が架けられていた可能性を想定すると理解が容易である。

（図2）賀茂川の徒歩渡り（『年中行事絵巻』巻二、二三紙。個人蔵、『日本の絵巻8』中央公論社、1987年より）

五条・四条・三条の橋

鎌倉幕府においては、寛元三（一二四五）年の「御成敗状追加」（『鎌倉幕府法、追加法』）に、禁じられた売買の「直物（じきもつ）（代金など）」は、「祇園清水寺橋の用途に付らるべし」との規定がみられる。「祇園（四条）橋・清水寺（五条）橋」にかかわる費用に充当すべきとしていたのである。どのような橋かは不明であるが、橋が架けられていたものとみてよいであろう。

その折の架橋による橋かどうかは不明であるが、正安元（一二九九）年に描かれた『一遍聖絵（巻七）』には、橋脚が一〇組からなる欄干・擬宝珠付きの四条橋を牛車と人々が行きかっている様子が描かれている。

四条橋については貞和五（一三四五）年に、祇園社執行行恵が「四条橋を架す」ために河原で田楽を催したことが知られる（『太平記　巻第二七』）。またこれより前の永治二（一一四二）年、「祇園四条橋」を勧進聖が沙汰したとの史料がある。仁平四（一一五四）年にも、「祇園橋（四条橋）」は、

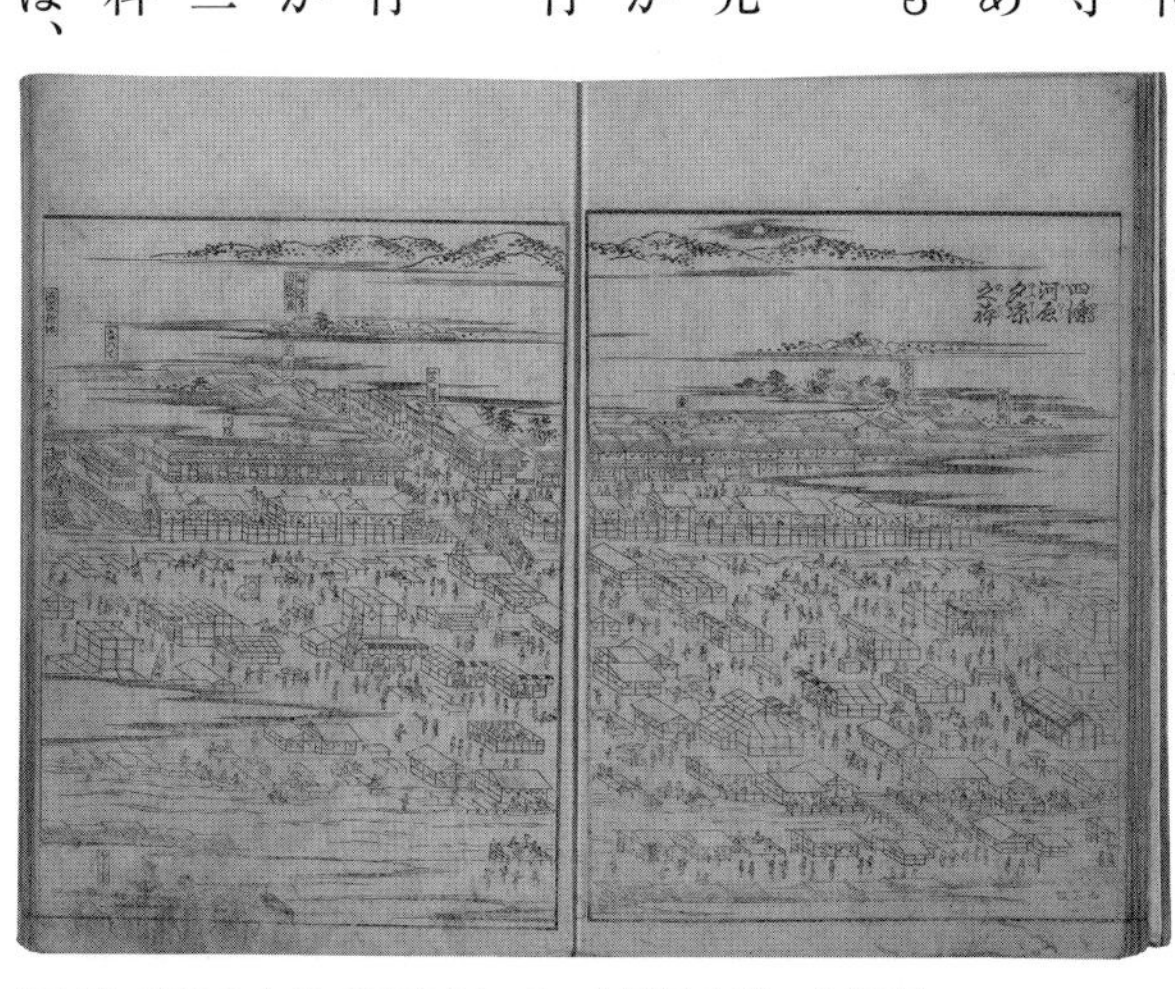

（図３）鴨川の中洲で納涼をしている様子を描いた場面（『都名所図絵』京都学・歴彩館　京の記憶アーカイブより）

洛中に勧進して「新造」されたという記録がある（『日本古典文学大系「太平記　三」』補注）。四条橋は平安時代末から、基本的に勧進によって架けられていたことになる。

五条橋もまた同様であり、清水寺成就院が担当する勧進橋であったという（『雍州府志』八）。

四条、五条の橋については絵画資料も存在する。室町時代後期の「洛外名所図屏風」（太田記念美術館蔵）には、右隻六曲の左側二面にわたって「四でうのはし（四条橋）」と、その下方に五条橋とみられる橋が描かれている。四条橋西畔には鳥居が描かれ、一本の橋で鴨川を渡っている。五条橋の方は、中洲と思しき島を経て、二本の橋からなっている。いずれも七〜九本の橋脚と三〜四枚の橋板が描かれている。

やはり室町時代後期の「洛中洛外図屏風」（歴博甲本、国立歴史民俗博物館蔵）も、四条橋に相当する一本の橋と西畔の鳥居、および二本の橋からなる「五てうはし（五条橋）」の表現は、先の屏風と共通する。

室町時代後期とされる「（狩野）元信印　洛中洛外図帖」（奈良県立美術館蔵）の表現も、同様である。「祇園会神輿渡御」とされており、四条橋の横に中洲を経て二本からなる橋を神輿が渡御する様子が描かれている。

上杉本「洛中洛外図屏風」（米沢市上杉博物館蔵）もまた、右隻に二本からなる五条橋と四条橋（金雲で明瞭ではないが、おそらく一本の橋）が描かれているが、鴨川にはほかの橋が描かれていない。絵画に描かれていないから存在しなかったとは言えないが、その可能性はあろう。

一方例えば、右隻中央部やや下段の「室町とを（通）り」沿いの川には、少し幅広の橋五本と、狭い板橋六本がかかっている様子が描かれている。この川は、九条家本『延喜式』「左京図」に表現された、室町通沿いに、冷泉院（小路、二条通の一本北側）から四条へと流れる流路に相当するものであろう。右隻には、ほかに西洞院通沿いの川にも類似の橋など、広狭計九本が描かれている。ちなみに左隻にも同様の橋がいくつも描かれており、左上隅には「とけつけふ（渡月橋）」も描かれている。渡月橋は別としてこのような洛中の橋は、先に紹介した、天長四年の太政官符（『類聚三代格』）が記載する、多数の橋の在りようを示すものであろう。

さてこのような五条橋は、本来の位置である五条大路の末、現在の松原橋の位置であったとみられる。鴨川に戻れば、鎌倉時代ころに、このように四条橋、五条橋の存在は知られるが、これらより上流側については、「糺河原（下賀茂神社付近）、荒神河原、二条河原、三条河原」などの表現が史料に見られる（『太平記』・『梅松論』など）。おそらくこれらの場所では、通常は河床に水流がなかったり、あっても網状の小流となって、河原が広がっている状況であったりしたものであろう。またこれらは、鴨川のさらに上流（賀茂川・高野川）側に、明治時代に至っても橋が存在しなかった状況と類似していたとみられる。

ところが室町幕府下の応永三〇（一四二三）年には、「伊勢因幡入道」の使者が「三条河原に橋懸けらるべく候」と申し入れ、さらに「広橋殿（伝奏）」名によって、「三条河原橋用脚事」として「合弐貫文」の所納が記されている（『兼宣公記』）。どのような橋であったかは不明であるが、その時点では存在しなかった「三条河原橋」が架けられることになったとみられる。架橋は次第に北へとさかのぼり、三条にまで及んだことになろうか。

三条大橋の建設について、『京都坊目誌』は擬宝珠に刻まれた銘を再録して、天正一八（一五九〇）年に増田長盛が架橋したとする。秀吉による御土居建設の前年である。この銘には「盤石の礎を地に入れ、五尋の功石の柱六十三本」と記され石橋であったことが知られる。

一方、五条橋が現在の位置へと移されたのはこの前年（翌年との記述もあり）であった。方広寺の大仏殿の造営に際し、豊臣秀吉の命によって築造したとされる。なお正保二（一六四五）年には、高欄の擬宝珠に「洛陽五条石橋」とあって石橋に替えられたことが知られる。

江戸時代の橋

三条橋は江戸幕府の官橋（公儀橋）となったが、『京都坊目誌』によれば、延宝二（一六七四）年・同四年にいずれも洪水で落損し、正徳元（一七一一）年修築したものの元文五（一七四〇）年に洪水で破壊されたとされる。その後も、寛保元（一七四一）年大破、延享二（一七四五）年新設、安永七（一七七八）年破損・修造、天明六（一七八六）年大破・修造、享和二（一八〇二）年、弘化三（一八四六）年落損、嘉永三（一八五〇）年・同五年大破、などと破損・修復が極めて頻繁であった。

公儀橋の建設についてはすでに朝尾直弘による整理があり、いずれも基本的に、長さ六一間ないし三七丈（約一一〇メートル）、幅三間四尺～四間一尺七寸（約五・六～七・八メートル）の橋であった。

さて、近世の京都では数多くの地図が刊行されたが、これらの都市図にも橋が描かれているものが多い。寛永元（一六二四）年～三年刊の「都記」は、刊行された日本の都市図の中で現存最古である。ところが同図には、賀茂川の橋はまったく描かれていない。「都記」は寺町通りの両側までしか表現していないからである可能性が高い。

これより少し前、刊行図ではなく手書き図であるが、寛永一四（一六三七）年の「洛中絵図」（京都大学附属図書館蔵）は橋を描いている。ただし、三条と五条橋の位置には橋を表現しているが四条には描かれていない。

そこで、近世の主な刊行京都図における、鴨川の橋の表現を整理（現在の七条大橋～賀茂大橋）してみたのが表1である。

刊行図で最初に橋を描いているのは、慶安五年刊の「新板平安城東西南北町弁之図」であり、五条・四条・三条の三か所の橋を表現している。ところが、五条・三条橋には欄干が表現されているが、四条橋は単に一本の表現（表1の○印）である。それ以来五条・三条橋は、同表に示した一四点の都市図のすべてにおいて、欄干や橋脚を伴った橋にみえるように表現している（表1の◎印）。

ただし五条橋は、一七七四年図に単純な橋として表現されているが、同図では三条橋も類似の表現である。同図ではもともと、両橋の欄干や橋脚を表現する意図はなかったものであろう。

ところが一六五七年図と一六八五年図には三条橋だけが単純な表現であり、五条橋の方には欄干や橋脚が描かれているか、何かしら立派な

（表1）近世京都図に描かれた橋

	刊行年		図名	七条	正面	五条	松原	四条	三条	二条	丸太町	荒神	賀茂	鴨川・高野川合流点以北	
														出町	河合
1	慶安5年	1652	平安城東西南北町并之図			◎		○	◎						
2	承応3年	1654	新板平安城東西南北町并洛外之図	○		◎		=	◎	○		○		○	○
3	明暦3年	1657	新板平安城東西南北町并洛外之図	○		◎		○	◎	○		○		○	○
4	天和元年	1681	新板平安城并洛外之図	○		◎	○	○	◎			○			
5	貞享3年	1686	新撰増補京大絵図			◎	=	=	◎	○	=＊1	○	○		
6	寛保元年	1741	増補再板京大絵図	=	=	◎	=	=	◎	=	=		=	○	
7	安永3年	1774	安永改正京絵図道法付	=	=	○	=	○	○	○	=		=	=	
8	天明3年	1783	天明改正細見京絵図	=	=	◎	=	=	◎	=	=	=	=	=	
9	寛政5年	1793	寛政新板手引京絵図	○	○＊2	◎	○	○	◎	○	○	○	○		
10	文化2年	1805	改正京絵図	○	=	◎	○	=	◎	=	=	○	○	○	
11	文化9年	1812	文化改正京都指掌図	○	○	◎	○	○	◎	○	○	○	○	○	
12	天保2年	1831	改正京町絵図細見大成	○	○	◎	○	○	◎					○	○
13	天保5年	1834	天保改正新増細見京絵図大全　完	○	○	◎	=	=	◎	○	○	○	○	○	
14	文久3年	1863	文久改正京都指掌図	=	=	◎	=	◎	◎	=	=＊3	=	=	=	

備考　◎：欄干・橋脚・広い橋などの表現あり　○：鴨川全体に1本で架かる橋　=：中洲を介して2本の橋　＊1：二条・荒神間に中洲を介する橋が2ヶ所　＊2：七条・正面間に1本で架かる橋が2ヶ所　＊3：丸太町・荒神間に中洲を介する橋が2ヶ所

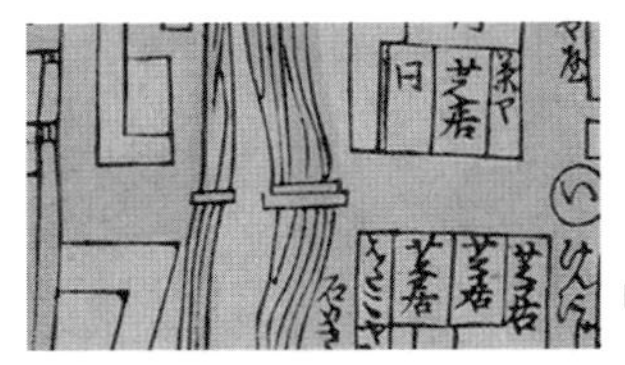
四条大橋＝

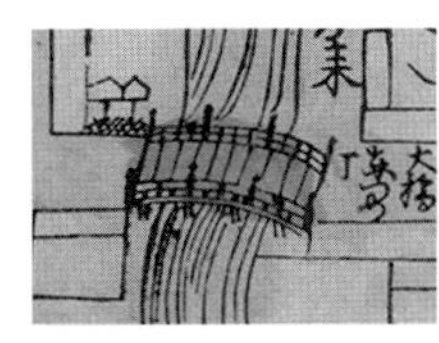
三条大橋◎

二条大橋○

橋に表現されているのである。先に三条橋が破損したことの知られる年次を列挙したが、それとは合致しないものの、三条橋の状況に変化があったことを反映しているかもしれない。いずれにしろ三条と五条の橋は他と異なって立派な橋であったことは間違いない。三条橋と五条橋が石橋であったことはすでに述べた。

現在と状況が大きく異なっているのは四条橋である。四条橋は鴨川を渡る一本の橋（表1○印）であったこともあるが、一七七四年図には「カリハシ」と注記されているので、おそらく破損して仮の橋が架けられていたものであろう。むしろ四条橋が、しばしば二本に分かれた橋（=印）として表現されている場合もあることに注目したい。水流を越えて中洲へ渡り、中洲を歩いて再び水流を越えるような、簡易な橋であった時期も多かったことを示す。四条橋が、三条・五条橋と類似の表現として出現するのは幕末の一八六三年図であった。

表1に二本線で示したのは、いずれも対岸までの連続した一本の橋ではなく、中洲をつなぐような橋であったことを示す。『都名所図会』には、鴨川の中洲で納涼をしている様子を描いた場面（図3参照）があり、中洲の利用状況は現在とは大きく異なっていたものであろう。

橋もまた、五条と三条を除いて常時利用できる状況ではなく、人々はしばしば中洲に降り立たねばならなかった。

参考文献

◎塚本常勇　一九三二「京都市域の変遷と其地理学的考察」『地理論叢』第一輯
◎平凡社編　一九七九『日本歴史地名大系第二十七巻　京都市の地名』平凡社
◎横山卓雄　一九八八『平安遷都と鴨川つけかえ』法政出版
◎門脇禎二・朝尾直弘編　二〇〇一『京の鴨川と橋―その歴史と生活―』思文閣出版
◎金田章裕　二〇一六『古地図で見る京都―「延喜式」から近代地図まで―』平凡社

五条の橋の牛若・弁慶伝承をたどる

—ヴィジュアルイメージの痕跡をもとめて—

本井　牧子

一、京の五条の橋の上、
　大のをとこの弁慶は
　　長い薙刀ふりあげて
　　　牛若めがけて切りかかる。
二、牛若丸は飛び退いて、
　持つた扇を投げつけて、
　　来い来い来いと欄干の
　　　上へあがつて手を叩く。
三、前やうしろや右左、
　ここと思へば又あちら、

燕のやうな早業に、
鬼の弁慶あやまつた。

尋常小学唱歌「牛若丸」で歌われるのは、五条の橋の上での義経と弁慶との出会いの場面である。長刀をふりかざす大男の弁慶に、欄干の上にひらりと跳び上がる少年牛若丸――現代人の私たちにも共有されているイメージといってよいであろう。映画やアニメーション、ゲームなど、さまざまなメディアで再生産されつづけているこういった弁慶と牛若丸のイメージというのは、どこにルーツをもつのだろうか。そしてそれは、いつごろから、どのようなメディアを通じて広がったのだろうか。

実は、これに対する答えを出すのは容易ではない。牛若丸――源義経と武蔵坊弁慶といえば、軍記の登場人物のなかでも抜群の知名度を誇り、人気を博するキャラクターである。ところが、義経はともかくとして、弁慶にかんしては、歴史上の記録がほとんどなく、鎌倉幕府による歴史書である『吾妻鏡』にわずか二か所（文治元〔一一八五〕年十一月三日条、同六日条）名前が見えるだけで、その実像がほとんどわからないのである。さらに、義経の活躍を描く『平家物語』や『源平盛衰記』においても、義経の郎等として登場するにはするが、義経との出会いはおろか、私たちが弁慶の活躍といって思い浮かべる、平知盛の幽霊撃退、安宅の関で勧進帳読み上げ、衣川での立ち往生といった著名なエピソードについてはまったく記すところがない。現代まで語り継がれる弁慶の活躍が具体的に描かれるようになるのは、どうやら室町時代をまたなければならないようなのである。

室町時代には、義経の一代記ともいうべき『義経記』をはじめとして、義経や弁慶を主人公とする物語草子が生み出された。さらには、義経や弁慶を主人公とする能や幸若舞曲といった芸能も盛んに行われた。そして、そういった伝承を基盤として、ヴィジュアルイメージが共有されていた様子もうかがわれる。私たちがよく知る義経・弁慶主従が生き生きと動き出すのは、室町時代の伝承世界のなかなのである。

そこで、本稿では、唱歌「牛若丸」で知られる牛若丸と弁慶との出会いのエピソードについて、中世にさかのぼるその痕跡を拾い集めながら、それが定型化してゆく過程を点描してみたい。その先には、それが近世という時代を経て、唱歌「牛若丸」へとつながる道筋が浮かび上がることになるだろう。

唱歌「牛若丸」以前

●『日本昔噺』「牛若丸」から尋常小学唱歌「牛若丸」へ

中世の伝承に話を進める前に、まずは冒頭でみた唱歌「牛若丸」を起点として、それが基づいたものを確認することからはじめよう。唱歌「牛若丸」の収められた『尋常小学唱歌　第一学年用』は、明治四四（一九一一）年に刊行されている。この唱歌の詞章と密接な関連をもつと考えられるのが、巌谷小波による『日本昔噺』「牛若丸」である。『日本昔噺』は、博文館から刊行された子ども向けの昔話集であり、全部で二四編が刊行された。その第二三編に「牛若丸」が収められ、明治二九（一八九六）年に刊行されている。この『日本昔噺』「牛若丸」と唱歌「牛若丸」とは、タイトルが同じというだけでなく、内容的にも密接な対応がみてとれる。

『日本昔噺』「牛若丸」は、母常盤御前（ときわごぜん）の逃避行で幕を開ける。平清盛による助命から、鞍馬山入り、僧正が谷での天狗による稽古のエピソードなどが描かれ、いよいよ、太刀を千振集めている弁慶の噂を聞きつけた牛若丸が、五条の橋の上で弁慶を待ち伏せする場面へとつづいてゆく（東洋文庫692）。

牛若は……わざと悠々と構へて、平気で笛を吹いてまゐりますと、先方の坊主は、立ち留つて此方を見ましたけれども、敵が小児だと思ひました故いか、別に手出しもせずに其儘通り過ぎやうとしますから、牛若も少し張合が抜けましたが、「ヨシ、先方で手出しをしなければ、此方から喧嘩を買つてやらう」と、段々側へ寄つて行つて、唐突、其の薙刀の柄を足でポンと蹴飛ばしました。

　小児だから勘弁してやらうと思つたのに、却つて反対に向つて来ましたから、弁慶は怒るまいものか！「おのれ小癪なッ！」と云ひながら、薙刀を取り直して、横に一つ払ひましたから、可哀さうに牛若の体は、胴中から真二つに成て、飛んでしまふかと思ひの外、やッと云ふと体をかはして、二三間後へ飛び退きながら、腰にさして居た扇子を取つて、えイとばかりに投げつけますと、其奴がビューと飛んで来て、弁慶の眉間の処へポンと云つて当りましたから、弁慶いよ〳〵腹を立つて、又薙刀を振りかざし、薪でも割るやうに打ちおろしますと、今度は欄干の上へ跳ねあがつて「どつこい此処だぞ！」と手を拍つて笑ひます。二度まで遣り損ひましたから、此方は一層急き込んで来て、尚も薙刀を水車のやうに振り廻はしながら、縦横無尽に切つてまはりましたが、此方は鞍馬山の大天狗に、充分仕込まれた腕前ですから、其の働きの速いことと云つたら、前を払へば、後へ抜け、後を切れば、前へ現はれ、まるで燕か猿の様で、如何しても手に掛りません。

この傍線部を唱歌と比べてみよう。長刀を蹴飛ばされたことに腹を立て、長刀を取りなおして向かってゆく弁慶（「大のをとこの弁慶は／長い薙刀ふりあげて／牛若めがけて切りかかる」）に対して、牛若が扇を投げつけ（「牛若丸は飛び退いて、持つた扇を投げつけて」）、欄干に飛び上がり、弁慶を挑発する（「来い来い来いと欄干の／上へあがつて手を叩く」）という流れがぴったりと一致する。さらに、弁慶を前後左右に翻弄する様子、特にそれが燕にたとえられている点が、唱歌の「燕のやうな早業」と対応することからは、唱歌が『日本昔噺』に基づいて作詞されたことがうかがわれる。

『尋常小学唱歌　第一学年用』は、文科省内に設置された小学校唱歌教科書編纂委員の編纂によるものとされ、個別の歌にかんして作詞者・作曲者は記されていない。つまり、唱歌「牛若丸」の作詞者は公表されていないのだが、これに先立つ『尋常小学読本唱歌』（明治四三年、文部省）には巌谷小波作詞の「ふじの山」が収録されている。また唱歌「一寸法師」も巌谷小波の作詞であり、『日本昔噺』第一九編には「一寸法師」が収められているなど、巌谷小波は唱歌作詞にも携わっていた。唱歌「牛若丸」における巌谷小波の直接関与については不明であるが、少なくとも、その詞章は『日本昔噺』「牛若丸」の延長線上に位置づけてよいであろう。

（図 1）『日本昔噺』「牛若丸」橋本周延による挿絵（『東洋文庫 692　日本昔噺』平凡社、2001年より）

●能「橋弁慶」から『日本昔噺』「牛若丸」へ

さて、『日本昔噺』「牛若丸」から尋常小学唱歌「牛若丸」へという流れを確認したところで、今度は『日本昔噺』が何を下敷きにしているかをみてみたい。結論からいうと、その枠組みは、能「橋弁慶」を踏襲していると思われる。

能「橋弁慶」は、弁慶をシテとして、牛若を子方が演じる能である。その名のとおり、五条の橋の上で繰り広げられる弁慶と牛若の戦いが見どころである。歴彩館所蔵の明和二年版謡本によって、牛若を弁慶がみつけるところからみてみよう。

シテ「弁慶即(やがて)見つけつつ、こと葉をかけむと思へ共、かれは女の姿なり。我は出家の事なれば、思ひわづらひ過て行く。

子方「牛若かれをなぶつて見んと、行ちがひさまに長刀の、柄もとをはつしとけあぐれば、

シテ「すは、しれものよ物見せむと。

地「長刀やがて取なほし、長刀やがて取なほし、いで物みせむ、手なみの程と、きつてかかれば牛若は、少もさわがずつつ立なほつて、薄ぎぬひきのけつつ、しづしづと太刀ぬきはなつて、つつささへたる長刀の、きつさきに太刀打あはせ、つめつひらいつ戦ひしが、何とかしたりけむ、手本に牛若寄とぞみえしが、たたみかさねて打太刀に、さしもの弁慶合かねて、橋げたを二三間しさつて、肝をぞけしたりける。

弁慶が牛若に気づきながらも、相手にせずに通り過ぎようとしたところ、牛若の方から長刀の柄を蹴っ

て仕掛けてきたので、弁慶は長刀を取り直して斬りかかる——先にみた『日本昔噺』と同様の展開であることがわかるであろう。能では相手が「女の姿」であるから僧侶である身を憚って声をかけなかったとされているところが、『日本昔噺』では、「敵が小児だと思」って相手にしなかったとなっているが、これは、子ども向けということを意識しての意図的な改変とみてよいだろう。能で「橋げたを二三間しさつて」呆然と立ち尽くす弁慶に対して、『日本昔噺』では牛若が弁慶の長刀をかわす際に「二三間後へ飛び退」いているといった違いもみられるが、「二三間」下がるという具体的な動作が共通することこそが、かえって、能の詞章を元にアレンジを加えられた痕跡と考えられるのではないだろうか。

近代日本人の牛若・弁慶イメージ形成に多大な影響があったと思われる唱歌「牛若丸」は、巌谷小波『日本昔噺』「牛若丸」をもとに作詞された。その『日本昔噺』は、能の「橋弁慶」の詞章を下敷きにしていた。そして、この能「橋弁慶」こそが、どうやら近代以前の牛若・弁慶イメージの定型であったようなのである。

●能「橋弁慶」

それでは、能「橋弁慶」は、誰によって、いつごろ作られたのか——実は、これもまたよくわからない。能の作者を記した作者付とよばれる資料をみると、永正一三（一五一六）年奥書の『自家伝抄』には佐阿弥作として、大永四（一五二四）年編の『能本

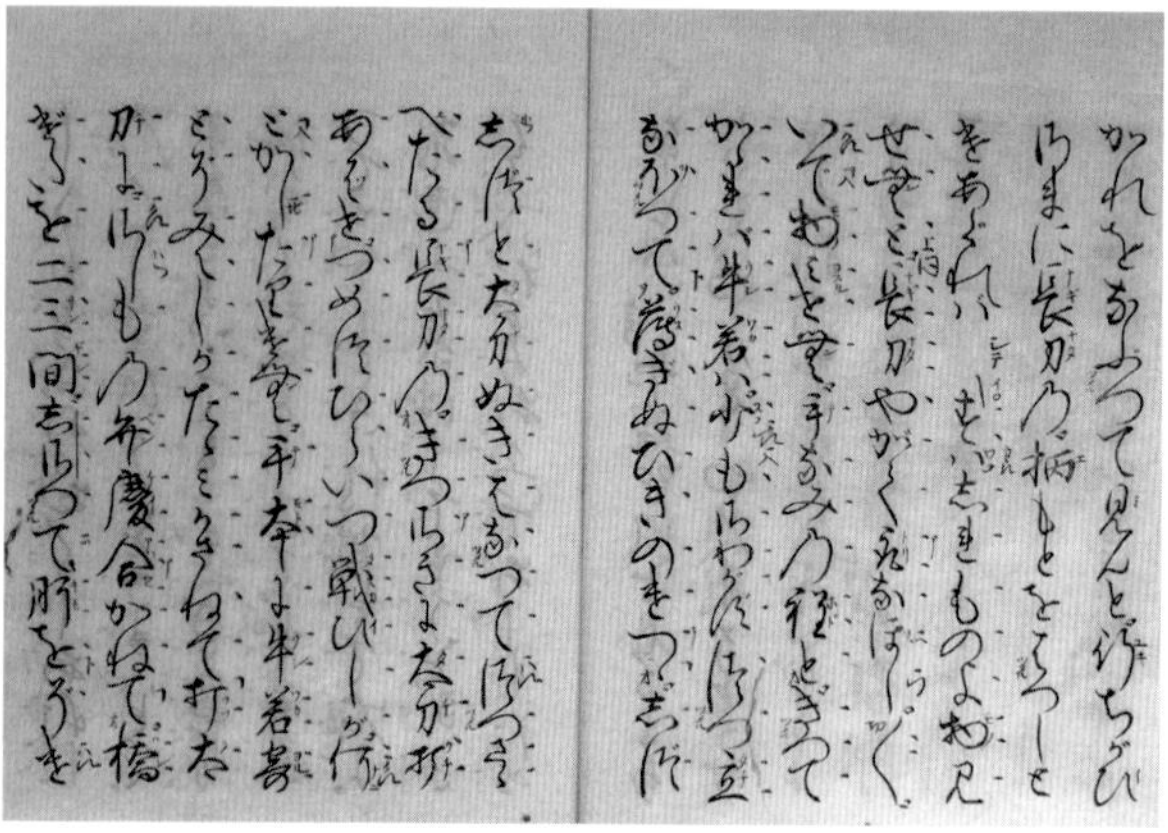

（図2）明和二年版謡本「橋弁慶」（京都学・歴彩館蔵）

作者註文』には「作者不分明」として、それぞれ「橋弁慶」の名がみえるのをはじめ、作者については諸説あるが、定説をみていない。実際に演じられた記録としては、天文一九（一五五〇）年三月二九日に奈良の元興寺観音堂の前で演じられた勧進能の記録が早いものとして知られているが（『多聞院日記』三教書院　一九三五）、一五世紀の状況については不明としかいいようがない。

しかし、一五世紀においても、牛若・弁慶伝承が、たしかに一定の知名度を獲得していたことがうかがわれる。この伝承をヴィジュアル化したものが享受されていた形跡があるからである。そこで、次章では、わずかに残る一五世紀の伝承の痕跡をたどり、牛若・弁慶伝承のありようをみてゆくことにしたい。

一五世紀における牛若・弁慶伝承

●『看聞日記』を手がかりに

牛若・弁慶伝承に限らず、義経や弁慶をめぐる伝承世界の中世における姿を考える上で、大きな手がかりとなるのが、伏見宮貞成親王（後崇光院、一三七二〜一四五六）の日記『看聞日記』（図書寮叢刊）である。物語や絵巻、芸能を愛好した親王の日記には、さまざまな文芸にかんする記録が残されているが、そのなかに、義経や弁慶にかかわる記述もみられる。

まず、『看聞日記』紙背に記された「諸物語目録」にみえる、「九郎判官物語一巻」という書名からみてゆこう。この目録は応永二七（一四二〇）年に記されており、親王の周辺に実際に存在した物語についての貴重な記録である。「九郎判官物語」という作品は今日伝わっておらず、具体的にどのような内容のものであったのかは不明ながら、『義経記』とのかかわりからも注目されている。少なくとも、義経を主人公とする独立した物語が、この時期にすでに存したことは確認できるだろう。

同様に、弁慶を主人公とする物語と推測される書名も、日記のなかにはみえている。永享六（一四三四）年一一月六日条には、「武蔵坊弁慶物語絵巻二巻」を息子である後花園天皇に献上したことが記されている。弁慶にまつわる伝承もまた、一篇の物語として集成され、絵巻化されるほどに成熟していたことがうかがわれるのである。

それと呼応するように、『看聞日記』には、義経や弁慶関連の伝承がヴィジュアル化されたものについての記事もみられる。応永二七（一四二〇）年正月一一日条には、伏見御所を訪れた松囃子（まつばやし）という正月の祝言の芸能についての記述があり、さまざまの「風流」が興あるものであったことが記される。「風流」というのは、装束や持ち物、作り物などで華々しく飾り立てた演出、趣向のことである。このとき囃し物や舞とともに披露された風流は「九郎判官奥州下向の体」であったという。兄頼朝との不和により、山伏に身をやつして奥州へ落ちてゆく義経主従の仮装であろう。この記事とほぼ同時代の往来物（教科書）『桂川地蔵記』で風流の趣向が列挙されるなかに、「山伏に変じて奥州下向の廷尉〔判官〕」とみえていることからも、この義経主従の仮装が風流の定番となっていたことが推測される。

これがひとつの趣向として成立していたということは、義経主従の奥州落ちについて、一定の理解・イメージが共有されていたということになる。ひと目でそれとわかる大男弁慶を先達とする山伏の一行を見た人々は、勧進帳のエピソードに代表される主従の困難の逃避行に思いをいたしたことだろう。一五世紀前半には、義経・弁慶をめぐる伝承が、それぞれ個別の物語を形成するまでに成熟し、ヴィジュアルイメージの型を定着させるまでになっていたのである。

●牛若・弁慶伝承のヴィジュアルイメージ

それでは、牛若と弁慶との出会いの伝承についてはどうだろうか。ふたたび『看聞日記』をみてみよう。永享九（一四三七）年七月一九日、貞成親王は内裏でふたつの燈爐（とうろ）（燈籠）をみている。ひとつは『和漢朗詠集』などで広く知られる「棲〔西〕楼に月落ちて花の間の曲」という菅原文時の詩をモチーフとしたもの、そしてもうひとつが「清水の風情」とあって「牛若・弁慶、切り合ひの風情」とされているのである。いずれも素晴らしいものであったとの感想が記されている。

この燈籠は、盂蘭盆（うらぼん）（現在のお盆につながる祖先祭祀の宗教行事）のために献じられたものと考えられている。この時期、公家の盂蘭盆に燈籠を進供する習俗が確認されており、その燈籠のなかにはアヤツリなどの仕掛けが施された凝ったものがあったらしい（奥野　一九八八）。親王が見たのは、燈籠に描かれた牛若・弁慶であったのか、それとも立体的な作り物であったのかはわからないが、牛若・弁慶伝承もまた、一定の知名度を獲得していたことを示す早い例と考えることができる。

●清水型の伝承

ところで、『看聞日記』にみられるこの燈籠は「清水の風情」を描いたものとされていた。ここでいう「清水」は、清水寺と考えてよいだろう。つまり、この燈籠にみられる牛若・弁慶伝承は、私たちがよく知っている五条の橋ではなく、清水寺を舞台とするものなのである。

実は、中世にさかのぼる牛若・弁慶伝承においては、出会いの場所にバリエーションがみられることが知られている。例えば、『義経記』では、二人の出会いは五条の天神付近であり、実際に戦うのは翌日、清水寺においてである。弁慶は清水寺の御堂（本堂）で義経に勝負を挑み、刀を交えながら舞台へと移動する。近世のものではあるが、『義経記』版本の挿絵には、清水の舞台の上で戦う義経と弁慶が絵画化されている（図3）。貞成親王が見た盂蘭盆の燈籠に施されていたのも、このように清水の舞台でしのぎを削るふたりの姿であったかもしれない。

一方、弁慶を主人公とする物語『弁慶物語』では、牛若・弁慶の対決の場所と回数がさらに増えている。すなわち、一度目の北野天神、二度目の法勝寺（法性寺）につづいて、三度目の清水寺における対決が描かれるのである。清水寺本堂で弁慶が義経に勝負を挑むところは『義経記』と同様であるが、『弁慶物語』ではそこから移動して勝負を決することになる。最終決戦の場所については『弁慶物語』のなかでもバリエーションがみられ、なかには五条の橋とする本もある。この点については、あとでまた触れることにしよう。

（図3）『義経記』巻三（京都大学附属図書館蔵）

先にみた『看聞日記』の燈籠の例は、牛若・弁慶伝承の早い例であった。それが清水寺においてのこととされていることからは、この伝承の古いかたちとして、清水を舞台とするもの（清水型）があったということになる。『義経記』や『弁慶物語』の成立がそのころまでさかのぼれるかという点については疑問であるが、清水型という古い伝承の系統をひくものであることはいえそうである。

●五条の橋型の伝承

それでは、牛若・弁慶の出会いを五条の橋での出来事として描く五条の橋型は、新しい型なのだろうか。これについても、資料がないのではっきりしたことはいえない。しかし少なくとも、一五世紀半ばには、五条の橋型もまた、ひとつの定型となっていたことが確認できる。祇園会の山として橋弁慶山がみえるからである。

現在も京都祇園祭の山鉾のなかに、橋弁慶山があることはよく知られているだろう（図4）。牛若の人形には「永禄六年六月吉日牛若丸　大仏師□□康運作之」（墨書銘）、「牛若殿天文丁酉（六年）右近信国　□□」（刻銘）と、永禄六（一五六三）年、天文六（一五三七）年の銘があり、その製作時期が知られるが、橋弁慶山自体は、応仁の乱の以前から存在していたことが確認できる。近世の八坂神社（祇園社）の記録である『祇園社記』（『八坂神社記録』）のなかには、「祇園会山鉾事」として応仁の乱前後の祇園会の山鉾を一覧する記事がある。そこに「応仁乱前分」として「一　うし若弁慶山　四条坊門烏丸と室町間」が挙げられているからである。

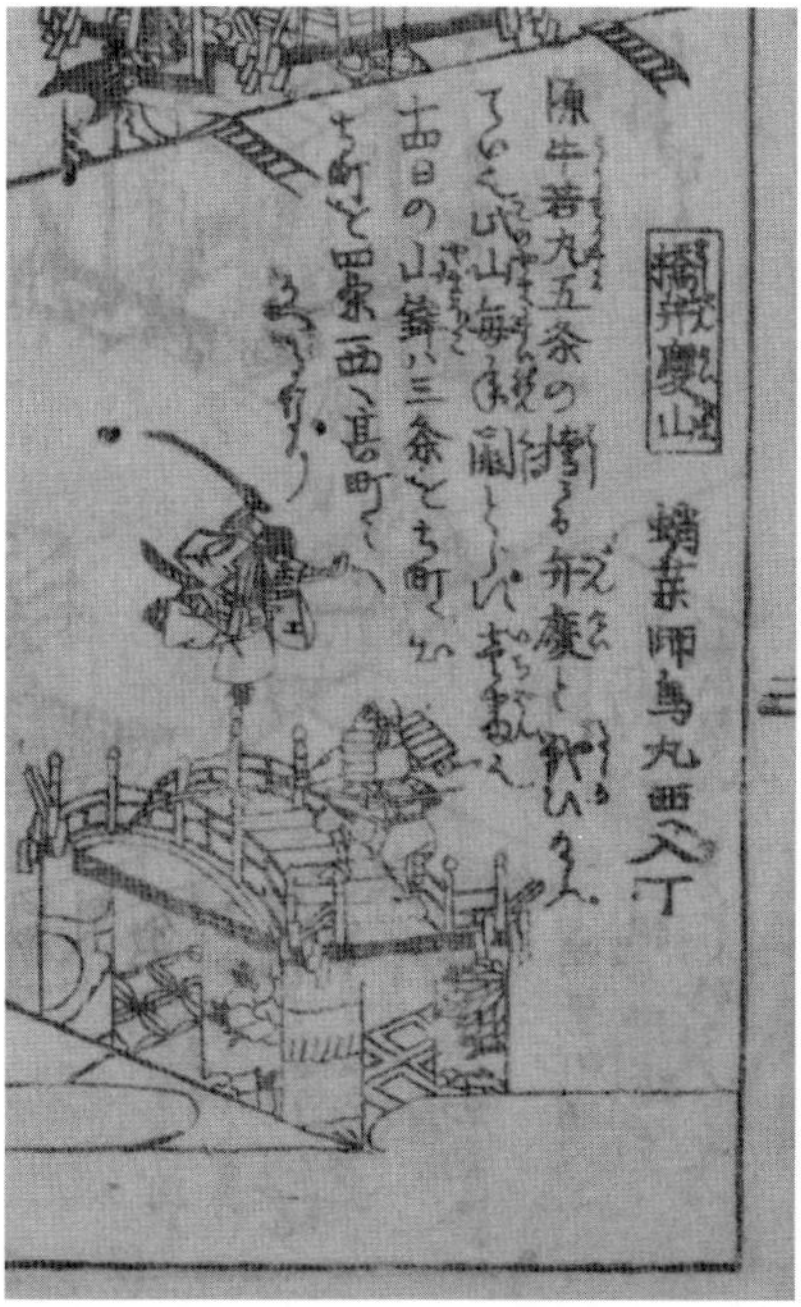

（図5）『祇園會山鉾之由来』（京都学・歴彩館 京の記憶アーカイブより）

（図4）橋弁慶山（公益財団法人 橋弁慶山保存会）

ただし、ここでは「うし若弁慶山」とあるだけなので、これが現在のように橋の作り物を伴っていたかどうかは確認できない。それを探る手がかりとなるのが狂言の「鬮罪人（くじざいにん）」である。次にあげるのは、祇園会の当番にあたった主が、山の趣向を客人たちと相談する場面である（新日本古典文学大系『狂言記』）。

客人甲　私の存じ付きを申しましょうか。
主　まず仰せられてみさせられい。
客人甲　私の存じまするは、これも山は山でござるが、それへ橋をかけまして、牛若と弁慶の人形を出しまして、五条の橋の千人切は何とござろうぞ。
主　これは一段とようござりましょう。
客人甲　何とようござるか。
主　なかなか、ようござりましょう。その儀ならばこれに極めさせられい。
客人乙　まことにこれに極めさせられい。
太郎冠者　これはいかなこと。また出ずはなるまい。
太郎冠者　申し申しいずれも様、これに極めさせられまするか。
客人甲　いずれもこれがよかろうと仰せらるる。
太郎冠者　これはいかなこと。これも毎年定まって出る町がござって、すなわち弁慶の町と申しまする。これはなりますまい。

客人甲は、橋の作り物に牛若と弁慶の人形を組み合わせた「五条の橋の千人切」の趣向を提案する。

これを聞いた太郎冠者は、それは毎年決まって「弁慶の町」が出すことになっていると苦言を呈している。

「鬮罪人」の成立時期ははっきりわかっていないが、各町から出される山鉾の趣向が定まっていなかった時期を舞台としていることは確かである。先に見た「祇園会山鉾事」では、応仁の乱以前にすでに山鉾が固定している様子がみてとれるので、少なくとも、それより以前の状況を反映しているといえよう。その中でも、弁慶の町の山についてはすでに定着していることから、早い段階で定まった山であったことがわかるが、その作り物は橋と牛若・弁慶の人形を備えた現在と同じ構成のものであったことも知られるのである。応仁の乱以前にさかのぼる「うし若弁慶山」は、おそらくは当初から五条の橋を舞台とする伝承に基づくものだったのであろう。

このことは、奈良の祇園会の風流をみることで裏付けられる。『東大寺雑集録』（大日本仏教全書）に収められる「当寺末社祇園会之事」には、寛正三（一四六二）年から大永三（一五二三）年にかけての南都東大寺祇園会の山とそれを担当する町が記録されている。京都の祇園会のように、毎年固定された山が出るわけではなく、四つの郷から輪番制で山を出すことになっており、山の趣向も毎回変わっている。その文明一一（一四七九）年の記録に、今小路町から「橋弁慶」の山が出されているのがみえる。「橋弁慶」とあるとおり、これは明らかに五条の橋型の伝承をヴィジュアル化したものである。

このように、京都の祇園会だけでなく、南都の祇園会においても五条の橋型の山がみられるからには、一五世紀半ばには、清水型と五条の橋型が併存していたと考えるのが穏当であろう。そして一六世紀以降、定型としての位置を獲得してゆくのは、どうやら五条の橋型のようなのである。

一六世紀の牛若・弁慶伝承

●五条の橋と清水寺と

ここで一六世紀の伝承の検討に入る前に、牛若・弁慶伝承の舞台となった清水寺と五条について、少し補足しておきたい。まず、五条の橋についてであるが、伝承上の牛若・弁慶が戦ったのは、現在の五条大橋の上ではない。天正一七（一五八九）年（翌年とも）に方広寺大仏殿造営にあたって現在の位置に移動されるまでは、もう一本北、現在の松原通が五条通だったのである（本書金田論文参照）。

そしてこの五条通は、清水寺への参詣路に位置するものであった。昔の五条の橋（現在の松原橋）から松原通を東に進むと、清水寺へとつづく清水坂につながる。この道こそが、清水寺の参詣路だったのである。一五世紀において牛若・弁慶伝承の舞台とされた清水寺と五条の橋は、無関係なふたつの地点というわけではなく、清水寺を中心とするひとつの宗教空間のなかに位置づけられるものだったということを、確認しておきたい。

●『多聞院日記』にみる風流

それでは、一六世紀以降の伝承の痕跡を追ってゆくことにしよう。先に、能「橋弁慶」の演能記録の早いものとして、『多聞院日記』天文一九（一五五〇）年三月二九日条を紹介した。興福寺多聞院院主の英俊らによって記されたこの日記には、「橋弁慶」の風流についての記録もみられる。

天正一七（一五八九）年七月八日条に、興福寺の築地塀突き（改修）に伴う風流の記事がある。室町期には、祭礼や年中行事などの風流のほかに、建築や土木工事といった普請の際の風流も行われていたのである（福原　一九九一）。郷ごとに出された風流の作り物人形が多数列挙されているが、高畠郷から出された作り物の人形のなかに「ハシ弁慶」がみえている。「具足」と注記されていることからすると、現在の橋弁慶山のように、甲冑や長刀、刀を備えたものであったのかもしれない。なお、同じ高畠郷から「熊坂長ハン」（「具足」の注記あり）が、社家・祢宜衆から「判官吉野落」が、寺門（興福寺）から「愛寿」が出されているなど、判官物の人気のほどがうかがわれる。いずれも能としても演じられる伝承であり、能などの芸能を通じて共通イメージが形成されていたことが想像できる。

●奉納品の意匠としての牛若・弁慶伝承

さて、前の章では、一五世紀前半に、盂蘭盆の際に仏前に献じる燈籠の意匠として、牛若・弁慶伝承が採られていたことをみた。盂蘭盆の燈籠については、牛若・弁慶のものに限らず、現存品が確認されていないため、実際にどのようなものであったのかは不明である。一方で、盂蘭盆の燈籠と同じように神仏に奉ずるものである絵馬の場合は、一六世紀の銘のあるものも残存しており、奉納品の意匠として好まれたらしいことが推測される。

例えば、厳島神社には、天文二一（一五五二）年に綾井九郎左衛門友定という堺の商人によって奉納された絵馬二面が現存する。厳島に奉納された絵馬のなかでも現存する最も古いものである。痛みがはげしく、図様がはっきりとはみえないところも多いが、天保三（一八三二）年に刊行された『厳島絵馬鑑』に模写が収められており、往時の姿をしのばせる（図6）。弁慶と牛若の背後には橋の欄干が描かれており、五条の橋型の伝承であることがわかる（ただし、奉納時点での五条橋の実際を反映するものではないことは、本書中西氏コラム参照）。

絵馬には「狩野筆」と墨書されており、『絵馬鑑』には狩野元信の筆と記されている。元信その人であるかはともかく、周辺の画家の手になるものと考えられている。

この絵馬について、『絵馬鑑』は次のような伝承を記録している。元禄以前、夜な夜な神前で激しい戦いの音が聞こえ、朝になると太刀や長刀の彩色が剥げ落ちて散らばっていた。そこで、牛若と弁慶との間に別の額を掛けるようにしたところ、その後はおさまった。元信の筆があまりに素晴らしかったためと伝えられている（ちなみに、同様の伝承は奈良の長谷寺本堂に奉納された牛若・弁慶の絵馬にも伝わっている）。

同じく狩野派によると伝えられる絵馬が、千葉県大網白里市の縣神社に残っている（図7）。天正七（一五七九）年一二月二六日に酒井伯耆守康治が奉納したものである。

この絵馬については、上総土気酒井氏の資料である『土気古城再興伝来記』などにも記述があり、酒井康治による奉納であることなど、絵馬の墨書と対応するが、画工は「狩野右京佐」（狩野光信、?～一六〇八）とされている。衣を頭から被いて高下駄をはき、扇をかざしながら欄干の上に立つという牛若の姿は、厳島神社のものと通じるものがある。厳島神社や縣神社の例は確認できる早い例であるが、これ以降、近世から近代にかけて、

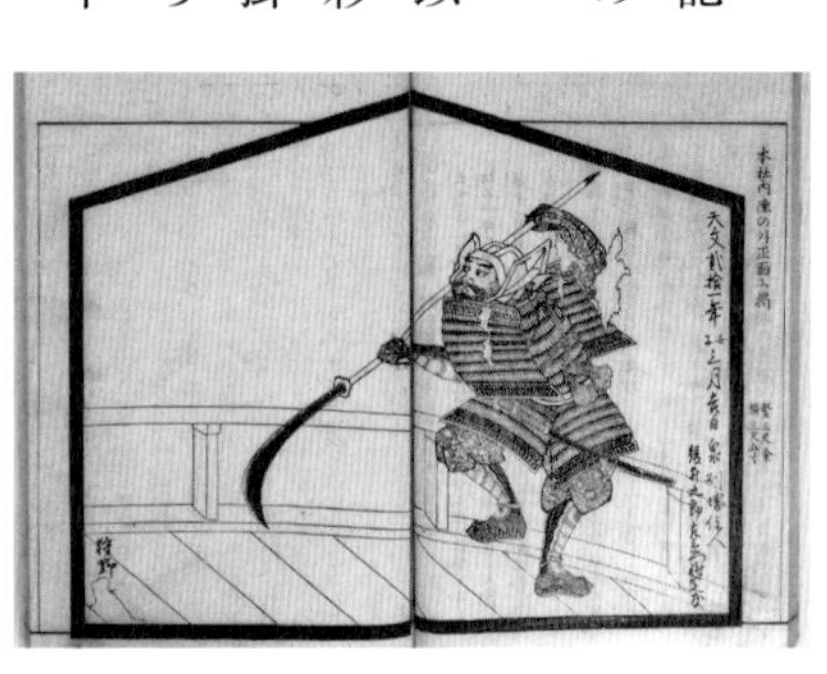

（図6）『厳島絵馬鑑』（右）弁慶・（左）牛若（京都学・歴彩館蔵）

狩野派と伝えられる絵馬には、橋弁慶の図様が散見する。ひとつの型、画題として定着していたといってよいだろう。

一方で、清水寺を描いた遺品や記録は確認できない。一六世紀以降、近代に至るまで、奉納品の意匠として定着をみたのは、五条の橋型なのである。

●五条の橋型と清水型と

ここまで、わずかに残された痕跡の点と点をつなぎながら、中世にさかのぼる五条の橋の牛若・弁慶伝承を追い求めてきた。ここではじめの疑問にもどってみよう。私たちが思い浮かべる牛若・弁慶伝承は、どこにルーツがあり、いつごろ、どのようなメディアによって広がったのか——。

残念ながら古い資料が残っていないために、ルーツを特定することはできないが、現在にまで引き継がれている五条の橋型の伝承については、一五世紀には風流の作り物として定着していた。能「橋弁慶」の成立時期もはっきりとはわからないが、一六世紀の『多聞院日記』に能「橋弁慶」の記録と風流の「橋弁慶」の記録の両方がみえることからは、この時期の五条の橋型のイメージ形成に、能が一役買ったことが想像されるだろう。能という芸能を介して、五条の橋型の牛若・弁慶伝承は定着をみたのではないだろうか。

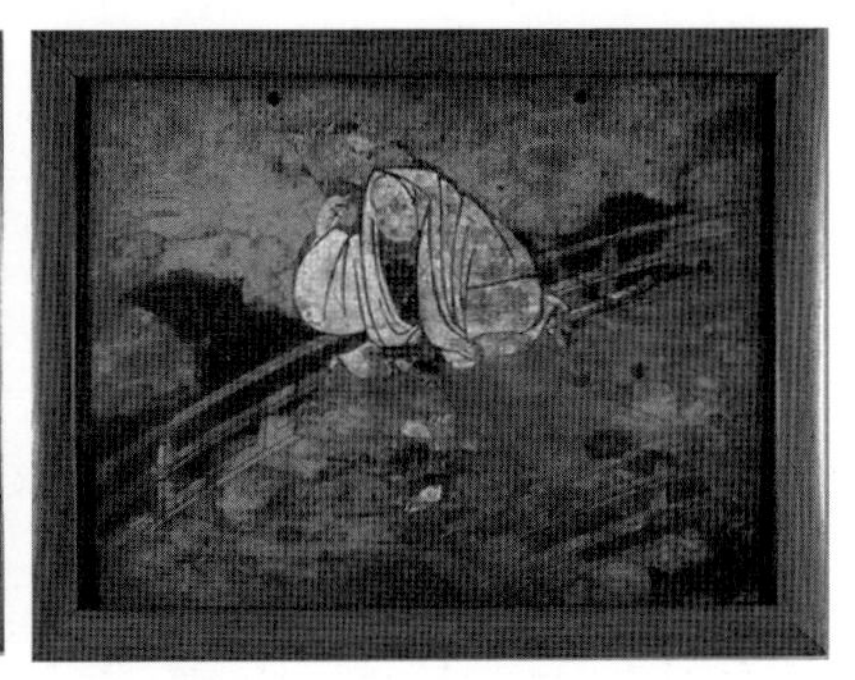
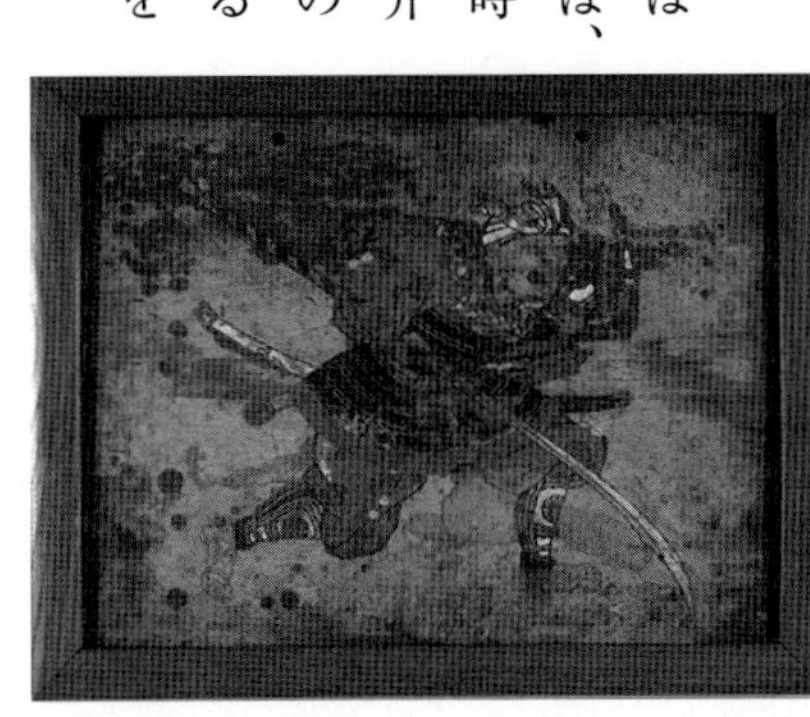

(図7) 縣神社所蔵「板絵馬着色武者絵」(右) 牛若・(左) 弁慶
(縣神社所有、千葉県立中央博物館収蔵、画像提供:大網白里市教育委員会)

それとは別に、牛若・弁慶の対決を清水寺でのこととする流れも、確かに存在していた。『義経記』はそちらの流れのなかに位置づけられるものであった。この『義経記』は、現代でも多くの古典文学作品のシリーズなどに収録され、広く読まれている。文学史においても、中世以降、義経の一代記として確固たる位置を獲得していたと理解され、義経が登場する能や幸若舞曲といった芸能は、『義経記』を本説（典拠）とすると説明されることも多かった。ところが、近年、こういった『義経記』に対する考え方が見直されつつある。能や幸若舞曲をはじめとする判官物の文芸に、『義経記』の確実な影響を見出しにくいことがその理由である。『義経記』は、中世において、誰もがよく知る定番・決定版だったわけではなく、その流布状況というのは限定的なものだったようなのである。

牛若・弁慶伝承についても、一六世紀以降、五条の橋型が定着している様子からは、『義経記』の影響を読みとるのはむずかしい。もちろん、清水型の『義経記』や『弁慶物語』も、読み物として享受されていたのであるから、清水型がまったく姿を消したというわけではない。しかし、ヴィジュアルイメージとしての牛若・弁慶伝承は、能「橋弁慶」という芸能の影響力に後押しされて、押しも押されもせぬ定番となっていたのである。

このことは、『弁慶物語』のバリエーションをみることでも推測できる。先に、『弁慶物語』では牛若と弁慶が清水寺で出会ったあと、場所を移して最終決戦に臨むことを紹介したが、その最終決戦の場については本によって違いがある。五条の橋とするものが多いが、これはどうも、後からの改変のようなのである。例えば、現存する『弁慶物語』の写本のなかでも古いもののひとつ、東京大学国文学研究室所蔵本は、対決の場所を清水のあたりとするだけで、五条の橋とは記さない。一方、室町後期にさかのぼるといわれる『武蔵坊弁慶物語絵巻』という絵巻は、前半は『弁慶物語』と重なる物語でありながら、五条の橋での対決以降は、能「橋弁慶」の影響を受けた、別系統の物語となっている。五条の橋型が定型として広く認知されるに伴い、それ以外のパターンであったものが、五条の橋型へと改められてゆくという方向性をみることができるのではないだろうか。牛若・弁慶が戦うのは、五条の橋の上でなくてはならない——五条の橋型は、それほどの強い影響力をもつに至ったのである。

近世に入ると、能「橋弁慶」は、浄瑠璃や歌舞伎といった芸能から、物語草子まで、さまざまな作品に直接摂取されたことが確認できる。能の謡本である謡本が刊行され、その詞章が知識人の教養とされたことも、能「橋弁慶」の定番化に一役買ったことだろう。さらに、錦絵や各地に残る絵馬などからは、ヴィジュアルイメージの定型化がはっきりとみてとれる。能「橋弁慶」にもとづく牛若・弁慶伝承は、近世のさまざまなメディアにおいて華々しく展開した。『日本昔噺』が能「橋弁慶」を下敷きとしたのも、当然の流れだったといえよう。室町期に胎動しはじめた牛若・弁慶伝承は、能「橋弁慶」により一定の型を得て、近世・近代を通じて共有されるイメージを作り上げたのである。

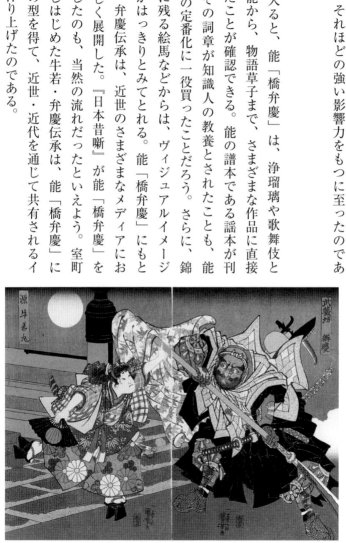

（図8）歌川国芳「武蔵坊弁慶／源牛若丸」

参考文献

◎島津久基　一九三五　『義経伝説と文学』　明治書院

◎徳江元正　一九六九　「弁慶二題―『橋弁慶』と『舟弁慶』―」　『観世』三六―一一・四

◎西脇哲夫　一九七七　「「笛之巻」出典攷」　『観世』四四―一二

◎信多純一　一九八七　「『橋弁慶』の基底」　『観世』五四―七

◎福原敏男　一九九一　「普請・砂持ちの風流―京都の事例を中心に―」　『国立歴史民俗博物館研究報告』三三

◎谷村知子　二〇〇二　「「義経の物語」の受容と『義経記』―『看聞日記』の記事を中心に―」　『同志社国文学』五六

◎伊海孝充　二〇〇四　「謡曲〈橋弁慶〉の展開―牛若・弁邂逅譚の一視点―」　『日本文学誌要』六九

◎中村一基　二〇〇七　「飛翔する《笛吹き童子》～芸能神義経の誕生～」　『岩大語文』一二

◎河内将芳　二〇〇八　「南都祇園会に関する二、三の問題」　『総合研究所所報』一六

コラム1

五条の橋の形

中西大輔

鴨川五条に架かる橋（以下、五条の橋）は形式面でいえば板橋から桁橋を経て、意匠面でいえば和から洋、復古調を経て、近代橋梁となった。本コラムではこの橋の変遷をみていきたい。

平安時代、五条の橋は嵯峨天皇の命により現・松原橋の位置に初めて架けられたと伝えられる（『京都府誌　下』）。清水寺参詣のための橋であり、勧進を主体として維持されていた。しかし、桃山時代（織豊期）には「甚だ古くして既に頽廃」していたという（『耶蘇会士日本通信』）。

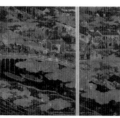

（図1）中世の板橋（東博模本『洛中洛外図屏風』（部分）東京国立博物館蔵、Image:TNM Image Archives）

橋の形は中島を介した二本の板橋であり、反りや高欄はなかった（図1）（『洛中洛外図屏風』町田家旧本・上杉本・東博模本・歴博乙本）。板橋は岸（橋台）から岸（橋台）へ板（橋板）を渡しただけのものであり、荷重を橋板自体で受ける。川幅が広くなると、川床に立てた一対の杭に梁を渡して橋脚とし、その上に橋板を乗せる。

ただし、天正七（一五七九）年奉納の絵馬（本書本井論文参照）や同時代の『清水寺参詣曼荼羅』には、橋脚・反り・擬宝珠付き高欄を有した桁橋が描かれている。実際より装飾的に描かれたものと思われる。

近世になると、五条の橋は豊臣秀吉の命により現・五条大橋の位置に移転させられた。交通上重要な橋として発展し、江戸時代には公儀橋として幕府によって管理された。橋脚は石造とされ、遅くとも延宝年間には橋脚固定のため川床に敷石が用いられていた（門脇禎二・朝尾直弘編 二〇〇一）。上部構造も正保二（一六四五）年に石造となったが、寛文二（一六六二）年再び木造に戻された。この形態が以後の規範とされ、修理・架け替えが行われた（『京都坊目誌』）。

（図2）近世の桁橋（舟木本『洛中風俗図屏風』（部分）東京国立博物館蔵、Image:TNM Image Archives）

橋の形は鴨川と高瀬川を通して架けられた桁橋であり、橋脚・反り・擬宝珠付き高欄を有していた（図2）。桁橋は岸から岸へ桁を渡しその上に橋板を乗せるもので、荷重を桁で受ける。川幅が広ければ、途中に橋脚を立てた上に桁を架ける。

明治維新とともに、五条の橋は京都府の所管となり洋風の橋に架け替えられた。橋の形は高瀬川に架かる小橋が分割された桁橋であり、トラス状の高欄を有する（図3）（矢野家写真資料八二）。写真からはわからないが、白ペンキ塗りであったという。

（図3）明治の西洋橋
（矢野家写真資料、京都学・歴彩館 京の記憶アーカイブより）

もっとも、この洋風の橋は市民による批判を受けたため、すぐに擬宝珠付きの「旧形」に戻された。

大正の到来と前後して、五条の橋は都市改造のなかで再び幅員を広げて架け替えられた。昭和一九（一九四四）年に橋面がアスファルト舗装となったほかはこのときの形態が維持された。

橋の形は鴨川に架かる大橋と疏水に架かる小橋に分割された桁橋であり、橋脚・擬宝珠付き高欄を有する。桁に「工字形鉄」（H形鋼）を用いた鉄骨造の橋であるが、雨覆い板を張って桁を隠すことで旧来の木造に見せている。「安土桃山文化」を志向した「桃山式」の復古調である（中川理二〇一五）。

昭和半ば、五条の橋は国道一号線を通すためもう一度架け替えられることになった。これが現在の五条大橋である。橋の形は鉄骨造の桁橋であり、鉄筋コンクリート造橋脚・擬宝珠付き石造高欄を有する。すべて新しくされたが、擬宝珠だけは継続して使用されることになった。そのなかには正保二（一六四五）年製の擬宝珠も含まれている。

このように変遷した五条の橋も、現在のものを除き、今は残っていない。ただ、平安神宮に臥龍橋という飛び石状の橋がある。このなかに天正年間に架けられた五条の橋の橋台が含まれている（小山田了三 一九九一）。また、京都府庁旧本館中庭や京都国立博物館には五条の橋の石造橋脚が屋外展示されている。

参考文献

◎京都府編　一九一五　『京都府誌　下』　京都府
◎小山田了三　一九九一　『橋』〈ものと人間の文化史66〉　法政大学出版局
◎門脇禎二・朝尾直弘編　二〇〇一　『京の鴨川と橋―その歴史と生活―』
◎中川理　二〇一五　『京都と近代　せめぎ合う都市空間の歴史』　鹿島出版会

I

洛中と洛東を結ぶ橋　執筆者紹介

金田　章裕（きんだ　あきひろ）〔京都学研究会　代表〕
一九四六年生まれ。京都府立京都学・歴彩館館長。京都大学名誉教授。専門は歴史地理学。
著作／『古地図で見る京都』（平凡社　二〇一六年）、『平安京―京都―　都市図と都市構造』〔編著〕（京都大学学術出版会二〇〇七年）ほか。

本井　牧子（もとい　まきこ）
京都府立大学文学部教授　専門は日本文学（宗教文芸）。
著作／『金蔵論　本文と研究』〔共著〕（臨川書店、二〇一一年）ほか。

中西　大輔（なかにし　だいすけ）
京都府立京都学・歴彩館京都学推進課、京都府立大学共同研究員。専門は日本建築史。
著作／「大仏瓦師福田加賀の柊原移転について」（『日本建築学会計画系論文集』第八五巻第七七七号、日本建築学会、二〇二〇年）ほか。

II 東山の山荘と寺院

●浄蓮華院からみた吉田地域の中世
●平安後期物語と白河院
●東山山荘造営と足利義政

浄蓮華院からみた吉田地域の中世

吉江　崇

はじめに―吉田と号すべきの条、本意なり―

吉田と号すべきの条、本意なり。坊城、本意に非ざるなり。俊光卿、日野を号す。此の例に依りて、長者一代の号として、勧修寺を称すべきは如何。此の号、後に中納言殿〈長光の事。〉に譲り奉るべし。（『建内記』応永三五（一四二八）年三月二三日条。〈　〉は細字を示す。）

これまで坊城と名のってきた経顕は、吉田と号するのが本意であったと述べ、勧修寺を長者一代の号として使用することとした。右の記載は、経顕が葉室長隆に対して語った言葉で、長隆の子で文中にも登場する長光が、その日記に書き留めたものとされる。正確な年次は不明だが、経顕が権大納言を辞した康永元（一三四二）年のことと推定されている（遠藤 二〇一一）。経顕と長隆は、勧修寺流藤原氏と呼ばれる藤原氏の同じ一門に属し、ここに見える長者は、その一門の長、勧修寺長者を指している。勧修寺という称号が一門全体に関わることから、経顕は遠縁の長隆に使用を相談したわけだが、一代限りとされたはずのこの称号は、経顕の言葉に反して彼の子孫へ継承され、家名となっていった。長隆の曾孫にあたる長忠から、長光の日記を示された賢長法印（長忠の子）は、経顕の子孫が称号を継承している現状について、「謂れ無きことなり。これに依りて、人、以て惣領の由を存ずるか」と述べ、経顕の子孫が一門の「惣領」と膾炙される可能性に、危惧を表している。

中世の宮廷社会においては、公卿一人一人を区別するために固有の称号が定められていた。坊城や勧修寺、吉田はこうした公卿の称号にあたり、経顕の祖父俊定は、「坊城大納言入道」（徳治三（一三〇八）年閏八月九日後宇多院院宣）などと呼ばれ、経顕の父定資も「坊城前中納言」と称された（元応二（一三二〇）年四月二六日後伏見院院宣）。称号には自らと関係の深い地名を用いるのが一般的で、俊定、定資が使用した坊城は、彼らの先祖為隆が所持した邸宅に由来する名であろう。経顕自身も、元徳二（一三三〇）年七月に父定資が薨じた直後から「坊城宰相」（元徳二年七月二九日花園院院宣）を称しており、坊城は祖父以来、継承してきた称号といえる。経顕は、そうした坊城の称号を、吉田と比べて本意ではなかったと述べ、一門の惣領を連想させるような勧修寺を、新たな称号としたのである。

貞和四（一三四八）年、同じく勧修寺流藤原氏に属する藤長が、甘露寺という称号を使用し始めた（『園太暦』貞和四年四月一九日条）。藤長と同時に中納言に任ぜられた国俊が吉田と名のることとなり、「かたがた無益に候ふ」という状況が生じたことが、そのきっかけにある。その後、この甘露寺の称号も子孫に継承されて家名となっていった。経顕にしろ藤長にしろ、新たな称号を作り出すことに主目的があり、吉田の号を使用できないというのは理由付けに過ぎないとみるのが穏当である。しかし、吉田の称号が、彼らにとって特別な意味を含むことには疑いを挟む余地はなく、また、理由付けとして意味をなしたからには、それが宮廷社会にも周知されていたと考えるのが適当である。

一門や宮廷社会の中に存在した吉田の特別な意味とは何だったのか。本稿では、この点を端緒として、中世の宮廷社会における吉田地域の位置付けを考えてみたい。

勧修寺流藤原氏の展開

●勧修寺流藤原氏とは

経顕や藤長が属した勧修寺流藤原氏と吉田地域との関係は、一二世紀後葉の藤原経房の時にまでさかのぼる。経房は、蔵人、衛門佐、弁官といった実務官僚を経て正二位権大納言に昇った人物で、後白河院と源頼朝との間に立ち、鎌倉幕府の樹立に大きな役割を果たした人物としてもよく知られている。詳しくは後述するが、彼は吉田の地を隠棲地と定めて三つの邸宅を営み、正治元（一一九九）年一二月には、その一画に浄蓮華院と名付けた堂舎を供養した。翌年閏二月に薨じた経房がこの浄蓮華院に葬られると、経房の子孫たちも、相次いでここに埋葬されることとなった。その結果、吉田の地は墳墓の地と認識されて、一族が結集する上での精神的な紐帯を担っていくこととなる。

経房を輩出した勧修寺流藤原氏と呼ばれる一門は、藤原北家、冬嗣の孫にあたる高藤に始まる（橋本一九七六）。高藤は娘の胤子を源定省に嫁したが、その定省が宇多天皇として即位、胤子の生んだ敦仁親王が醍醐天皇となるに及んで、高藤は栄達して内大臣にまで昇った。胤子の母方の祖父は、山城国宇治郡の郡領だった宮道弥益という人物で、弥益の山科の旧宅を寺に改めたのが勧修寺である（『今昔物語集』）。勧修寺には、胤子が醍醐天皇のために建てた御願堂や、醍醐天皇と同腹の柔子内親王が供養した塔などが存在したが、胤子の同母兄弟にあたる定方も、亡母のためとして西堂を建立した。そして、承平二（九三二）年に定方が右大臣として薨じると、定方の忌日である八月四日を結願日とする法華八講が、毎年、この西堂で催されることとなる。高藤に始まる一門は、勧修寺八講とも称される定方の忌日法要に参列することで、結束を強めることとなり、このことが、この一門を勧修寺流藤原氏と称するゆえんとなっている。一門が集まる勧修寺八講を主催することが、勧修寺長者と呼ばれる一門の長の務めであった。

●勧修寺長者と藤原為房

『勧修寺古事』（『勧修寺旧記』とも）という史料には、勧修寺の堂舎の沿革とともに、定方の子朝忠に始まる勧修寺長者（西堂長者とも）の名が、一三世紀中葉まで、三三代にわたって記されている（平山 一九八〇）。それによると、朝忠のあとを弟朝成が、次を甥の為輔（朝頼の子）が継いだとされ（為輔の前に朝忠の子理兼が継いだともされる）、長者の継承は、親から子、子から孫といった直系的なものとはなっていない。朝忠・朝成が中納言、為輔が参議として長者となったことから、一門の中のおおむね官位第一の者が選ばれたと考えられている。この原則が後代に引き継がれたことは、経顕が勧修寺を長者一代限りの号と定め、のちに一門の長光に譲ると語った点からも推察できる。しかし、永保元（一〇八一）年七月に為房が長者に就き、永久三（一一一五）年四月に薨じるまで、三四年もの長きの間、長者を務めると、その後の勧修寺長者は為房の子孫に独占されることとなった（橋本 一九七六）。

為房が長者となったのは、正二位前権中納言であった一門の泰憲が、正月に薨じたことによる。承暦二（一〇七八）年一二月に長者であった父隆方が死ぬと、為房は、長者に関わる文書を二代前の長者、泰憲に献上した。しかし、すでに官を辞していた泰憲は、文書を為房に預けることとし、そのため承暦三年、四年の勧修寺八講は、為房が泰憲のもとに赴いて差配することとなった。そして、泰憲が薨去したこの年、勧修寺八講の開催に向けて為房が長者に就任する。時に為房、三三歳。前年に従五位上、正五位下と二度にわたって叙され、上臈にあった一門一〇人を超越したが、それでもまだ位は五位にあり、官も中宮少進に過ぎなかった。為房は、「右丞相〔＝定方〕の御後、長者と為るの人、正下の四位を以て、其の下臈と為す。而るに位浅く年幼し。此の次第に至るは、其の恐れ少からず」と、それまでの長者の位階が正四位下以上であったことに比べて、自身の位階が低いことに対し、不安を記している（『大記』永保元年七月一七日条裏書）。

その後、為房は左衛門権佐、蔵人、左少弁といった実務官僚を経て、鳥羽天皇が即位した嘉承二（一一〇七）年には蔵人頭、その四年後の天永二（一一一一）年に、六三歳にして参議に昇進した。蔵人頭となってから初めての勧修寺八講では、子の顕隆・重隆を従えて勧修寺へ参入し、勧修寺別当の厳覚らはこれを見て落涙したという（『勧修寺古事』）。当時、厳覚に次ぐ権別当には、為房の子寛信が任じられており、多年にわたる為房と勧修寺との深い関係が、この落涙につながったのであろう。また、参議就任時に行った中慶（＝宮中などへ参入し、叙位任官の礼を申す儀式）では、左中弁顕隆・右中弁為隆・右衛門権佐重隆・出雲守顕頼・蔵人左近少監顕能・修理亮憲隆・進士朝隆といった子や孫を前駆とした。これに関して藤原宗忠は、「一家の繁昌、千載の勝事なり。寛弘の比、為輔中納言以後、公卿久しく絶ゆ。今、此の相公〔＝為房〕、高く家門を継ぐ。誠に是れ面目の至りか」と記している（『中右記』天永二年正月二四日条）。

宗忠が「為輔中納言以後、公卿久しく絶ゆ」と認識した点は見逃せない。為輔は定方の孫で、為房の高祖父にあたるが、為房の前任であった泰憲が権中納言として公卿に列していたことからも、「公卿久しく絶ゆ」とされた「一家」や「家門」は、勧修寺流藤原氏の一門全体を指しているわけではない。この申慶の場面は『続古事談』にもあらわれ、「世の人、子孫繁昌ことのほかなり、となんいひける」と、宗忠の所感と同様に描かれている。他方、『続古事談』の別の話では、「泰賢〈＝泰憲〉〈民部卿。〉勧修寺氏の人也」とみえており、勧修寺流藤原氏の一門と為房の一家、家門とは区別されていたようである。

永久三年四月に正三位参議大蔵卿として薨じた為房は、三日の内に葬儀を行うようにと遺言し、長男の為隆以下は、広瀬・龍田の祭日だったにもかかわらず葬儀を遂行した。為房の遺言は、保元元（一一五六）年七月に崩じた鳥羽院が、三日の内に必ず塔に納めよと遺言したことの先例となったが、平信範は「凡人の子孫と雖も、繁昌の者に非ざるか」と述べ、先例としての妥当性を「繁昌の者」である点に求めている（『兵範記』保元元年七月二日条）。勧修寺流藤原氏の一門の中に為房を始祖とする親族集団が形成され（高橋 一九九六）、この親族集団が繁昌の家と認識されることになる。

●勧修寺長者の要件と顕官

為房が長きにわたって務めた勧修寺長者は、為房が薨じると長男の為隆が継ぎ、元永二（一一一九）年には為隆が弟の顕隆に譲渡、大治四（一一二九）年に顕隆が薨じると、為隆が「当時、独り公卿として、また上﨟無し」など六つの理由から長者に再任した（『永昌記』大治四年七月二七日条）。為隆、顕隆ののちは、為房の子孫が順に継承していった。為房が薨じてから七〇年を経た元暦二（一一八五）年七月、当時、長者の任にあった権中納言の朝方（為房の孫。朝隆の子）は、この年の勧修寺八講を前にして、同じく権中納言の経房（為房の曾孫。為隆の孫）へ、長者の委譲を打診した。長者の任が一〇年以上に及んだことが理由のようだが、打診された経房は、朝方に次のように返答した。

> 納言〔＝朝方〕と予との間、顕官を経る人、六人有り。頼憲・長方・為親・重方・光方・行隆等なり。其の中、長方卿に至りては、年、老いず、身、病無し。納言に昇りて上臈たり。（ママ）、忽然と頓病を受け出家す。愚身、已に第二たり。人々の授くるところに非ざるなり。是れまた、氏の三宝、納受せしむるか。然れども当時の長者、指したる障り無く、避けらるべからず。今暫く帯びらるべきの由、これを答ふ。（『吉記』元暦二年七月一一日条）

経房は、自身が長者の任に就くのが官歴からして適当で、「氏の三宝」も承諾するだろうと理解したようだが、そうしながらも、「当時の長者、指したる障り無く、避けらるべからず」と述べて朝方に留任を求めた。この経房の言葉で注目したいのは、彼が長者就任の要件と捉えたのが「顕官を経る人」だったらしい点である。顕官とは朝廷で重んじられた官職のことであるが、ここに挙げられた六人の経歴から考えると、その官職とは、蔵人、衛門佐、弁官といった実務官僚だったことが推測される。

前述のように、為房が長者に就任した際には、「正下の四位を以て、其の下臈と為す」といった位階が問題となった。正五位下に過ぎなかった為房は、「位浅く年幼し」といったことに不安を抱きながら長者となったが、その後、蔵人、衛門佐、弁官といった顕官と呼ぶべき官職を経歴して公卿に昇り、一家の繁昌をもたらすこととなる。為房の申慶に前駆した子孫の多くが、同様の官職を帯びていたことからも、繁昌の家を支えたのは、こうした顕官の経歴であったと思われる。これが勧修寺流藤原氏とは区別された為房の一家の、家風と認識されるようになっていく。為房の長きにわたる在任を経て、為房の子孫が勧修寺長者を独占するようになると、そうした家風が長者の要件に加わっていった。

浄蓮華院の創建

●浄蓮華院の立地

正治元（一一九九）年一二月、藤原経房は、吉田の地において浄蓮華院と呼ばれる堂舎を供養した。その供養願文（がんもん）によると、亡父光房が平安京左京七条の邸宅の中に建てた堂舎が、過年、火災に遭ったことに建立の遠因があり、「顕要（けんよう）を帯びて暇（いとま）少なく、公私に付して隙（ひま）無し」という状況のために再建が叶わなかったため、この浄蓮華院の造営に着手したと説明される。浄蓮華院の立地に関しては、宮城まで遠くないことや家地が近接して存在することが利点とされ、また、下鴨社の社領であったことと吉田社の近郭に位置したこととを特記している（「正治元年経房卿堂供養記」）。

京都大学総合博物館の所蔵資料には、吉田村古図と呼ばれる彩色の絵図がある。これは、縦一七五・八cm、横二六五・〇cmという長大な絵図で、田畠一筆ごとに小字名・地番・年貢納入先・面積・名請人（なうけにん）を記載する。記載内容から一八世紀後葉から一九世紀初頭のものと推定できるが（吉江 二〇〇六）、その中に見えるのが「浄蓮花」や「女老花（じょろうげ）」という小字である。これは現在の京都大学医学部構内の北半から東一条通にかけて広がる小字地で（図1）、そこが浄蓮華院が所在した場所だったと考えてよいだろう。小字地の中を京都と近江坂本とを結ぶ白川道が貫くが、後宇多院の日吉社御幸に同行した吉田定房が浄蓮華院の前で馬を乗り換えたことからも（『大理秘記』乾元二（一三〇三）年正月二九日条）、浄蓮華院は白川道に面していたと考えられる。浄蓮華院は、浄蓮花や女老花の小字地の周辺で、白川道の北か南のいずれかの地に所在していたのではないだろうか。

浄蓮華院や経房の家地に関する遺構は、いまのところ検出されていない。しかし、周辺の発掘調査からは、この地域の様相を察することができる。女老花の南東（図1の①）では、九世紀末から一〇世紀初めの梵鐘鋳造遺構が発見され（五十川・飛野一九八四）、一〇〇mほど北東の地点（図1の②）では、一二世紀中葉の

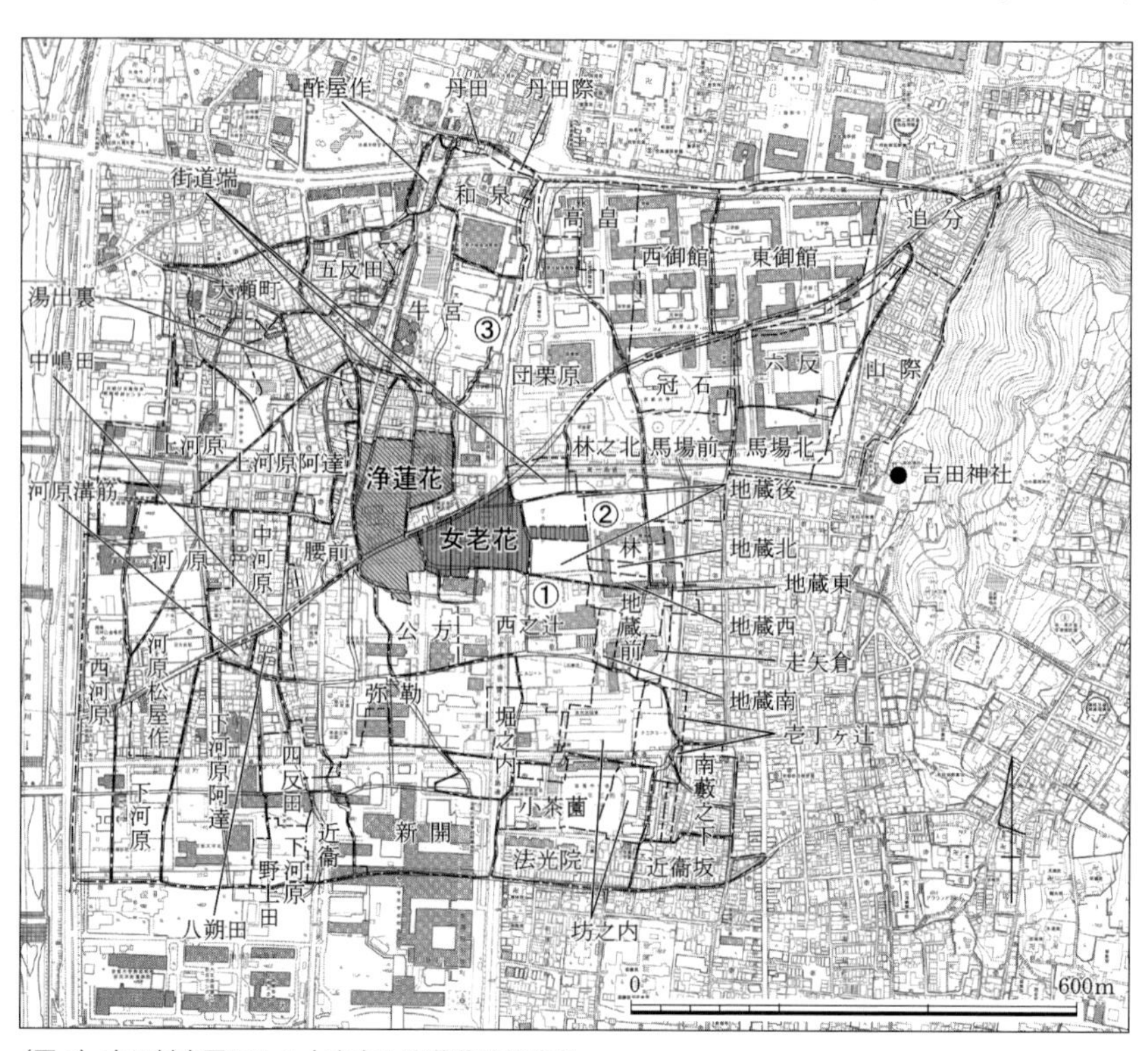

（図1）吉田村古図にみる小字名と浄蓮華院推定地（吉江 2006所収の図を一部改変）

経塚遺構が見つかっている（伊藤・梶原・土屋 二〇〇六。図2）。また、浄蓮花の小字地から二〇〇mほど北（図1の③）で発見された一三世紀中葉の建物跡は、西園寺公経の別亭、吉田泉殿に伴う持仏堂的な建物と推定されている（伊藤・笹川 二〇一二。図3）。この地域は、平安京の郊外ということもあり、古くから宗教的な性格を持っていたが、南方の白河地域の影響を受けて開発が進み、貴族たちの別亭が築かれるようになっていったようである。

（図2）京都大学吉田南構内AR24区出土経塚遺構SX1
（出土地点は図1の②）

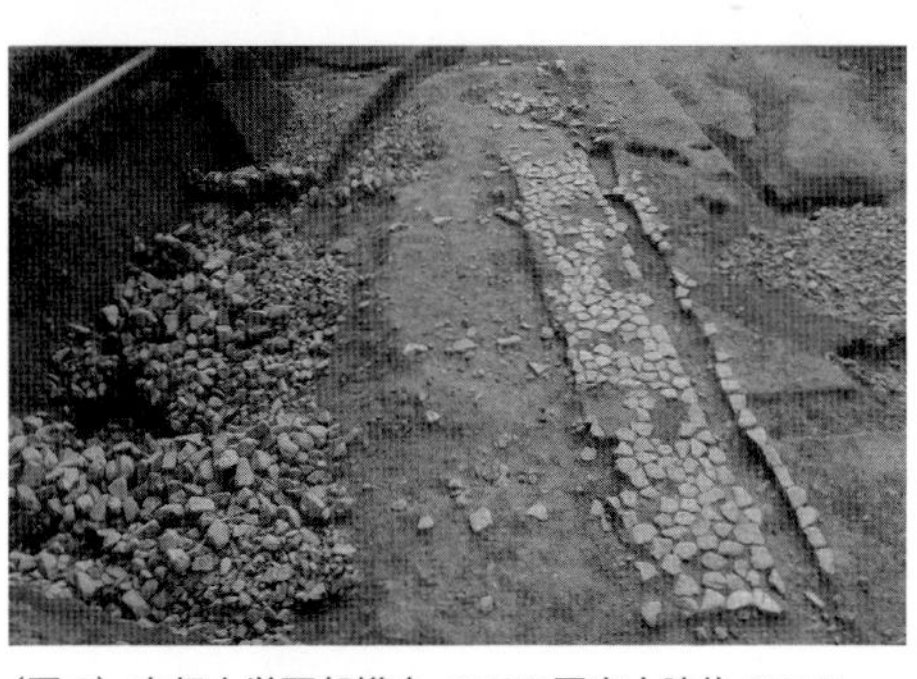

（図3）京都大学西部構内AW20区出土建物SX12
（出土地点は図1の③）

●邸宅内に設けられた堂舎

前述のように浄蓮華院の供養願文では、建立の前提として経房の父光房による七条亭の堂舎をあげる。この堂舎は光房の生前には完成せず、造営を継続した経房によって、光房の一周忌に供養された（『山槐記』久寿二（一一五五）年一一月一〇日条）。また、光房の父為隆（経房の祖父）は、六角より南、坊城より西の邸宅を丈六堂、懺法堂、迎講堂、鐘堂、居所を備えた堂舎とし（『中右記』大治二年一〇月一七日条）、三年後の大治五（一一三〇）年に、この「坊城堂」で薨去した（『長秋記』大治五年九月一四日条）。

為隆の父為房（経房の曾祖父）は、自身で堂舎を営まなかったものの、彼の妻が天仁三（一一一〇）年に九条精舎を供養し（『永昌記』天仁三年六月二三日条）、永久三（一一一五）年に為房が薨じると、ここが為房の忌日法要の場となった。九条八講と称された為房の忌日法要は「一家の営み」とされ（『永昌記』保安五（一一二四）年四月二日条。高橋 一九九六）、六〇年を経た安元二（一一七六）年でも継続していたことが判明する（『吉記』安元二年四月一日条）。のちには為房ゆかりの堂舎と考えられたようで、為房の孫顕頼（顕隆の子）が康治二（一一四三）年に供養した「九条堂」は、「祖父為房卿の御堂の内」にあると記されている（『百錬抄』康治二年三月一六日条）。

邸宅内での堂舎建立はしばしば行われたことで、各人の遠忌は各人と関係の深いこうした堂舎でなされるのが一般的であった。しかし、このようなあり方は、邸宅が仏教施設に姿を変えたことを必ずしも意味してはいない。為房が薨じてから一四年を経た大治四年においても、為房の妻はこの九条の地に居住していたことがわかる（『永昌記』大治四年七月三〇日条）。また、顕頼による「九条堂」の建立から考えて、為房の妻の死後は、為房の孫顕頼へ伝領されたと思われるが、顕頼が薨じたあとに顕頼の娘と婚姻した藤原師長は、保元の乱での配流先から帰京すると、仁安二（一一六七）年までの間、「室家（＝顕頼の娘）の九条亭」に住んだとされる（『山槐記』仁安二年四月二七日条）。こうした堂舎は、多くの場合、邸宅内の一画に築かれたに過ぎず、邸宅としての機能は維持されたと理解するのがよさそうである。

●仏教施設としての浄蓮華院

吉田地域に設けられた浄蓮華院も、亡父光房の七条堂の再建という意味を持ったことから、邸宅内の堂舎の延長線上にあったとみるべきで、その実態は、「檜皮葺一間四面堂一宇」を建て、阿弥陀如来像を安置したものであった。しかし、それまでの堂舎が、九条堂や坊城堂のような一般的な呼称だったのに対し、経房は浄蓮華院という名を付け、父祖だけでなく後白河院や建春門院などの追善の場となることを企図した。翌年に薨じた経房が埋葬されることで、仏教施設としての性格はいっそう強くなっていく。

建長八（一二五六）年に薨じた経房の曾孫為経は、浄蓮華院に葬送され（『経俊卿記』建長八年六月九日条）、文永五（一二六八）年には、その十三回忌が浄蓮華院で営まれた。「権尚書〔＝経任〕、浄蓮花院〈故大納言殿〔＝経房〕草創の堂なり。〉に於て、八講を行ふ」と記されるように、この時の法華八講は、為経の子の経任を主催者として遂行されたが、主催者たる経任や異母弟の経長が、為経の弟経俊の命に応じて堂に着座したことも注目される（『吉続記』文永五年六月九日条）。為経が継承していた浄蓮華院は、彼が薨じたのちは経俊が管理しており（建治二（一二七六）年一〇月一七日吉田経俊処分状）、浄蓮華院を管理する経俊のもとで、子息らが法要を営んだ姿をみてとれる。

文安四（一四四七）年、盂蘭盆にあたって万里小路時房が浄蓮華院に参った記事からは、ここに多くの墓塔が築かれていたことが判明する（『建内記』文安四年七月一四日条）。万里小路家は、経房の嫡孫である資経の子、資通（為経、経俊の弟）に始まる家で、時房は、経房、資経の墓塔を拝したのち、資通の子宣房から父嗣房までの四代にわたる万里小路家の墓塔や、浄蓮華院の住持の塔などに参っている。前述した為経の墳墓が見えないのは、為経が時房の直接の先祖ではないからである。時房が、坊城俊秀（経顕の兄俊実の五代孫）らに参会したことからすると、他にも多くの墓塔が存在したと推測される。

経房は、自身が創建した浄蓮華院を、祖父為隆から伝わった賀茂経蔵と並んで重視し、家の長者が管理すると定めて、「定め置くところの仏事、敢て退転することなかれ」と指示した（正治二年二月二八日藤原経房処分状）。「顕要を帯びて暇少なく、公私に付して隙無し」という状況から七条堂を再建できずにいた経房にとって、浄蓮華院が仏教施設として永続されることには、少なからぬ思い入れが存在したであろう。京内ではなく郊外の隠棲地に営まれたことも、こうした思いに関係すると思われ、郊外であったがゆえに彼らの墳墓の地となりえたことも確かである。永続的な浄蓮華院を経房が創建することで、吉田地域は、経房の子孫たちにとって特別な地となっていく。

吉田の邸宅と浄蓮華院の継承

●吉田にあった三つの邸宅

正治元（一一九九）年一二月に浄蓮華院を供養した藤原経房は、吉田南亭（なんてい）、吉田園領（えんりょう）、吉田角家地（かどのやち）といった三つの邸宅を所持し、翌年二月、それぞれ資経、経賢、為定といった孫へ伝領した（正治二年二月二八日藤原経房処分状）。孫を対象としたのは、供養直前の一一月に、経房の嫡子で彼らの父にあたる定経が、従三位参議でありながら突如出家してしまい、激怒した経房が彼を義絶したことによる（『尊卑分脈』）。資経が嫡孫であったことからも、資経に譲られた吉田南亭が中核にあったと思われ、建久三（一一九二）年に前斎院（さきのさいいん）が遷御した「南亭」も、同じ邸宅のことであろう（『吉記』建久三年七月二七日条）。

供養会（くようえ）が開催されたものの、浄蓮華院は造営途上と認識されていたようで、「作事（さくじ）の体（てい）、太（はなは）だ以て遅怠す。其の功、未だ終えざると雖（いえど）も、供養を遂げらるべしと云々（うんぬん）。凡（およ）そ山水の勢ひ、土木の構へ、誠に勝絶なり。誠に優美なり」と記録されている（「正治元年経房卿堂供養記」）。一方、邸宅の中核であった南亭も、伝領に際して「遂には造り畢（おえ）ず。遺恨と雖も、已（すで）に名所と為す。漸々（ぜんぜん）修造を加へ、風流の地を用うべし」

とされており、浄蓮華院の様相と類似している。さらに、南亭の伝領に関する記載においては、「長者と為り堂を伝領する者」の責務について言及されており、南亭と「堂」の伝領が一体的であることが読み取れる。これらを考えあわせると、吉田南亭の一画に堂舎を設けたのが浄蓮華院だったという推論に、たどりつけるものと思われる（吉江 二〇〇六）。

他方、吉田園領の伝領に関して経房は、次のように記している。

> 吉田の領、幾ばくならず。面々に配分するの条、かたがた愚慮を廻らし、相分(あいわか)つところなり。社(やしろ)と云ひ寺と云ひ、彼の寺社に縁在る者、其の近辺に卜(ぼく)して居住するは、霊社霊寺の法なり。一人、伝領し、若しくは朝端(ちょうたん)に仕へて、仙洞(せんとう)の近辺に卜し、若しくは無頼に依りて、居住するに堪(た)ゑざるは、誰人(たがひと)か伽藍を守護すべけんや。仍(よっ)て此くの如く相存ずるところなり。（正治二年二月二八日藤原経房処分状）

経房は吉田の所領を孫たちへ分割して継承したが、それは「伽藍」を守護する人物がいなくなる危険を思ってのことであった。ここにいう伽藍が浄蓮華院を指すだろうことは、推測するにかたくない。吉田角家地に関しても「子細、園領に同じ」と記されており、園領と角家地の二つの邸宅には、浄蓮華院を支えることが期待されていた。

●吉田東亭と吉田西亭

園領、角家地の二つの邸宅は、その後の史料では確認できないが、経房の嫡孫資経は、「吉田領」として東亭と西亭とを所持し、それぞれ長男為経と次男経俊へ伝領した（建長二（一二五〇）年六月二日藤原資経処分状）。東亭には「地の注文、故大納言殿〔＝経房〕の正治の注文に見ゆ」との注記が施されるが、「正治の注文」が右にみた経房の文書と推定できることから、経房が伝領を指示した園領と角家地のいずれかが、東亭と呼ばれるようになったと考えられる。西亭にはこのような注記はないものの、省略されたとも考えられ、園領と角家地の一方に該当するのかもしれない。

資経から為経へ継承された東亭は、「吉田東」とも号された為経の子の経長へ伝領され（『尊卑分脈』。『実躬卿記』弘安一〇（一二八七）年六月九日条）、経長の子定房がこの邸宅を譲り受けたらしいことも、種々の史料から推測できる。経長の同母兄である経藤が、異母弟の経任に出世を越えられたことで、弘長二（一二六二）年に出家したことからすると（『尊卑分脈』）、経長の前に一時期、経藤が所持した可能性もある。その後、この東亭は、南北朝の動乱の中で焼失してしまったらしい（『太平記』）。定房が後醍醐天皇に従って吉野へ向かったこともあってか、再建された様子をうかがえない。

一方の西亭は、『御遺言条々』という史料から、資経→経俊→俊定→定資→俊実→経顕→経方と継承されていったことがわかる。経顕の曾孫経興（経方の弟経重の孫）は、応永二四（一四一七）年、亡父経豊の菩提のためとして「吉田大納言殿〔＝経房〕御旧跡の田畠」を浄蓮華院へ寄進した（応永二四年四月日勧修寺経興寄進状）。この地は浄蓮華院の西に接していたが、経房の旧跡とされたことや西亭の伝領過程を思うと、西亭に由来する土地の可能性が高いといえよう。西亭は、一五世紀前葉には田畠と化していたと思われる。また、経俊や定資が譲与した時分には、「吉田家地」や「吉田亭」とされていたが、観応二（一三五一）年に経顕が譲った際には、「家地事」に分類されながらも、「吉田地〈類地在り。〉」と記されている（観応二年正月一四日勧修寺経顕処分状）。経顕が譲った一四世紀中葉には、邸宅の機能が失われつつあったのかもしれない。

●浄蓮華院の継承と文書の管理

東亭が資経の長男の為経系へ、西亭が次男の経俊系へ、それぞれ嫡系的に継承されていったのに対し、南亭を引き継ぐ浄蓮華院については、「家風を継ぐ者」が家の長者となり、継承すると定められた。「縦ひ位高きと雖も、歴るべきの顕要を歴ず、閑官より纔かに爵級を上臈の輩より加ふるは、用うべからず」と経房が命じたように（正治二年二月二八日藤原経房処分状）、家の長者となる「家風を継ぐ者」とは、閑官ではなく顕要の職を経歴した者を意味している。これは勧修寺長者に関して、経房自身が「顕官を経る人」に言及したことと通じるもので、「顕要を帯びて暇少なく、公私に付して隙無し」という状況が、浄蓮華院建立の背景にあったことも思い起こされる。為経が建長八（一二五六）年に薨じると、弟経俊が長者となって「修理を加へ管領」したが、これは「顕要を経て、家の長者と為るの人」が管領するとした「故大納言殿（＝経房）の御契状」に従ってのこととされている（建治二（一二七六）年一〇月一七日吉田経俊処分状）。長者に関する経俊の右の記述が、文書の譲与の項目に記されたものである点も見逃せない。浄蓮華院には文書が保管されており、浄蓮華院を管轄する家の長者は、文書の管理についても責任を負うこととなっていた。経房は次のように述べている。

> 累代の雑文書に於ては、朝家の重器として、吉田の倉に安置し、堂の宝物と為す。朝家の大事有る毎に、奉行の人、定めて相尋ぬるか。親疎を論ぜず、要を取り、詮を抜き、借し与ふべきなり。家の長と為る人、虫払ひ、懈怠すべからず。（正治二年二月二八日藤原経房処分状）

経房の嫡孫資経も「雑文書に於ては、大納言殿〔＝経房〕の契状に任せて、吉田の倉堂に安置し、長者、次第の附属を為すべし」と述べており（建長二年六月二日藤原資経処分状）、累代の雑文書を吉田の倉に納めるとした経房の命は、守られたようである。では、累代の雑文書とはどのような文書なのであろうか。資経には、吉田の倉に安置した雑文書とは別に、経俊へ譲った雑文書が存在した。これは「予の時、書くところの家記ならびに諸家記・愚記・雑文書等」としてあらわれるもので、自身が記した雑文書を累代のそれより価値が劣ると考え、吉田の倉には納めなかったのだろう。注目されるのは、経俊へ譲った雑文書が「除目の執筆ならびに官・蔵人方以下の奉行の時の雑文書等」とも記されることである（天福元（一二三三）年五月二八日藤原資経文書譲状）。つまり雑文書とは、任官を行う除目や弁官・蔵人が運営主体となる儀式などで、担当者が作成した文書を指している。だとすれば累代の雑文書とは、こうした雑文書のうち、経房以前の父祖の手になる文書を意味することになろう。経房は、いわば公的な文書を「朝家の重器」と捉えて「堂の宝物」とし、「朝家の大事」に備えて家の長者が管理すると定めたといえる（吉江 二〇二〇）。

顕要の職を経歴した者を「家風を継ぐ者」と定め、家の長者の要件としたことと、「奉行の人」が尋ねてくるような公的性格を持つ雑文書を「堂の宝物」としたこととが、密接に関係しているだろうことに疑いはない。吉田地域に経房が設けた浄蓮華院は、永続的な仏教施設として墳墓の地となり、経房の子孫が結集する精神的な紐帯の役割を果たすこととなったが、それと同時に「朝家の重器」である文書を安置する、公的な施設としての性格があったといえる。そして、東亭・西亭という二つの邸宅が、浄蓮華院を支えるものとして、為経系、経俊系へ嫡系的に継承されていったのである。

冒頭で紹介した「吉田と号すべきの条、本意なり」との経顕の言葉は、このような吉田地域の位置付けを前提とするのであろう。経房の子孫たちにとって吉田の称号は、宮廷社会が尊重してきた「家風を継ぐ者」を象徴する、特別な意味を持っていたに違いない。吉田と号し、後醍醐天皇の時代に重きをなした吉田定房（さだふさ）（為経の孫）の存在が、経顕の脳裏にあったのかもしれない。そして、吉田の称号を使用できない以上、それを超越するものとして、一門に関わる勧修寺を選択したことも理解しやすいといえる。しかし、その一方で、この言葉が称号を創始する上での理由付けに過ぎないだろうという点も忘れてはならない。吉田東亭が再建されず、西亭も邸宅の機能を失いつつあった経顕の時代には、吉田の称号が持つ意味が減じていたに相違なく、吉田に固執する必要がなくなりつつあったとも評価できる。

おわりに―吉田社が支配する時代へ―

藤原経房が創建した浄蓮華院は、応仁（おうにん）の乱で戦火に遭い、吉田社などとともに焼失した（『続史愚抄（ぞくしぐしょう）』応仁二（一四六八）年七月四日条）。吉田社がまもなく再建されたのに対して、浄蓮華院の再建の動きは進まず、文亀（ぶんき）元（一五〇一）年には、浄蓮華院周辺の田畠が、吉田社の神主である吉田兼倶（かねとも）によって押妨され、永正（えいしょう）九（一五一二）年には、浄蓮華院領に関して、吉田社と浄蓮華院との間で折中（せっちゅう）して支配することが定められた。そして天文（てんぶん）二（一五三三）年、浄蓮華院の退転は明白であるとして、折中分も含めてすべて吉田社の社領とされ、吉田地域における吉田社の一円的な支配が確立した。ここにおいて、三〇〇年に及んだ浄蓮華院の歴史は幕を下ろすこととなる。

吉田社の押妨に対して、浄蓮華院の側もただ眺めていただけではない。一族の末裔である中御門宣胤（なかみかどのぶたね）・甘露寺元長・万里小路賢房（かたふさ）は、経房の忌日にあわせて浄蓮華院を訪れ、結束を図り（『宣胤卿記』永正元年閏三月一一日条）、永正五年には一門の連署で幕府に訴えることとした（『宣胤卿記』永正五年九月一五日条）。しかし、浄蓮華院が担った公的ともいえる性格は、すでに過去のものとなっており、彼らがこの地を維持しようとする理由は、「墳墓の地」以上のものではなかった（『実隆公記』永正三年五月二日条、四日条）。それだけでは、「乱来、寺無く、ただ竹林許りなり。石塔纔かに残るも、寺僧京に在り」といった状況をいかんともしがたかったのであろう。他方、唯一神道の確立を志す兼倶は、文明一〇（一四七八）年に吉田の地へ移住し（『兼顕卿記』文明一〇年三月一九日条、『晴富宿祢記』同年三月二九日条）、吉田社境内の地下人を神楽岡の麓へ集住させた（『兼致朝臣記』文明一〇年三月七日条）。地域の領主を目指して人々を掌握しようとする兼倶と、一族の墳墓の地を守ろうとするだけの経房の子孫たちとの差は歴然としており、その結果、吉田社の一円的支配といった結末を生むこととなる。

さきに触れた吉田村古図によると、神楽岡の麓の社家域を除けば、村全体は田畠でおおわれている。中世の吉田地域には、浄蓮華院や吉田東亭、吉田西亭といった施設だけではなく、複数の貴族の別亭が存在したと思しいが、浄蓮華院の退転に象徴されるように、そうした施設も次第に姿を消していったのだろう。吉田社が一円的な支配を目指すようになると、吉田地域は田畠が広がる近世的な景観へと姿を変えていったのである。

参考文献

◎五十川伸矢・飛野博文　一九八四「京都大学教養部構内AP22区の発掘調査」京都大学埋蔵文化財研究センター『京都大学構内遺跡調査研究年報　昭和五七年度』
◎伊藤淳史・梶原義実・土屋みづほ　二〇〇六「京都大学吉田南構内AR24区の発掘調査」京都大学埋蔵文化財研究セン

ター『京都大学構内遺跡調査研究年報　二〇〇一年度』
◎伊藤淳史・笹川尚紀　二〇一二「京都大学西部構内AW20区の発掘調査」京都大学文化財総合研究センター『京都大学構内遺跡調査研究年報　二〇〇九年度』
◎遠藤珠紀　二〇一一「中世朝廷社会における公卿称号」『中世朝廷の官司制度』吉川弘文館　初出は二〇〇六
◎高橋秀樹　一九九六「祖先祭祀に見る一門と「家」―勧修寺流藤原氏を例として―」『日本中世の家と親族』吉川弘文館
◎橋本義彦　一九七六「勧修寺流藤原氏の形成とその性格」『平安貴族社会の研究』吉川弘文館　初出は一九六二
◎平山敏治郎　一九八〇『日本中世家族の研究』法政大学出版局
◎吉江崇　二〇〇六「中世吉田地域の景観復原」京都大学埋蔵文化財研究センター『京都大学構内遺跡調査研究年報　二〇〇一年度』
◎吉江崇　二〇二〇「鴨東吉田地域における浄蓮華院の創建と「家」」京都府立京都学・歴彩館京都学推進課編『令和元年度京都府域の文化資源に関する共同研究会報告書（洛東編）』京都府立京都学・歴彩館

Ⅱ 東山の山荘と寺院

平安後期物語と白河院

―天狗譚との関わりをめぐって―

安達　敬子

はじめに

白河地域は京都盆地の東北にあり、東は東山山麓、西は鴨川、北は神楽岡丘陵に囲まれた地域を指す景勝の地で、その東西の間、吉田山東麓を南に流れる白川の名に由来している。この地には、院政期に二条大路を延長した東端に法勝寺、西の鴨川よりに白河上皇の院御所である白河殿北殿・同南殿が造営された。また、二条大路の南北にも尊勝寺他六勝寺が相次いで造営され、白河地域は政治史においても宗教史においても重要な役割を果したのであった（福山 一九八三、堀川 二〇〇六）。

なかでも重きをなした法勝寺は、関白藤原師実によって白河天皇に献上された摂関家の別業白河院（白河殿）の跡地に承保二（一〇七五）年から建立され、現在も岡崎法勝寺町という地名にその名を留めている。

中古の白河院は、京都市動物園の場所にあったとされるが、現在の京都市指定庭園「白河院庭園」は大正八（一九一九）年に下村忠兵衛によって造園されたものである。もともと、この白河の地は平安中期から風光明媚で名高く、しかも都からほど近いこともあって貴族達の山荘が数多く作られた。そして、彼らの行楽の場であった白河を舞台にした文学作品も一〇世紀頃から散見されるようになる。

本稿では、法勝寺以前の摂関家別業としての白河院、特に藤原頼通時代の白河院と同時期の平安朝物語の関わりを探っていきたい。

（図1）『中古京師内外地圖』（『新訂増補　故実叢書』、国立公文書館蔵、国際日本文化研究センター画像提供を一部改変）

一一世紀までの白河院

●小白河と大白河

白河の地に造営された貴族の別荘のなかで、特に白河院（または白河殿、白河第）と称された建造物については、歴史学並びに国文学の分野からすでに重要な研究がなされている（上島 二〇〇六、横井 二〇〇九）。それらの研究成果を踏まえつつ、平安中期の白河院について概観すると、地名としての「白河」が主要な文学作品に登場するのは、藤原良房の死をいたむ『古今和歌集』に所載された次の和歌からである。

『古今和歌集』 巻第十六哀傷 八三〇

前太政大臣を、白河のあたりに送りける夜よめる

血の涙落ちてぞたぎつ白河は君が世までの名にこそありけれ

素性法師

藤原氏の邸宅「白河殿」の初出は、『貫之集』の七一四番歌の詞書に「延長八年土佐国に下りて、承平五（九三五）年に京にのぼりて、左大臣殿（忠平）白河殿におはします御ともにまうでたるに」とあり、藤原忠平の時代にはその存在が確認できる。上島享は、これ以後、忠平から継承された摂関家嫡流の大白河と呼ばれた右の白河殿（白河院）以外に、それ以外の貴族の別荘で小白河と呼ばれた別の白河殿（白河院）の存在を指摘している（上島 二〇〇六）。

まず、一〇世紀の文学作品に頻繁に登場するのは小白河の方であった。『和泉式部集』九八番歌、

いづれのみやにかおはしましけむ、白河院まろもろともにおはして、かくかきていへもりにとらせておはしぬ

われが名は花ぬす人とたたばたてただ一枝はをりてかへらむ

和泉式部と帥宮敦道親王が花見に訪れたこの白河院は、藤原公任の山荘を指している。公任、藤原教通邸など、複数の貴族の別荘が点在するなかで最も有名であったのが、藤原師尹からその息済時が受け継いだ白河院であった。増田繁夫によれば、一〇世紀から一一世紀初めの文学作品に出てくる「白河院」は、その大部分が済時の別荘を指したとされる（増田 一九九五）。『枕草子』三二段「小白河といふ所は」は、小一条の大将済時の別荘で法華八講が行われて世間の評判となり、結縁のために大勢の貴族たちが詰めかけたことを述べた段である。都人の行楽の地として愛され、詩歌に詠まれることの多かった白河の地でも、とりわけ済時の白河院は、源順の詩序「後の二月、白河院に遊び同じく花影の春池に泛ぶといふことを賦し教に応ず」（『本朝文粋』巻第一〇）に「しかるに猶都人の士女の花を論ずる者は多く白河院を以て第一となす」と謳われ、桜花の名所として定評があった。

しかし、一一世紀以降、特に道長の死後頼通（よりみち）が相続して主となった後は、それまでの小白河ではなく、摂関家の大白河の「白河院」が注目されるようになる。それは、大白河が頼通の手によって大規模な増改修工事がなされ、面目を一新したからであった。白河院は、それまでの小規模な山荘から摂関家の別業として大規模な発展を遂げたのである。

記録によれば、長元元（一〇二八）年には、頼通が、伝領後改修成った白河院（大白河）を初めて検分し（『左経記』三月二〇日条）、以降しばしば競べ馬（『日本紀略』長元元年五月二八日条）や桜花の詩会（『日本紀略』長元二年五月二八日条）などを催している。

白河院を好んだのは頼通だけではない。その姉である上東門院彰子も長元年間に白河の桜を愛でるため度々逍遥に訪れており、康平三（一〇六〇）年には白河院を御所とした上東門院のため、後冷泉天皇の朝覲行幸を仰いでいた（『康平記』三月二五日条）。

そして、上東門院が弟頼通の別業白河院に滞在したのは、遊楽の楽しみのためばかりではなかった。寛徳二（一〇四五）年の後朱雀院崩御の後、女院は傷心を癒やすため白河院に長期間隠遁していたのである。

『栄華物語』　巻三六　根あはせ

女院の御前には、世の中を思しめし嘆きわびさせたまひて、巌のなか求めさせたまひて、白河殿に渡らせたまひぬ。……白河殿の秋のけしきいみじうあはれなるに、まして神無月の時雨に、木の葉散りかふほどは、涙とどめがたし。

●天狗が出る凶宅

さらに、『栄華物語』は、後朱雀院の死の悲しみによる三年間の上東門院の白河院滞在が、天狗の祟りのため病人死人が続出し、果ては女院も重い病を患って終わったことを語っている。

『栄華物語』　巻三六　根あはせ

永承二年〔一〇四七〕

正月などいとめでたし。白河殿には尽きせず昔を恋ひさせたまひておはします。天狗などむつかしきわたりにて、いみじうわづらはせたまふ。人々もてつぎてわづらひ、なくなりなどしていとうたてあれば、「かくのみはいかがは」と、殿など申させたまへど、聞こしめし入れぬに、いと久しうかぎりになりてわづらはせたまへば、「後の世いとあひなきことなり」と、殿のせめて申させたまひて、四条なる美作守の家に出でさせたまひぬ。

この後も上東門院は白河院にしばしば滞在していたが、実は、白河院周辺は天狗が出没する場所として当時有名であったらしく、後年この地に白河天皇が法勝寺を建立する際にも、上東門院の天狗騒ぎは印象深く想起されていた。

『栄華物語』　巻三九　布引の滝

承保二年〔一〇七五〕

白河殿とて、宇治殿の年ごろ領ぜさせたまひし所に、故女院もおはしまししが、天狗ありなどいひし所を、御堂建てさせたまふ。

右の記事からうかがえるのは、風趣に富む名邸白河院の持つもう一つの側面、すなわち天狗の徘徊する凶宅という属性であった。白河院に天狗が出没したことを示す資料は『栄華物語』以外にも散見している。例えば『今昔物語集』巻第二〇「仏眼寺仁照阿闍梨房託天狗女来語（ぶつげんじのにんせうあじゃりのぼうにてんぐのつきたるをむなきたること）第六」では、女に化けて高僧を堕落させようとした天狗が「我ハ東山ノ大白河ニ罷通フ天狗也。」と正体を名乗っている。

また、白河院の跡地に造営された法勝寺にも、引き続き鎌倉時代に至るまで天狗は出現していた。『比良山古人霊託』は、延応元（一二三九）年に、比良山の大天狗が慶政上人の問いに答えて天狗の生態を種々語った内容を持つが、ここでも天狗の発言のなかで、彼が法勝寺を定期的に訪れていることが述べられている。

> 件の経〔天狗が書写を求めた法華経・浄土三部経〕は法勝寺に安置せらるべきなり。時々かの寺を経廻る故なり。

あるいは、近衛天皇の久安四（一一四八）年五月には、都の多くの人々が法勝寺九重塔の上の天狗を目撃していたという[1]。

> 『古今著聞集』巻第一七　変化　久安四年夏、法勝寺の塔上にて天狗詠歌の事
>
> 久安四年の夏の比、法勝寺の塔のうへに、夜ながめける歌、
>
> 　われいなばたれ又ここにかはりゐむあな定めなの夢の枕や
>
> 天狗などの眺め侍りけるにや。

法勝寺九重塔に現れた怪異はこれにとどまらない。『五代帝王物語』は、後堀河院と関白九条教実がともに、塔上に天福元（一二三三）年九月に二五歳で亡くなった藻壁門院の姿を目撃した怪異を語る。

天下諒闇なれども、法勝寺御八講に御幸ありけるに、御車すでに阿弥陀堂の御前へ寄たりけるに、藻壁門院の、昔の御姿うつくしげにて、九重塔の第三層とかやにわたらせ給けるを、あれはいかにと思めして、御車寄に摂政〔教実〕のさぶらはせ給けるに、「あれは見まゐらするか」と仰せありければ、「みまゐらせ候」と申されけり。余人はみまゐらせず。不思議にぞありける。

九重塔上に、生前のままの美しい姿で現れた後堀河后藻壁門院竴子（そうへきもんいんしゅんし）は、後述するように死後に天狗道に堕ちてここに現れたと考えられていた。桜の名所景勝の地にある「白河院」は、風雅な邸第であると同時に、天狗の出没する禍々しい場所でもあったということになる。

後期物語と白河院

●『朝倉』にみる白河院

本章では、関白頼通の時代後半と重なる、後冷泉朝（一〇四五〜一〇六八）に成立した平安後期物語における「白河院」を考えてみたい。後冷泉朝の後宮や斎院のサロンは、頼通の庇護を受けて一条朝とは違った融和的雰囲気のなかで女房文芸が花開いた。この時期に多くの作り物語が制作されたが、そのうち「白河院」が物語の舞台になっている物語は、『朝倉』・院政期にかかる可能性もある『巣守』・『夜の寝覚』の三作品である。

まず、『朝倉』については現在では散逸した物語であり、復元された内容は以下のようなものと推測されている（樋口 一九八二）。

父の前三河守と離別した女主人公朝倉君は、三位中将の別荘白河の家に住まわされることになる。しかし、中将の正妻堀川殿の迫害により、女君は白河から失踪して身を隠す。中将は朝倉君を失って嘆く。朝倉の君は、その後はからずも式部卿宮と契りを結んでしまい、身をはかなんで琵琶湖に入水するが、一命を取り留める。後に女房として宮中に出仕した朝倉君は中将と再会する。

朝倉君が一時白河で暮らしていたことは、以下の資料から推測できる。

『拾遺百番歌合』

五十六番右

身のありさま思ひみだれて、しらかはよりいでなむことをおもひたつ日、「うちとけて見つるなごりにつねよりもこひしさまさるあさがほのはな」と侍りける御かへし

朝倉女君

おくつゆもひかりそへつるあさがほの花はいづれのあか月か見む

五十五番右

おもひわびてしらかはよりしのびていづるかはらのほどにておとどの御くるまのあひたまへる、

すだれをおしあげてさしのぞきたまへるを見て

たまぼこのみちゆきずりのかばかりもあはれいづれのよにかみるべき

朝倉女君

ヒロインの朝倉君は、おそらく摂関家の御曹司（後に関白）である三位中将に愛され、彼の計らいで白河の隠れ家に住まわせられる。しかし、中将の正妻の迫害に怯えた朝倉君は、ひそかに白河の邸から出奔する。このあたりは、正妻に脅かされて頭中将のもとから身を隠す夕顔（『源氏物語』）を思わせる展開で、白河に向かう三位中将の牛車と鴨川の河原ですれ違う女主人公の心中は、読者の紅涙をしぼったことであろう。この白河の別荘が、いわゆる大白河の「白河院」を指すかどうかは不明である。ともあれ、都からほど近く、風情ある山里の白河は、貴公子が人目を忍ぶ女のもとに通う場所として格好だったのであろう。

●『巣守』にみる白河院

次に取り上げる『巣守』も散逸物語の一つである。薫と匂宮が登場する『源氏物語』の続編として、鎌倉中期頃まで後人の擬作ながら、『源氏物語』の巻の一つとして読まれていたらしい（堀部 一九四三）。この『巣守』の内容をうかがう資料としては、『風葉和歌集』の他に、中世に作られた『源氏物語』の系図（いわゆる源氏古系図）や源氏歌集の古筆切などがあり（久保木 二〇〇六）、左に掲げたように『巣守』の登場人物が含まれている源氏古系図の類もあった。

東海大学蔵正嘉本『源氏物語古系図』

巣守三位　一品宮にまいり給て御琵琶の賞に三位になる　兵部卿宮のかよひ給けれははなやかなる御心をけさましく思てかをる大将のあさからすきこえけれは心うつりにけり　さて若君一人うむ　其後みやあやにくなる心くせの人めもあやしかりけれは朱雀院の四君のすみ給ふ大内山にかくれまいるみめうつくしくてひわめてたくひきし人なり

鶴見大学図書館蔵『源氏物語系図　巣守三位本』

巣守三位　すもりの巻に二品宮にまいりて御琵琶の師にてその賞に三位し給　にほふ宮かよひ給しをはなやかなる御ふるまひふさはしからす思て朱雀院の四宮にまいりてかくれたりしをかほる中将み給てかたらひより給ふ　琵琶めてたくひきみめうつくしかりし人なり

これらの注記によると、ヒロイン巣守三位は琵琶の名手で、初め匂宮の恋人だったが浮気な宮に愛想が尽きて誠実な薫に心を移し、若君を生んだとされる。ところが、諦めきれない匂宮は、巣守三位を無理矢理に宮中から洛外の白河院に拉致して執拗に迫る。巣守三位はなんとかそこから逃げ出して大内山に身を隠したとされる。

次の資料は、まさにその白河院の場面から和歌が取られている。

堀江正二氏旧蔵『源氏歌集』断簡

すもり内よりいづるに宮車にすべりのらせ給ひて　　宮

いとふ〳〵あはれ成ける君によりなどていのちを、しまざりけん

やがてしらかはの院におはしてうちふし給へりとかくきこゑのがるけしきもあはれなるに

宮

つらかりしこゝろを見ずはたのむるをいつはりとしもおもはざらまし

御かへし　女

ことさらにつらからんとはおもはねどいかにいかなるこゝろにはみし

一三世紀後半、後嵯峨院の後宮で成立した物語歌集『風葉和歌集』にも、『巣守』は『源氏物語』の一部として扱われ、先の『源氏歌集』と同じ場面が取られている。

『風葉和歌集』　巻十二　恋二　八四九

女のいひのがれてつれなきさまなりけるが、またもさのみこしらへ侍りければ

匂兵部卿宮

つらかりしこゝろを見ずはたのむるをいつはりとしもおもはざらまし

ちなみに、『風葉和歌集』の別の箇所では、匂宮が白河院に滞在した時、催された観桜の宴に薫が参加し、白河院の桜を和歌に詠んでいる。物語の中でも、やはり白河院の美しさは桜とともに語られていた。

『風葉和歌集』　巻二　春下　一〇八

匂兵部卿のみこ、白河の院に侍りけるに、花見にまかりてよみ侍りける

散り散らず見てこそ行かめ山桜古里人は我を待つとも　　薫大将

『巣守』において、女を拉致して隠すなど匂宮は、摂関家の別業白河院をまるで自分の私邸のように好き勝手に使用している。『源氏物語』の作中世界では、夕霧が摂関に相当する地位におり、ちょうど上東門院が弟関白頼通の所有する現実の白河院を使用したように、夕霧の妹である明石中宮の縁で匂宮が白河院を自由にできたという設定が考えられよう。

『夜の寝覚』と白河院

●『夜の寝覚』のストーリーと現実の平安社会

『夜の寝覚』は、『朝倉』とともに菅原孝標女（すがわらのたかすえのむすめ）の作である可能性が高いといわれる後期物語である。現存しているのは巻一から巻五までの五巻本であるが、巻一の後の中間部と巻五以降の末尾に大きな欠損があり、院政期に製作された『寝覚物語絵巻』詞書や鎌倉初期の物語評論書『無名草子』、『風葉和歌集』、中世の物語古筆切などから内容の復元研究が行われてきた。白河院が舞台になるのは末尾欠陥部で、従来の復元研究によって推測される内容はおよそ以下の通りである。

ようやく若関白（男君）と結ばれた主人公寝覚上は、おそらく冷泉院の執拗な求愛により心ならずも白河院に秘かに取り籠められる。夫や子どもたちは寝覚上が亡くなったと思っている。実際に危機に陥って一旦は仮死状態になるが、その後蘇生したらしい。そして、白河院から脱出して死んだと周囲に思わせたまま身を隠し出家する。一方、寝覚上の息子真砂君は冷泉院の女三の宮と相思相愛であったが、冷泉院から勘当を受け引き離される。真砂君は失恋と母の死による傷心から北山に籠もってしまう。寝覚上は息子を救うため、寝覚上が死んだと信じて出家していた冷泉院に、自分の生存を明かす手紙を送る（以下略）（岩波『日本古典文学大辞典』より）

なお、この末尾欠巻部分の復元内容については、近年『夜の寝覚』と思われる物語古筆切の発見が相次ぎ、新たな資料によって様々な修正案が提示されている（田中ほか編 二〇〇二、仁平 二〇〇七、大槻 二〇〇五、久下 二〇一四、伊井 二〇〇〇、小島 二〇〇八、栗山 二〇一四、田中 二〇〇九、池田 二〇一二）。『夜の寝覚』末尾欠巻部の復元という大問題について、ここで稿者に新たな用意はないが、「白河院」という場所と寝覚上の関係について少しく考えてみたい。

ここで、改めて、末尾欠巻部の白河院についての資料を検討する。

『拾遺百番歌合』

十五番右（二三〇）　　　　　　　　　　　中宮

いゝいゝしらかはの院より、いゝあながちにのがれいでたまへるを、はじめてきかせ給て、つかはしける御ふみに

見しまゝのゆめのうちにぞまどはるゝたちをくれにし身をうらみつゝ

九番右（二一八）　寝覚の上

しらかはの院にて、身のありさまおぼしつゞくるゆふぐれに

しほれわびわがふるさとのおぎのはにみだるとつげよ秋のゆふかぜ

寝覚上は白河院で幽閉状態にあり、夫や子どもたちを思い悲嘆の日々を送っている。家族にも消息を知らせることができず、子どもたちも寝覚上が亡くなったと思っている。中宮（寝覚上の娘）が母の生存を知ったのは、かろうじて寝覚上が白河院から脱出した後のことであった。同じく『拾遺百番歌合』の

十三番右（二二六）　女三宮の中納言

院のけしきよろしからで、女宮ぐしたてまつりて、れぜい院にわたらせたまひにけるのち、右大将しらかはの院にまいりて、むなしくたちかへるとて、「わたくしにだにわすれたまふなよ」と侍りければ

あらしふくあさぢがすゑの白露のきえかへりてもいつかわすれむ

「しらかはの院」に参上した右大将とは、寝覚上の息子真砂君である。冷泉院は、寝覚上が自分のものにならなかった恨み故か、真砂君と女三の宮の恋を許さない。冷泉院によって女三の宮は白河院から本院に移されるが、急なことだったので、女三の宮付きの女房（中納言）はそのまま白河院に残っている。右

は、そこに右大将が訪れて、女三の宮への思いのたけを訴える場面である。

匂宮と同じように自由気ままに冷泉院が使っていることから、冷泉院にとって白河院は、秘密裏に寝覚上を隠すのに好都合の場所であったに違いない。物語中、寝覚上の夫若関白は摂関家の当主である。当時、現実の白河院がどのような存在であったかを考えれば、物語の中で冷泉院が、摂関家の別業を私邸同様に勝手気ままに使うのは相応の理由があると考えてよい。

これに関して稲賀敬二は、『夜の寝覚』における摂関家の人物関係が、歴史上の摂関家の頼通・教通・師実にそのまま一致するように描かれていると指摘した（稲賀 一九九三）。

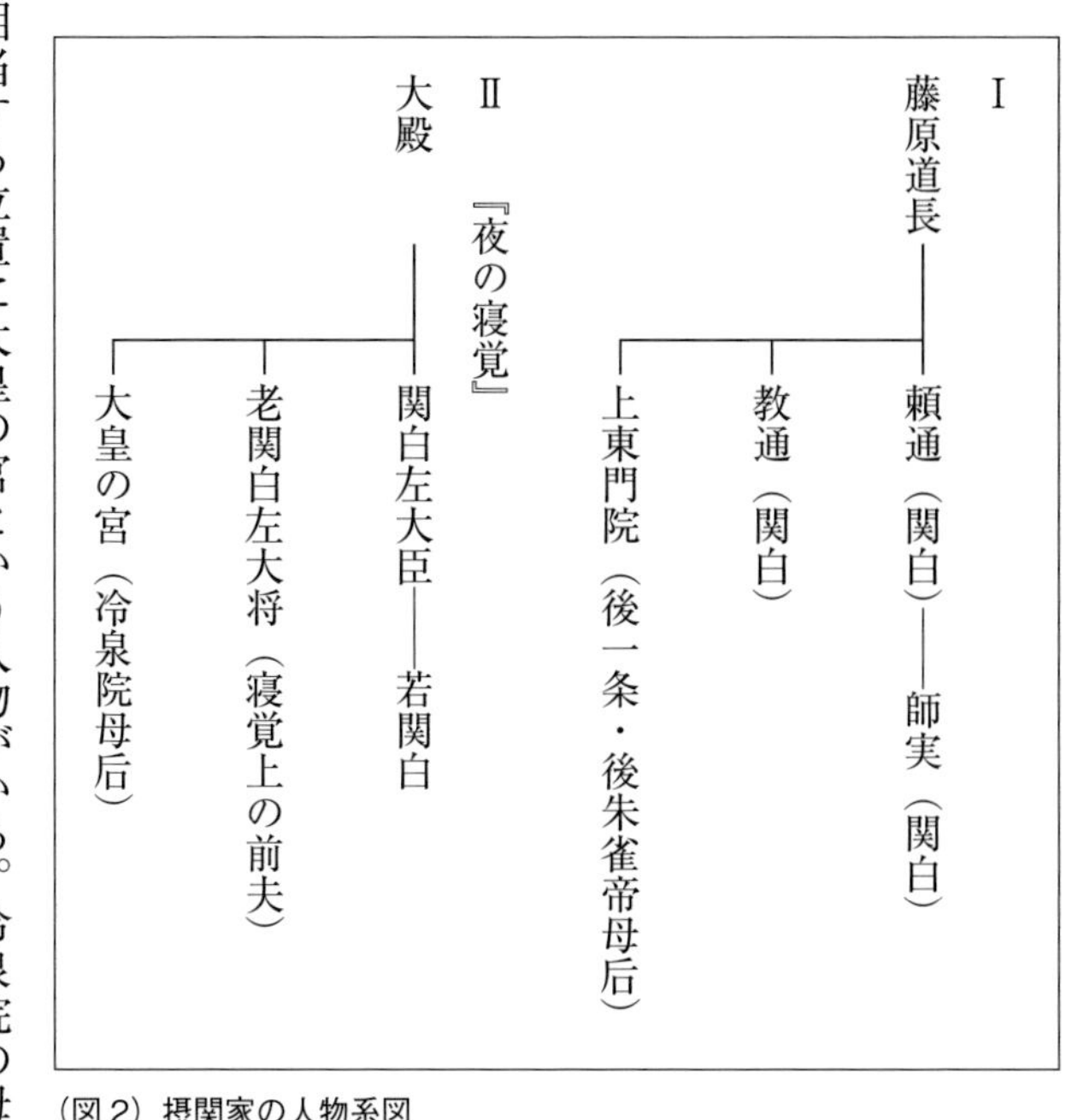

（図2）摂関家の人物系図

Ⅰ・Ⅱの系図を比較すると、史実の上東門院に相当する位置に大皇の宮という人物がいる。冷泉院の母后で、現存する巻三〜五では、自分の娘女一の宮のために、寝覚上を若関白から引き離し冷泉院と結びつけようと、さまざまな策謀をめぐらす人物として描かれている。上東門院のように、摂関家出身の后である大皇の宮が、実家の白河院を自分の御所として使い、退位後の冷泉院にも自由に使わせているという設定は、当時の読者にとって不自然ではない。『巣守』における匂宮の場合とよく似た状況であり、逆に言えばそれほどに、白河院は母后上東門院の御所という印象が強かったことになる。

一方で、白河院で後朱雀天皇の死を悼んで悲しみにくれる上東門院のイメージは、子どもたちを思い憂愁の日々を過ごす寝覚上とかけ離れたものではない。巣守の三位は一介の女房に過ぎないが、寝覚上は最終的に准后の位を与えられた高貴な身分である（『風葉和歌集』に「広沢の准后」と記載）。読者が、寝覚上に上東門院を重ねることは自然なことであろう。

ここで再度、白河院に起こった怪異、上東門院と周囲の人々にとりつき、病人ばかりか死者まで出て、上東門院も重病を長く患うにいたったという『栄華物語』の記事に注目したい。白河院と上東門院の結びつきから「天狗」が連想されたことはすでに述べたが、寝覚上が一時的に仮死状態に陥ったこと、白河院から脱出後も亡くなったと思わせて身を隠し続けたことと「天狗」はいかに関わるのだろうか。

●『源氏物語』からの影響

それを考える前に、『源氏物語』浮舟の入水未遂を取り上げたい。浮舟は、『源氏物語』のなかでも特に人気の高く、以後の物語に大きな影響を及ぼした人物である。そして、寝覚上の白河院脱出が、この浮舟の影響下にあることは従来から指摘されていた（久下 二〇一四）。

さて、人気の少ない邸宅に棲む妖怪変化が女性に取り憑いてしばしば死に至らしめることは、平安時代の文学作品に散見する。『寝覚』をはじめとする後期物語に絶大な影響を与えた『源氏物語』でも例えば、夕顔巻で描かれた夕顔怪死事件は中世に至るまで、実は六条御息所の生霊ではなく某院の木霊のせいだと考えられていた。

『無名草子』

あさましきこと　夕顔の木霊にとられたること。

『伊勢源氏十二番女合』（福井市立図書館本）

夜ふけはて丶こたまといふもの丶きたりて女君をとり奉る

そして、夕顔と同じく、正体不明の物の怪によって生死の境をさまよったのが浮舟であった。最終的に蘇生したものの、物の怪に憑依された浮舟がかなり危険な状態であったことは、手習巻で繰り返し述べられている。

なよなよとして、ものも言はず、息もしはべらず。何か、ものにけどられにける人にこそ。

鬼にも神にも領ぜられ、人に逐はれ、人にはかりごたれても、これ横様の死にをすべきものにこそはあめれ

特に、浮舟についての次の記述は重要である。周知のごとく、浮舟は匂宮と薫の板挟みに陥り、旧八の宮邸を出て入水を試みるも、物の怪に取り憑かれたことで未遂に終わり横川の僧都に助けられる。その時、浮舟は人事不省の状態でなかなか意識が戻らず、いったん浮舟が死者として葬られたのではないかと僧都は考えた。浮舟が入水を決意した夜から宇治の院の森で発見されるまでの経緯は、僧都の加持祈祷で憑坐

に移された物の怪によって明らかにされる。

手習巻

おのれは、ここまでまうで来て、かく調ぜられたてまつるべき身にもあらず。昔は行ひせし法師の、いささかなる世に恨みをとどめて、漂ひありきしほどに、よき女のあまた住みたまひし所に住みつきて、かたへは失ひてしに、この人は心と世を恨みたまひて、われいかで死なむ、といふことを夜昼のたまひしにたよりを得て、いと暗き夜、独りものしたまひしを取りてしなり。

夢浮橋巻

この人も、亡くなりたまへるさまながら、さすがに息は通ひておはしければ、昔物語に、霊殿(たまどの)に置きたりけむ人のたとひを思ひ出でて、さやうなることにや、とめづらしがりはべりて、弟子ばらのなかに験ある者どもを呼び寄せつつ、かはりがはりに加持せさせなどなむしはべりける。……ことの心おしはかり思うたまふるに、天狗木霊などやうのものの、あざむき率てたてまつりたりけるにや、となむうけたまはりし。

物の怪は、生前修行した僧侶であったという。ところが、現世に恨みと執着を残したばかりに成仏できず、美しい女たちのいる八の宮邸に棲みついて、深く思い悩んでいる女性（宇治の大君と浮舟）を取り殺そうとしたのだと語る。この物の怪について、夢浮橋巻で横川の僧都は「天狗、木霊などやうのもの」と説明している。天狗は中世では、仏道の妨げをなす天魔の一種と見なされたため、僧都が物の怪を指して天狗という語彙を用いるのはごく自然であろう。ちなみに、『源氏物語』のなかで、「天狗」の用例はこの一例のみである。

繰り返しになるが、頼通の時代において、白河院は世間の注目を集めた風流な邸第として上東門院の隠棲の場であり、なおかつ天狗の出没する怪異の場でもあった。このような白河院の両義的なイメージは、同時代の『寝覚』の作者と読者に共有されていたであろうから、白河院に出没する変化の物（天狗）が苦悩する美しい女に取り憑いたために、女が仮死状態に陥りそこを離れて蘇生するという浮舟をなぞった展開は読者に説得力を持ったことであろう。[2]『源氏物語』が浮舟の仮死状態を描く際に天狗の祟りを用いたことは、寝覚上の「仮死」の場所として『夜の寝覚』が白河院を選択するにあたって、大きな影響を与えたのではないだろうか。

「天狗と貴女」の説話

●染殿后に取り憑いた天狗

もともと、天狗は往々にして、増上慢であったり我執の強い僧侶のなれの果てと考えられていた。一一世紀、三条天皇を苦しめた眼病は、桓算供奉（かんさんぐぶ）という僧侶の物の怪のせいとされるが、この僧も死後天狗道に堕ちた者らしい。

『大鏡』 三条天皇

桓算供奉の御物の怪にあらはれて申しけるは、「御首に乗りゐて左右の羽をうちおほひまうしたるに、うちはぶき動かす折に、すこし御覧ずるなり」とこそいひはべれ……されば、いとど山の天狗したてまつるとこそ、さまざまに聞こえはべれ

修行を積んだ僧が、執着や高慢によって死後魔道に落ち女性に取り憑くことは、仏教説話集の中にもしばしば見出すことができる。なかでも特に有名なのは、文徳天皇の后である染殿后明子に執着した紀僧正の説話であろう。染殿后に取り憑いた柿下天狗（紀僧正真済）の執念は、強烈でなかなか取り除くことができず、天下の憂いとなったという。

『拾遺往生伝』巻下 一 相応和尚

而る間染殿皇后、天狗に悩まされたり。数月を経て、敢へて降する者なし。天狗放言して曰く、三世の諸仏の出現にあらざるよりは、誰かもて我を降し我を知らむやといへり。和尚召しに依りて参入せり。両三日を経て、その験あることなし。……合眼の頃、夢にあらず、覚むるにあらず、明王告げて曰く、……昔紀僧正我が明呪を持して、聊かに邪執に依りて、天狗道に堕ち、皇后に憑きて悩ましき。本誓を守らむがために、天狗を護持す。今須く汝かの宮に到りて、密に天狗に告げて云ふべし。汝はこれ紀僧正の後身、柿下天狗かといへ。

こうした染殿后と紀僧正をめぐる一群の説話は、中世にいたるまで広範に流布していたが（渡辺一九七八）、同時にこれは相応和尚の天狗調伏譚でもあり、横川の僧都と浮舟の話が仏教説話の高僧譚を

踏まえていることをうかがわせる。同じく染殿后を扱った説話に『今昔物語集』巻第二〇第七話があるが、葛城山の聖人が染殿后への愛欲に迷って死後鬼となり后に通じるという内容に、「染殿后、為天宮被嬈乱語」と題を付されている。

●怪異に憑かれた女性の運命

さらに、先述した法勝寺の塔上に出現した藻壁門院竴子も、死後天狗道に墜ちて尼天狗となり、同じく天狗になった高僧と共に居るという風説が、『比良山古人霊託』で天狗の口から語られる。

> 問ふ。　藻壁門院は、いづくに生まれおはしますや。
> 答ふ。　この道に来たりておはしますなり。十楽院僧正の、これにともなふなり。常に蓮台野の辺に住するなり。返す〲不便にこそ見え奉れ。これらがなぶりぐさにてこそはあらむずらん。また尼にておはするなり。

藻壁門院の突然の死が、実は天狗に取り殺されたものではなかったかということが、ここからも疑われるのである。

そもそも、一一世紀後半から院政期にかけて、人間にとって不都合な害をなす超自然的な存在といえば、まず「天狗」が挙げられる傾向があったようである。『とりかへばや物語』では、左大臣の姫君と若君が生まれながらに本来の性とは異なる有様であるのは、天狗の仕業によるものとの真相が明かされている。

昔の世よりさるべき違ひ目のありし報ひに、天狗の、男は女となし女をば男のやうになし、御心に絶えず嘆かしつるなり。その天狗も業尽きて、仏道にここらの年を経て多くの御祈りどものしるしに、皆こと直りて、男は男に女は女に皆なりたまひて、思ひのごと栄えたまはむとするに……（巻第三）

そして、藻璧門院に限らず怪異に憑かれて亡くなった者は、死後あまりよろしくない場所に堕ちるという考えも当時珍しいものではなかった（安達 二〇〇三）。『無名草子』が、木霊に取り殺された夕顔の死にざまに、「あさまし」と嫌悪感を示しているのもそのためだと思われる。

であるならば、『無名草子』が、寝覚上の仮死からの蘇生（「死に返り」）を前世の宿縁と弁護するのも、蘇生した後、そのまま出家生活を全うせず再び日常生活に戻るのを非難するのも、寝覚上の仮死が魔道に堕ちる可能性のある憂慮すべき事態であるという感覚が、この時代にあったからであろう。

『無名草子』

返す返す、この物語、大きなる難は、死に返るべきほうのあらむは、前の世のことなればいかがはせむ、そののち殿に聞きつけられたるを、いとあさましなども思ひたらで、事もなのめになべてしくうち思ひて、子ども迎へて見などするをいみじきことにして、さばかりなりにし身の果て、さちさいはひもなげにて隠れ居たる、いみじくまがまがしきことなり（『夜の寝覚』評）

●白河院に重なる河原院のイメージ

また、豪壮な邸第において高貴な男女が怪異のために瀕死の状態に陥るといえば、平安後期の人々がすぐに思い浮かべるのは、河原院で宇多院と京極御息所を襲った源融の亡霊譚ではないだろうか（『江談抄』に初出）。

『江談抄』
寛平法皇、京極御休所と同車して川原院に渡御し、山川の形勢を観覧せらる。夜に入りて月明らかなり。御車の畳を取り下さしめて御座と為し、御休所と房内の事を行はしめたまふ。殿中の塗籠に人有り、戸を開きて出で来る。法皇問はしめ給ふ。対へて云はく、「融にて候ふ。御休所を賜らんと欲ふ」と。法皇答へて云はく、「汝在生の時、臣下為り。我は主上為り。何ぞ猥りにこの言を出すや。退り帰るべし」といへれば、霊物恐れながら法皇の腰を抱く（『紫明抄』引用本文には御休所の腰）。御休所半ば死して顔色を失ふ。御前駆ら皆中門の外に候ひて、御声達すべからず。ただ牛童すこぶる近く侍る。件の童を召し、人々を召して御車を差し寄せ、御休所を扶け乗せしむ。顔色色なく、起立すること能はず。扶け乗せしめて還御し、浄蔵法師を召して加持せしめたまふ。わづかにもつて蘇生すと云々。

これは、夕顔巻、某院における夕顔怪死事件の準拠として、『紫明抄』や『河海抄』といった中世の源氏注釈書に指摘された説話でもある。密かに連れてこられた白河院で仮死状態になった寝覚上に接して、『夜の寝覚』の読者が、右の説話を念頭に浮かべないことは考えにくい。しかも河原院においては、これとは別の怪異が出現したという噂も記録に確認できる。

『帝王編年記』
昌泰三年〔九〇〇〕正月廿日条
源光卿河原院木上有金色佛。守落之。誦若以色見我文云々。

『今昔物語集』巻第二〇第三話にはこの異伝が載るが、「天狗、現仏坐木末語」と題されている。源光が木の上に目撃した金色の仏は、天狗の化けた偽仏であったと院政期には理解されていた。河原院は、九世紀の大貴族源融が贅を尽くした豪奢で風雅な邸宅であると同時に、融の死後は怪異が頻繁に起こる凶宅であったという点で、白河院と共通するところがある。文学史上の白河院には、平安前期に栄えた河原院のイメージが重層化されていたのかもしれないのであった。

白河院において、寝覚上が天狗のために仮死状態に陥ったことは、同時代の読者にこの場所を御所とした上東門院が天狗に悩まされたことを想起させ、また一方では、昔の河原院の京極御息所や天狗に憑かれた染殿后の奇譚も連想させた。それは、寝覚上の悲劇的なイメージを一層強調させることになったことであろうし、そうした効果を『寝覚』の作者は意図したのではないだろうか。白河院に風流と怪異のイメージが共存していたのは、頼通による大白河の大改修（一〇二八年）から法勝寺の造営（一〇七五年）までの約五〇年間、特に上東門院が隠棲した後半の時期と考えられる。後冷泉朝と呼ばれた期間とほぼ重なっているのであった。この時代に創作された後期物語の雄編『夜の寝覚』は、白河院という場所を他の邸宅では代えがたい、特別な意味を持った舞台として選んだのではないだろうか。

注

（1）『台記』久安四年五月二十日条「京師訛言。法勝寺九重塔、夜々歌云、ワレイナバ、タレマタココニ、カハリキン、アナサダメナノ、クサノマクラヤ」と類歌が記される。

（2）小島（二〇〇八）には「怪異が生じても不思議ではない場所とのイメージがあったらしく、この院で寝覚上も物の怪などによって意識を失うという事態になったことも考えられる」と簡単に触れられているが、より積極的に天狗に取り憑かれてほぼ死んだような状態になったと理解すべきであろう。

参考文献

◎福山俊男　一九八三「白河院と法勝寺」『寺院建築の研究　下』中央公論美術出版
◎堀川明博　二〇〇六「白河街区における地割とその歴史的変遷　考古学の成果から」高橋昌明編『院政期の内裏・大内裏と院御所』文理閣
◎上島享　二〇〇六「法勝寺創建の歴史的意義　浄土信仰を中心に」高橋昌明編『院政期の内裏・大内裏と院御所』文理閣
◎横井孝　二〇〇九「『寝覚』の風景―「しらかはの院」―」横井孝・久下裕利編『平安後期物語の新研究　寝覚と浜松を考える』新典社
◎増田繁夫　一九九五『能宣集注釈』貴重書刊行会
◎樋口芳麻呂　一九八二『平安鎌倉時代散逸物語の研究』ひたく書房
◎堀部正二　一九四三「『桜人』・『狭蓆』・『巣守』攷」『中古日本文学の研究』教育図書
◎久保木秀夫　二〇〇六「『源氏物語』巣守巻関連資料再考」久下裕利・久保木秀夫編『平安文学の新研究　物語絵と古筆切を考える』新典社
◎田中登ほか編　二〇〇二『寝覚物語欠巻部資料集成』風間書房
◎仁平道明　二〇〇七「『夜の寝覚』末尾欠巻部再構成の試み―架蔵切・『古筆学大成』切・周辺資料から―」永井和子編『源氏物語へ　源氏物語から』笠間書院

◎大槻福子　二〇〇五「『夜の寝覚』末尾欠巻部分の構造―新旧資料の解釈の再検討―」『国語と国文学』八二巻七号
◎久下裕利　二〇一四「挑発する『寝覚』『巣守』の古筆資料　絡み合う物語」横井孝・久下裕利編『王朝文学の古筆切を考える』武蔵野書院
◎伊井春樹　二〇〇〇「『夜の寝覚』散逸部分の復元―新出資料『夜寝覚抜書』をめぐって―」『国語と国文学』七七巻八号
◎小島明子　二〇〇八「『夜の寝覚』末尾欠巻部の推定―寝覚上の旅の終焉―」『説話論集　第一七集』清文堂出版
◎栗山元子　二〇一四「『夜の寝覚』『巣守』の古筆切をめぐる研究史」横井孝・久下裕利編『王朝文学の古筆切を考える』武蔵野書院
◎田中登　二〇〇九「『夜半の寝覚』欠巻部資料覚書」横井孝・久下裕利編『平安後期物語の新研究　寝覚と浜松を考える』新典社
◎池田和臣　二〇一二「『夜の寝覚』末尾欠巻部と伝後光厳院筆不明物語切の新出資料断簡―寝覚上は二度死に返る―」『文学　隔月』一三巻一二号
◎稲賀敬二　一九九三「康平三年『寝覚』成立・仮説」『源氏物語の研究　物語流通機構論』笠間書院
◎渡辺博史　一九七八「染殿后怪異譚の流れ―天狗譚と紺青鬼譚（上）―」『古典遺産』二九
◎安達敬子　二〇〇三「六条御息所異聞―『六条葵上物語』から―」『国語国文』七二巻二号

東山山荘造営と足利義政

川口 成人

はじめに

大名たちが東西に分かれて争った応仁・文明の乱の終結後、室町幕府の八代将軍足利義政（あしかがよしまさ）は、息子義尚（よしひさ）に将軍職を譲った。その数年後、義政は洛東東山の地に山荘を造営して、そこに移り住み、みずから「東山殿」と名乗り活動する。義政の没後、東山山荘は禅宗寺院慈照寺（じしょうじ）として存続する。そして、現在にも残る観音殿（かんのんでん）（銀閣）・東求堂（とうぐどう）は室町時代の文化を象徴する建造物として広く知られている。

この東山山荘と義政については、早く文献史学の立場から、その造営の経済基盤を詳細に明らかにした黒川直則の研究がある（黒川 一九七〇）。その後も、考古学・建築史学をはじめとする諸分野で研究が積み重ねられてきた（桃崎・山田編 二〇一六）。ただ、応仁・文明の乱後の造営計画を義政の政治からの逃避と捉える見方は、いまだ根強く残っているように思われる。

義政自身が何を考えていたか、という点を明らかにするのは難しい。しかし、義政が義尚に将軍職を譲りながらも、なお京都での裁判をはじめとする、様々な政務に関与し続けたことが、実は早く明らかにされてきた（百瀬 一九七六、野田 二〇一六）。このことからすれば、東山山荘の造営を、単に政治からの逃避とみなすのは、検討を要する。

そこで注目したいのは、義政の側近として活躍した伊勢貞宗という人物である。彼は、応仁・文明の乱以前の義政の政治を支えた伊勢貞親の息子である。伊勢氏は代々幕府の家政や財政・訴訟を司る政所執事を世襲する家であり、将軍継嗣の養育役も務めた。文正元（一四六六）年に貞親が失脚した後、貞宗はその立場を継承して、乱後に至るまで義政を支えた。さらに、東山山荘に近い北白川に邸宅を構え、山荘造営や山荘での政務運営に大きく関与した。この貞宗の活動にも注目しつつ、義政の東山山荘造営および山荘での政権運営について、考えてみたい。

（図1）慈照寺観音殿　銀閣（著者撮影）

応仁・文明の乱前の山荘造営計画

まず、東山山荘の造営に至る過程について、確認しておこう。

応仁・文明の乱以前に、義政は東山山荘を造営する計画を立てていた。その動きがみえはじめるのは、寛正六（一四六五）年からである。同年八月より、義政は伊勢貞親をはじめとする幕臣を「東山獅子谷」（鹿ヶ谷）にあった南禅寺の塔頭恵雲院に派遣し、現地調査を進めていた。同年一〇月に義政は恵雲院を訪れ、この地を山荘とすることに決定した。さらに、文正元（一四六六）年に、義政は近衛政家に対し、邸宅の図面を所望している。近衛家の邸宅の図面が東山山荘の参考として用いられたようである。一一月には幕府の官僚である奉行人が美濃国に派遣され、材木の調査を行っている（黒川 一九七〇、馬部 二〇二〇、川口 二〇二〇）。なお、最近の馬部隆弘の研究によって恵雲院の位置が特定され、当初の東山山荘は、現在地より約一キロ南に予定されていたことが明らかにされている（馬部 二〇二〇）。

義政の東山山荘造営は、祖父義満による北山山荘と同様に、将軍職を譲った後に山荘での隠居政治を計画するものだったとされている。この間、義政の実子である義尚の誕生や、義政の弟義視の処遇をめぐって、文正の政変が起き、伊勢貞親が失脚している。だが、山荘の材木調査は政変後に行われている。義政が後継者をどのように考えていたかは、議論の余地がある。しかし、義尚の誕生や政変は、山荘の造営ひいては義政の隠居政治それ自体に大きな影響を与えなかったと考えられる。

とはいえ、先の材木調査の記事以降、山荘造営に関する史料はみえなくなる。応仁・文明の乱の勃発により、山荘造営は、中止を余儀なくされたようである。

山荘の造営が再開されるのは、乱が終結した文明一二（一四八〇）年のことで

（図2）足利義政画像
（東京大学史料編纂所模本）

あった。同年一〇月一九日に、京都随心院門跡厳宝（ずいしんいんもんぜきげんぽう）から興福寺大乗院門跡尋尊（だいじょういんもんぜきじんそん）に宛てられた書状には、義政が山荘を造営しようとし、嵯峨・岩倉などを調査していること、財源が不足していることなどが記されている（「大乗院寺社雑事記紙背文書」）。当初より、造営の財源が懸念されていたのである。

翌一三年正月、義政は息子義尚や妻富子との不和、諸大名が上意に応じず寺社本所領を奪っていることに腹を立て、隠居しようとした。同年一〇月には、洛中の小川御所を退出し、岩倉長谷の聖護院山荘に移っている。翌一四年五月に義尚はそれまでの居所であった北小路室町の伊勢貞宗邸より小川御所に入る。そして、七月に至り、義政は義尚への政務委譲を表明することになる。

このような状況下で、義政の東山山荘造営が進められていくことになる。

山荘造営と地域権力

文明一四（一四八二）年二月四日、東山浄土寺の地において、山荘の造営工事が開始される。工事は義政の没する延徳二（一四九〇）年正月まで続けられるが、義政は文明一五年六月二七日に、東山山荘に移り、「東山殿」と号して、ここを拠点に活動するようになる。

従来、山荘造営の基盤は、大きく分けて、①地域権力（守護やその配下の武士）の負担と、②山城国寺社本所領に対する普請料・人夫の二つであり、造営の進展により後者の役割が大きくなっていくと考えられてきた（黒川 一九七〇）。確かに、「東寺百合文書」などをみると、東寺領荘園が山荘造営を負担していることを確認できる。ただし、①の地域権力の負担は、山城国だけにとどまらない広がりを持つものであり、幕府の全国的な影響力を考える上で重要である。

さらに近年では、この二つ以外に、③遣明船の貿易利潤という、新たな財源の存在が指摘されている。そこで、従来それほど掘り下げられてこなかった、①の守護などの地域権力の負担と、新たに指摘された③遣明船の貿易利潤に注目してみたい。

まず①の地域権力の負担について、その様相を確認しておきたい。地域権力宛の文書からは、（1）造営費用の納入、（2）在地への段銭（田畑一段あたりを単位とした臨時の賦課税）・徳銭（国内の富裕層に対する臨時税）の賦課、（3）造営料所の設置、（4）材木の納入といった内容が確認できる。以下、順を追ってみておこう。

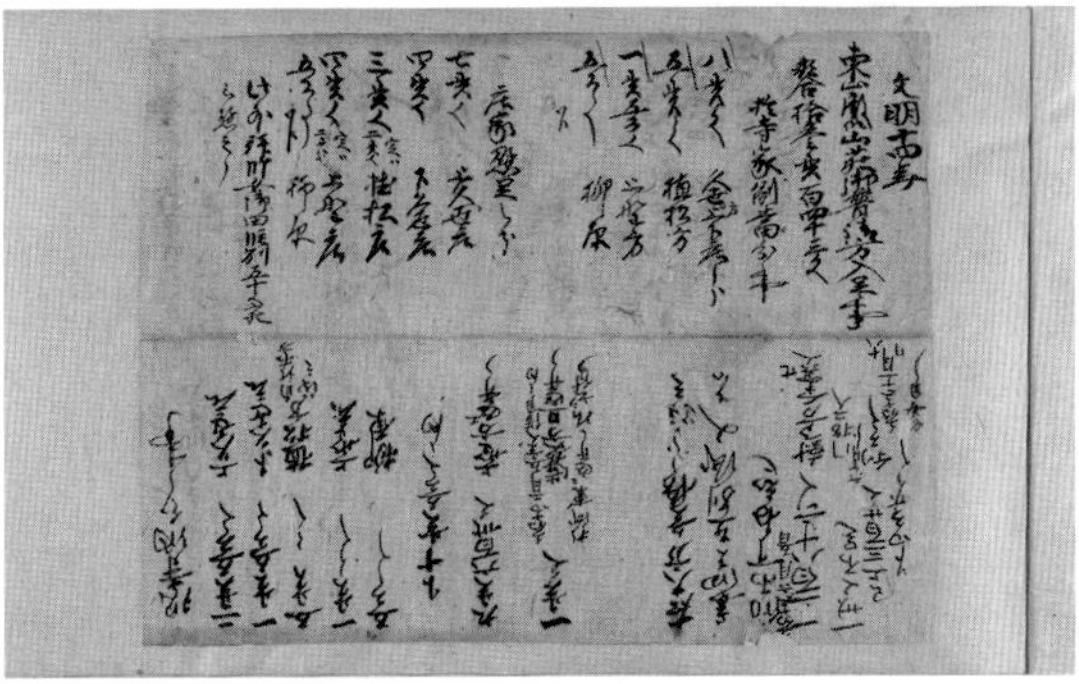

（図3）東山山荘普請方入足注文（「東寺百合文書」京都学・歴彩館東寺百合文書WEBより）
東寺に課せられた東山山荘造営の負担は、上久世荘など山城国の荘園に割り当てられた。

（1）造営費用の納入

東山山荘の造営費用の納入命令が、その初発の段階でどのような文書によって出されたかという点は、史料を欠くためわからない。ただし、納入を受けた返答と、さらなる納入を命じる内容の史料は残っている。

例えば、文明一四年に越前の朝倉氏景（あさくらうじかげ）に対し宛てられた伊勢貞宗の書状案（控え）によると、山荘の造営費用二万疋（＝二〇〇貫文）の納入を賞し、義政への披露を通知した上で、残りの分についても進納を求めている。また、美濃守護土岐成頼（ときしげより）宛の貞宗書状案には、一万疋の進上を賞し、披露した上で、さらなる進納の命令が下されたことが記されている（「蜷川家文書」）。この書状には、山荘造営を指して「他に異なる御大営」とある。山荘造営は、義政による一大造営事業として位置づけられていたのである。

（2）段銭・徳銭の賦課

先にみた①では造営費用の徴収方法はわからない。ただし、諸国への段銭の賦課の史料が残っている。段銭の納入額を確認してみると、文明一五年六月には美濃国守護土岐成頼から一〇〇貫文、但馬・備後国守護山名政豊から二〇〇貫文、播磨国守護赤松政則から三〇〇貫文、文明一七年には飛騨国守護京極氏の被官多賀宗直から三〇貫文、土岐成頼から一〇〇〇貫文、それぞれ納入されている（『親元日記』文明一五年六月二六日条・二七日条、文明一七年七月一九日条、八月一九日条）。かなりの額が納入されていることがわかる。この他、「徳銭」も賦課されている（「蜷川家文書」など）。

段銭・徳銭に関する文書によると、守護をはじめとする地域権力の側から、在地での徴収は困難であり、他の手段をもって納入する旨が申し出されていることが知られる。ここでは、地域権力の側から他の手段による納入を申し出ているという点、それでもなお、ある程度の納入が実現していることを強調しておきたい。

（3）御料所の設置

山荘造営にあたり、幕府の直轄地である御料所の設置と代官の配置が確認される。例えば、近江守護六角高頼に宛てた貞宗書状案によると、御料所近江国江辺荘・冨波荘について、代官への沙汰付（現地への引き渡し）が命じられている。この御料所は別の史料に「御山荘方御料所」とあり、東山山荘造営のために設置されていた（「蜷川家文書」）。こうした畿内近国の御料所については、将軍の直臣である奉公衆や、土倉を代官として配置し、山荘御料所として位置づけることで、円滑な造営費用の徴収を試みていたようである。

一方、美濃国郡上保・吉田を山荘御料所とし、年貢を厳密に徴収することが命じられた幕府奉行人奉書は、同国守護の土岐成頼に宛てられている（「蜷川家文書」）。山荘御料所のなかには、守護に預けられ、要脚の納入に宛てられたものもあった。

さらに、御料所の代官に補任されたなかには、美濃国土岐氏の配下にいた斎藤妙純（さいとうみょうじゅん）や、尾張国の斯波氏配下の織田敏定（おだとしさだ）といった、守護の配下の武士たちも確認できる。守護に加えて、その配下にいる被官をも巻き込みながら、山荘の造営が実施されていたのである。

（4）材木の納入

山荘の造営に直接用いられる、材木の納入や輸送も、地域権力に命じられていた。

例えば、文明一四年に比定される貞宗書状は、美濃国から送られた材木について、すぐに運送するよう六角高頼に命じている。高頼が実際に材木の運送に協力していたことを賞する内容の貞宗書状も残っており、実際に六角氏は命令に従っていたようである（「蜷川家文書」・「諸状案文」）。

同様に、美濃国において、「公方様御山荘御材木」が斎藤基信の知行地に流れてしまったので、同じ土岐氏配下の斎藤妙純からそれらを引き渡すよう、基信に連絡されている史料がある（「大仙寺文書」）。ほかにも材木納入に関する文書が残されており、主に材木は近江・美濃から運送されていた。限られた事例ではあるが、材木の運送命令はそれなりに忠実に実行されていたのである。

以上、東山山荘造営の基盤のうち、①地域権力の負担をみてきた。ここでは以下の二点に注目したい。

第一に、地域権力への命令が、義政の命を受けた側近の貞宗や奉行人によって出されていたことである。当然のことではあるが、山荘造営の命令に義尚の姿は見出せず、また細川氏や畠山氏の如き大名も、この命令伝達に関与してはいない。こうした傾向は、山荘造営に限ったことではない。応仁・文明の乱後における地域権力との交渉は、義政と貞宗を中心に進められている。地域権力との関係でも、貞宗の役割は非常に大きなものであった。

第二に、山荘造営に地域権力がある程度協力的だったことである。特に、応仁・文明の乱で義政と対立陣営に属した美濃土岐氏や近江六角氏が、幕府の命令を実行している点は重要である。文明九年の乱終結後、義政から赦免されたとはいえ、旧西幕府に属した地域権力が、幕府といかなる関係を結んでいくかが問題となったことは、容易に想像できる。第一の点と関連づけていえば、乱後に土岐氏・六角氏は、貞宗と頻繁な贈答を行ったほか、貞宗を通じて官職を獲得している。義政と貞宗が地域権力と密接な関係を結ぶことにより、山荘造営についてもある程度の成果が得られたのだと考えられる。

さて、従来の研究では、文明一七年八月を最後に山城国以外からの造営費用の納入が途絶えてしまったとされている（黒川 一九七〇）。ただし実際には、文明一七年一一月に越前の朝倉氏が三〇〇貫文を、文明一八年五月に美濃土岐氏が一〇〇〇貫文を納入している。文明一九年には「国役」が命じられており、延徳元（一四八九）年には寝殿造営の段銭が賦課されていた（「蜷川家文書」・「昔御内書符案」・『大乗院寺社雑事記』文明一九年六月二八日条・「冷泉家文書」）。なお検討の余地があるが、山荘造営が山城国にとどまらず広く影響を与えたことを、ここでは重視したい。

山荘造営と遣明船

続いて、③遣明船の貿易利潤について検討してみたい。史料を挙げておこう。

【史料一】『大乗院寺社雑事記』文明一九年（一四八七）六月二八日条（読み下し）

一、東山殿御会所は、内作以下の最中なり。主殿を立てられ、御山水石共引かる。小川御所石共、室町殿御跡石大石一、仙洞御跡石四、もってのほか大義共なりと云々。唐船御料足四千貫、其外国役共仰せ出さる。

文明一九年の東山殿の造営状況を記した史料である。山荘の庭園に小川御所や室町殿の跡地、仙洞御所の跡地から石が運ばれていることがわかる。ここでは、末尾に「唐船御料足四千貫」とある点に注目したい。遣明船貿易の利潤によって、四〇〇〇貫文という巨額が山荘造営に投入されたのである。

【史料二】『親長卿記』文明一四年九月一五日条

十五日、晴、渡唐船勘合〈一合船・三合船〉、今日龍首座〈予の弟〉に渡さる。河東御山庄につき、大内左京大夫政弘に仰せつけらる。しかりといえども子細を申す。よって、龍首座に仰せらる。子細条々あり。

日明貿易の勘合（貿易使節の通交証明・貿易許可証）が、貿易を請け負った取龍首座に渡されたことを示す史料である。当初、東山山荘の造営に関連して、周防・長門などの守護であり、日明貿易に参画していた大内政弘に交付される予定だったが、大内氏が難色を示し、結局は取龍に渡されたという。

橋本雄は、【史料一・二】と、東山山荘の造営の始まった文明一四年二月に遣明船派遣計画が始まったことに注目した。そして、この遣明船が東山山荘造営の財源獲得を目的として計画され、帰国後に実際に投入されたことを明らかにした。以上の点から橋本氏は、文明一五年船を「明瞭に《東山山荘造営料船》と呼ぶことができる」としたのである（橋本 二〇〇二）。

この橋本の研究は非常に興味深い。なぜなら貞宗は、遣明使の立案・遣明船の資金調達・勘合の管理・貿易の納品に携わっていたからである（蔭木 一九八七）。政所執事として幕府財政を司り、東山山荘の造営にも大きく関わった貞宗が、この《東山山荘造営料船》派遣にも関与していたとみてよいだろう。

さらに付け加えれば、当初、大内氏の経営によって《東山山荘造営料船》が派遣される計画だった点も注目に値する。なぜなら、伊勢氏と大内氏は、応仁・文明の乱以前より密接な関係を有していたからである（桜井 二〇〇一）。両者の関係を示す事柄は多岐にわたる。とりわけ、寛正年間の遣明船の商売物不足分の調達要請、応仁・文明の乱の終結交渉と並行

（図４）神功皇后縁起（部分、誉田八幡宮蔵、画像提供：羽曳野市教育委員会）
15 世紀前半の制作。この軍船が遣明船をモデルにして描かれているという説が出されている

してなされた遣明船の荷物の返還交渉と、遣明船に関する案件で両者の関係が見出せる点は重要である（伊藤 二〇一二）。このことを踏まえると、当初遣明船を経営することが決まっていた大内氏に、東山山荘の造営への負担を要請したのも貞宗と推測されるのである。

以上、①地域権力の負担と③遣明船貿易の利潤という点に注目して、山荘造営の様相をみてきた。義政が側近貞宗を介して進めた山荘造営は、京都周辺にとどまらず、列島各地を巻き込んだ一大事業だったのである。

政治拠点としての東山・北白川

では、義政や貞宗が拠点とした東山・北白川はどのような位置づけにあったのか。東山山荘が義政の政治的・文化的拠点であったことは広く知られている。ここでは貞宗が邸宅を構えた北白川を中心にみていきたい。

まず、前提として貞宗の北白川邸移徙（いし）および移徙の背景を検討しよう。

応仁・文明の乱以前の伊勢氏邸宅は北小路室町に所在していた。貞宗は義尚の養育者でもあり、ここに義尚が移ることも多かった。義政・義尚双方と貞宗の関係の深さが邸宅の位置にも現れているといえる。

東山山荘の造営が進められるなかで、貞宗の北白川邸についても造営が並行して行われていたようである。文明一五（一四八三）年の段銭進納を示す史料によると、赤松政則からの段銭の納入に続けて、「白川新造御礼」として礼銭が納められている（「蜷川家文書」）。なお、東山山荘造営段銭と北白川邸の新造礼銭は、ともに貞宗邸に届けられている。貞宗邸の新造にあたっては、播磨の赤松氏配下の浦上則宗、近江の六角氏配下の伊庭貞隆、越前の朝倉氏景・光玖、大内政弘といった、貞宗との関係が深い勢力からの礼銭が確認されており、彼の人脈をうかがうことができる（『親元日記』文明一五年六月二七日条、七月六日条・七日条・二八日条、八月一六日条、文明一七年九月晦日条）。

貞宗の北白川邸の具体的な位置を知り得る史料は、今のところ確認できていない。また貞宗がこの地を拠点とした理由も、東山山荘との近接性は容易に想像できるが、なぜ北白川か、という点は不明とせざるを得ない。

ただし、当時の史料によると、北白川は近江と洛中をつなぐ位置にあり、近江の馬借の蜂起で放火されたり、延暦寺の強訴のルートとしても使われていたりしたことがわかる（『看聞日記』永享五（一四三三）年閏七月三日条、『後法興院記』応仁二（一四六八）年三月二四日条）。応仁・文明の乱の際には路次が封鎖されたり、城郭が構えられたりしたことも確認できる（『後法興院記』応仁二年四月二六日条、『山科家礼記』文明二年九月一八日条）。このような点からみれば、東山に隣接する地域のなかで、北白川は交通の要衝にあったといえる。貞宗が北白川を選んだ理由として、現時点ではこのような点を背景に想定するに留めたい。

邸宅近辺の様相やその支配についても不明な点が多い。ただ、北白川口には関所が設けられており、その停廃が問題になることもあった。延徳三（一四九一）年には、その関所の関銭を貞宗が「成敗」していたことが確認される（『北野社家日記』同年八月五日条）。

さらに時期は下るが、永正元（一五〇三）年九月、「城州北白川同組拾郷」に対し、半済を免除するので、貞宗に属して忠節を尽くすよう命令した上で、異議があるものは厳重に罰する旨を述べた文書がある（「八坂神社文書」）。ここで注目されるのは、北白川の郷村に対し、貞宗に属して戦うよう命じられていることである。この史料のみから結論を急ぐことはできないが、北白川の郷村も、同地に邸宅を構えた貞宗の支配下にあった可能性を指摘できる。

では、その北白川の地において、貞宗はいかなる政務関与を行ったのだろうか。義政は東山山荘に移った後も、禅宗寺院の訴訟裁許・人事・所領の安堵といった権限を留保した上で、対外交渉も管轄、朝廷への執奏も義尚とともに行っていた。そして、伊勢貞宗と禅僧亀泉集証の諮問を受けつつ、政務を決裁していたことが明らかになっている（野田 二〇一六）。ここでは貞宗の役割に注目して、いくつかの事例を付け加えておきたい。

東山山荘の造営の検討から確認したように、義政と貞宗を通じて、地域権力との交渉が行われていた。ここでは、文明一七年に義政に持ち込まれた、とある訴訟の事例をとりあげたい（『蔭凉軒日録』同年九月一一日条）。

三会院（さんねいん）の和泉国・淡路国・近江国の各所領が守護・国人に押領されていることを、三会院の住持が訴え出た。これに対し、義政は寺奉行へ奉書発給を命じている。注目されるのは、近江国については、寺家が、奉書以外に貞宗の副状（そえじょう）を六角氏と伊庭氏に遣わすことを要望している点である。義政もこの要望を受けて、近江国の押領地は皆去り渡されていないが、貞宗の副状があれば実現するということで、その旨を貞宗に伝えるよう命じている。そして、貞宗はこの命を受けて副状を作成している。

寺家の側が所領の回復にあたり、貞宗の副状の効力を主張している点、それを受けて貞宗副状が発給されている点が興味深い。貞宗の副状の効力は、六角氏や伊庭氏と貞宗の個別的なつながりを背景にしたものとみられる。ただし、それを寺社本所の側も周知していた点に注意したい。同様の事例は越後上杉氏に宛てた文書からも確認できる（「実隆公記紙背文書」）。

訴訟が貞宗のもとに持ち込まれることも多かった。例えば、摂津国兵庫関をめぐる興福寺・相国寺・等持寺の相論では、訴えが北白川の貞宗を通じて義政のもとに持ち込まれており、雑掌をはじめとする関係者が北白川の貞宗邸に通い、時に酒宴に及んだという（「春日大社文書」）。

東山山荘に移った後においても、義政・貞宗と地域権力は密接な関係を有していた。寺社本所も、所領の回復や権益確保をはかり、義政・貞宗を頼っていたのである。

さて、この時期における室町幕府の訴訟制度は、一般に将軍による「御前沙汰」と政所執事による「政所沙汰」によって行われていた。先にみた事例は御前沙汰とみられるが、一方の政所沙汰は、どのような様相を示していただろうか。これについても、貞宗は政所沙汰を管轄し、義政は貞宗を通じて政所沙汰に影響力を行使できたとされている（野田 二〇一六）。これにかかわって、次の史料は興味深い。

【史料三】 幕府政所方訴論対決役者日記（「蜷川家文書」）

　　　　時の執事代

於東山浄土寺布施下野守宿所

公事主　石井雅楽助両人田地買得

　　　　石井美作守の儀相論の時

　　両人訴論対決

飯尾美濃守　　雅楽助奉行

諏訪信濃守貞通　美作守奉行

　証人奉行　〈斎藤大藏・松田対馬守〉

右筆　清八郎左衛門尉
斎藤々兵衛尉
　両人当方より出候、
清孫右衛門尉
蛯川中務丞
　両人□(勢)州より
三上越前守
　出候、

石井雅楽助と石井美作守の田地買得にかかる相論が、幕府の政所沙汰に持ち込まれた。【史料三】はその対決が行われた際に出席した奉行などを記した史料である。冒頭にあるように「東山浄土寺布施下野守宿所」で、この対決が行われているのが注目される。布施下野守は当時執事代を務めていた布施(ふせ)英基(ひでもと)である。英基は、当時の奉行人のなかで特に権勢を振るった人物であり、義政とも密接な関係を有した。それゆえ、文明一七年には、義尚に結びついた奉公衆と義政に結びついた奉行人の対立のなか、殺害されてしまっている(村石 二〇二〇)。彼の務めた執事代は、幕府奉行人のなかで優れた人物が就任し、執事を補佐した役職である。

幕府奉行人のなかで有数の実力を持ち、執事代にも就いていた英基の邸宅も、「東山浄土寺」、すなわち、義政の拠点である東山山荘の周辺に構えられ、そこで政所沙汰の対決が行われていた。さらに、政所沙汰の決裁を行う執事貞宗の邸宅も、北白川に移っていた。義政の東山山荘移徙に伴い、政所執事・執事代の邸宅が移動したことは、必然的に政所沙汰の場の移動を意味したのである。

もっとも、英基の邸宅は東山と京都の双方にあった。だが、この時期、義政・義尚の政務が並立し、奉行人は両者のもとに出仕していたが、政務の実権は義政のもとにあったのである（設楽 一九八九）。そして、英基以降の執事代も、義政によって任命され、彼のもとに仕えている。政所執事である伊勢貞宗および執事代が洛中に邸宅を残しつつも、義政の拠点である東山山荘周辺に邸宅を構えたことは、東山の政治拠点としての性格を、如実に反映したものといえるだろう。

以上みてきたように、東山山荘を拠点とした義政政権の中核たる貞宗が邸宅を構えたことにより、北白川もまた政務運営において重要な位置を占めることになったのである。

文化拠点としての北白川

東山山荘が義政の文化的な拠点でもあったことはいうまでもない。では、貞宗が拠点とした北白川はどうだったのだろうか。

朝廷の官人の大宮長興の記した日記『長興宿禰記』には、北白川の貞宗邸に長興が向かい、食事や宴会をともにした後、宿泊する記事が多くみえており、二人の交流をうかがえる。

その文明一八（一四八六）年九月七日条によると、早朝より貞宗邸に招かれた長興とともに、飛鳥井雅親（あすかいまさちか）・山名豊重（やまなとよしげ）・細川政誠（ほそかわまさなり）らが参会し、朝食の後、続歌三〇首が詠まれている。さらに飛鳥井雅俊も交じり、和歌を詠んでいる。その後、「一献数巡、頗る（すこぶる）大飲」という宴会の後、長興は一宿し、翌日食事を済ませ、帰宅している。北白川の貞宗邸が、武家だけでなく飛鳥井家のような歌道の家の人物も集う、交流の場であったことをみてとれる。

また、宮内庁書陵部が所蔵する「北白川亭和歌」には、文明一九年七月一七日に、北白川の貞宗邸で開催された当座和歌および年次不記の歌会詠が収められている。参加者の人名比定は難しいが、飛鳥井雅親・伊勢貞宗に加えて、貞宗の叔父にあたる伊勢貞藤（備中守、瑞笑軒常喜）、伊勢氏被官の蜷川親元・貞相の名前もみえており、貞宗をはじめとする伊勢氏や蜷川氏は和歌に高い関心を示していたようである。貞宗は、明応四（一四九五）年に撰集された准勅撰の連歌集『新撰菟玖波集』にも入集しており、連歌も嗜んだ人物である。連歌師の猪苗代兼載の句集『園塵』には、「伊勢守北白川山庄にて」詠まれた句が収録されている。『園塵』には他にも貞宗亭での句が収録されており、同様に北白川亭で連歌会が催されたと考えられる。

また、蜷川親元・貞相を始め、伊勢氏被官も文芸に長けた人物を多く輩出している。文明一六年夏に興行されたとされる『地下歌合』には親元の名前がみえる。また、文明一九年七月二七日の諏訪社法楽五十首和歌には、義尚とその側近大館尚氏・二階堂政行らや飛鳥雅親・雅俊・冷泉為広といった人物が参加しているが、ここには伊勢貞宗・貞藤・貞陸（貞宗子）と蜷川親元・「親元女」もみえている。蜷川氏の文芸と北白川の環境を考える上では、『長興宿禰記』文明一八年一〇月二九日条の記述が注目される。この日、長興は、飛鳥井雅俊や伊勢貞藤らとともに、「北白川南圓院」に向かった。この「北白川南圓院」は、「蜷川中務守家」であった。その後、貞宗・飛鳥井雅親も来会し、一献数盃の後、「当座歌各二首」が詠まれたという。

伊勢氏被官である蜷川氏一族も、北白川に居住していた。さらに貞宗や飛鳥井氏も訪れ、歌会が催されており、蜷川氏一族の邸宅も文芸交流の場として機能していたことがわかる。

以上みてきたように、北白川に構えられた貞宗邸・蜷川氏一族の邸宅は、近接する東山山荘とともに、文化的な拠点としての性格を有していたのである。

おわりに

これまで、北白川に拠点を構えた義政の側近伊勢貞宗の活動にも注目しつつ、義政の東山山荘造営とその政権運営について述べてきた。

東山山荘造営の基盤のなかには、従来それほど注意されてこなかった地域権力への負担と、近年の研究によって明らかにされた遣明船貿易の利潤という要素があった。義政は側近である貞宗を通じてこれらを命じ、山荘造営を進めていたのである。また、義政の東山と貞宗の北白川邸は、政治的・文化的な拠点として機能していた。一時期ではあるが、義政と貞宗が拠点とした東山・北白川地域が、幕府政治の中心に位置していたのである。

冒頭の繰り返しになるが、義政が何を考えていたかという点を明らかにすることは難しい。ただし、以上みてきたように、東山山荘の造営や洛東の地で行われた政務運営は、京都周辺にとどまらず、列島各地とつながりを持って展開していた。東山山荘造営をめぐる諸動向の帯びた政治性については、さらに検討を深めていく余地が残されている。

参考文献

◎石崎建治　一九九六「文明・長享期室町幕府における「大御所」足利義政の政治的基盤に関する一考察」『金沢学院大学部文学部紀要』一

◎伊藤幸司　二〇一二「大内教弘・政弘と東アジア」『九州史学』一六一

◎蔭木英雄　一九八八『蔭涼軒日録』そしえて

◎川口成人　二〇二〇「応仁・文明の乱後の足利義政政権と東山・北白川」京都府立京都学・歴彩館京都学推進課編『令和元年度京都府域の文化資源に関する共同研究会報告書（洛東編）』京都府立京都学・歴彩館

◎黒川直則　一九七〇「東山山荘造営とその背景」日本史研究会史料研究部会編『中世の権力と民衆』創元社

◎桜井英治　二〇〇一『日本の歴史一二　室町人の精神』講談社

◎設楽薫　一九八九「足利義尚政権考」『史学雑誌』九八―二

◎野田泰三　二〇一六「東山殿足利義政の政治的位置付けをめぐって」桃崎有一郎・山田邦和『室町政権の首府構想と京都』文理閣

◎橋本雄　二〇〇二「遣明船の派遣契機」『日本史研究』四七九

◎馬部隆弘　二〇二〇「京都永観堂禅林寺文書補遺」『大阪大谷大学歴史文化研究』二〇

◎村石正行　二〇二〇「室町幕府奉公衆の「一味同心」」『長野県立歴史館研究紀要』二六

◎桃崎有一郎・山田邦和編　二〇一六『室町政権の首府構想と京都』文理閣

◎百瀬今朝雄　一九七六「応仁・文明の乱」『岩波講座日本歴史七中世三』岩波書店

II　東山の山荘と寺院　執筆者紹介

吉江　崇（よしえ　たかし）
京都大学大学院人間・環境学研究科准教授。専門は日本古代史。
著作／『日本古代宮廷社会の儀礼と天皇』（塙書房、二〇一八年）ほか。

安達　敬子（あだち　けいこ）
京都府立大学文学部教授。専攻は日本文学（中古・中世）。
著作／『源氏世界の文学』（清文堂出版、二〇〇五年）ほか。

川口　成人（かわぐち　なると）
京都府立京都学・歴彩館京都学推進課、京都府立大学共同研究員。専門は日本中世史。
著作／「大名被官と室町社会」（『ヒストリア』二七一号、大阪歴史学会、二〇一八年）ほか。

Ⅲ 山科の寺院

●山科の古代寺院の造営と近世における再生

●醍醐寺の桜会

コラム２　安祥寺の創建と恵運の入唐

Ⅲ 山科の寺院

山科の古代寺院の造営と近世における再生
―大宅廃寺を中心に―

増渕 徹

山階寺・法琳寺・大宅廃寺

●山階寺（山階精舎）の開創

大和興福寺の歴史を記した『興福寺流記』が載せる「宝字記」によれば、興福寺の旧名は山階寺あるいは厩坂寺と言い、天智朝の六六九年、藤原鎌足が重病になった際に、妻の鏡女王（天智天皇の娘）の勧めもあって、山階に仏堂を造り、仏像を安置したことに始まるとする。『家伝』（鎌足伝）によれば、それは「山階精舎」と呼ばれ、鎌足はここで火葬に付された。「宝字記」はさらに山階精舎は天武天皇元（六七二）年に大和国厩坂寺に移り、平城京の造営に伴い和銅三（七一〇）年に再度移転して興福寺になったとする。なお、山科にあった鎌足の家を「陶原家」とするのは、『扶桑略記』による。

この陶原家＝山階寺の場所は明らかではなく、山科盆地の複数の地点がその候補地として扱われてきたが、近年、陶原家＝山階寺は「山城国宇治郡山科地方図」（以後、「山科郷古図」と表記する）の大槻里の北半、現在のJR山科駅西南の京都薬科大学近辺に所在し、その故地が「興福寺地」あるいは興福寺領「宇治荘」として継承されたとする研究が出されている（吉川 二〇〇四・〇七）。

（図１）山階寺跡の石碑

この後、七世紀第四四半期から八世紀初頭にかけて、東西の山地の縁辺に大宅廃寺・法琳寺・醍醐廃寺・小野廃寺などが相次いで造営され、九世紀に入ると、盆地北部に安祥寺、南部に勧修寺・醍醐寺が開かれた。

山科盆地におけるこうした寺院の造営は、単に地域的な動向としては片づけにくい特質をもっている。そもそも山科に鎌足の私邸があり、後に天智陵古墳が造営されることは、山科地域が大和・飛鳥の伝統的な権力空間、および難波宮という外に開かれた国家的な窓口、その両者と大津宮（大津京）を結び付ける位置にあったことと無関係には考えられないだろう。九世紀に開創された勧修寺・醍醐寺も、平安京の貴族社会を東郊から守護する真言密教の拠点として機能したのである。

こうしてみると、七世紀末から八世紀初頭における相次ぐ寺院の造営も、中央における政治・宗教体制の整備との連動性を視野に入れて検討する必要があるのではないだろうか。まずは、各寺院の伝承や調査

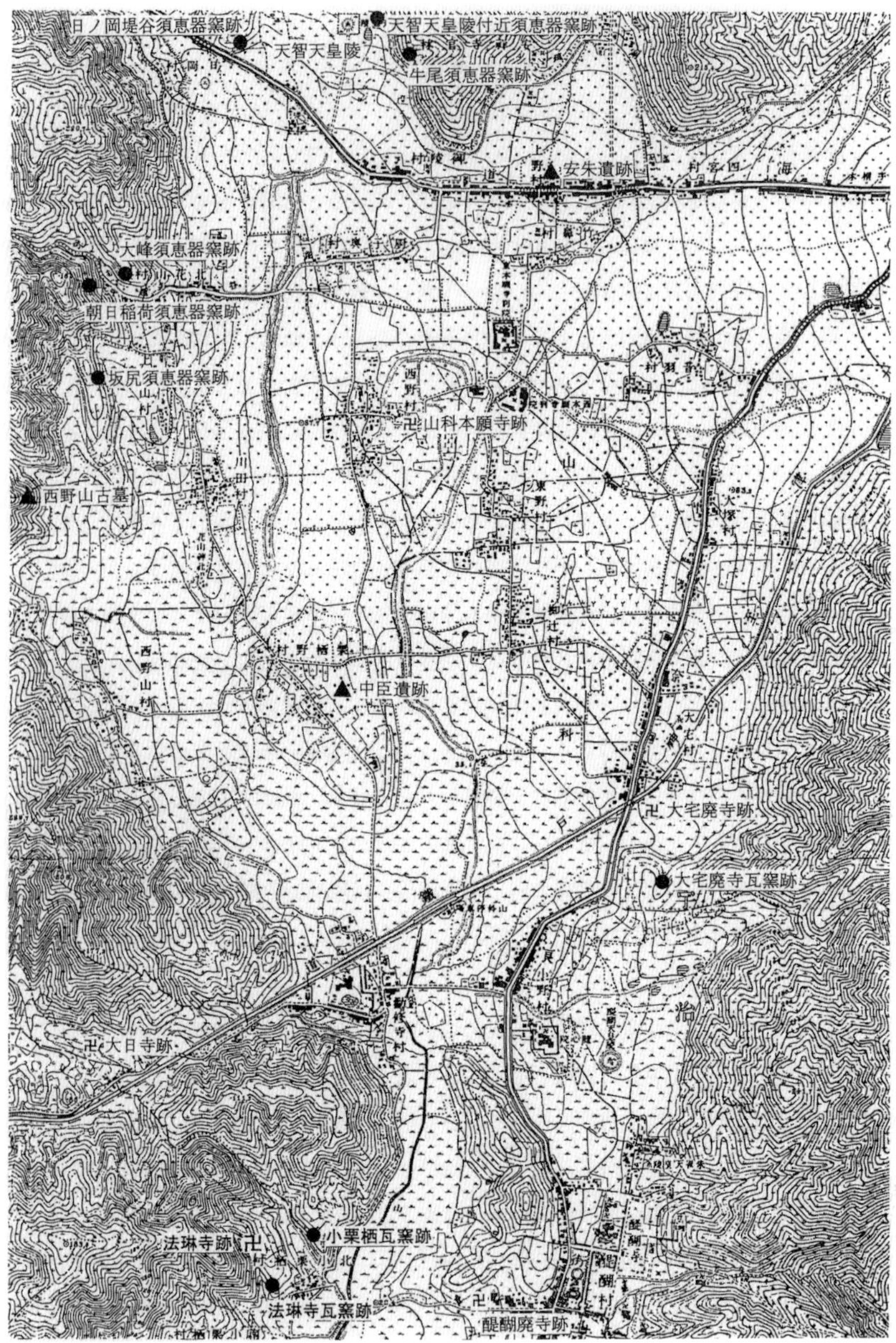

（図２）山科盆地における古代の遺跡の分布（京都橘大学文学部 2007 より）

成果をまとめるところから始めよう。

●法琳寺とその遺跡

山階寺と関わる伝承をもち、七世紀末に造営されたとみられる寺が法琳寺（伏見区小栗栖北谷町）である。正史上の初見は『続日本後紀』承和七（八四〇）年六月三日条で、唐より請来した太元帥霊像を安置して修法院として太元帥法（たいげんのほう）を修する寺としたいという、入唐僧常暁の申請を許可した記事で、寛平三（八九一）年十月一日付け太政官符（大日本史料第一編一冊収載京都御所東山御文庫記録）もほぼ同文の記述を載せる。他方、『山城名勝志』（正徳元（一七一一）年刊）は、「法琳寺別当旧記」を引き、孝徳天皇の御願による建立で、三重塔・薬師堂・弥勒堂や、斉明天皇の御願により定恵（鎌足の長男）が建立した太元堂があったと記すが、官符等の史料や後述する出土瓦の年代観とも合致しないことから、定恵との関係は鎌足・山階寺の話を踏まえた付会と考えられる。

常暁以降、法琳寺は太元帥法を修する寺としてしばしば史料にみられ、同寺での太元帥法の修法の重要性は貴族社会では広く認知されていたらしい。天慶三（九四〇）年に平将門や南海道の凶賊（藤原純友か）の調伏のために法琳寺に太元帥法を修すことが指示されたり、あるいは長徳二（九九六）年に内大臣藤原伊周（ふじわらのこれちか）が勝手に太元帥法を修したとの法琳寺からの報告が伊周追放の材料の一つと

（図3）法琳寺跡の遺構（京都橘大学文学部 2007 より）

されたのは、そうした法琳寺への認識を示すものである。ただし、寺勢は次第に衰微をたどったようで、一二世紀以降は醍醐寺理性院出身の別当に統括されるようになった。康平元（一〇五八）年には太元堂の前の土地で大規模な崩落が発生（『扶桑略記』『百錬抄』など）、正和二（一三一三）年には太元堂が本尊もろとも焼失（『東寺長者補任』『花園院御記』など）し、以後は廃寺となったようで、太元帥法も理性院に継承された。

京都橘大学が行った発掘調査では、当該地から瓦葺建物の遺構が検出された。出土した瓦には法隆寺式の複弁軒丸瓦が含まれ、六七〇年に創建された法隆寺西院伽藍の創建瓦に近似するところから、法琳寺の創建は七世紀第四四半期とみられている。後述する大宅廃寺と同笵の雷文縁軒丸瓦も出土しているが、大宅廃寺から瓦笵の提供を受けて制作されたものとみられ、創建は大宅廃寺に若干遅れるとみられている。なお、近傍には小栗栖瓦窯があり、そこで制作された瓦は法琳寺と小野廃寺（伏見区）に供給された。

●勧修寺と大宅廃寺

延喜五（九〇五）年九月二一日付太政官符（『類聚三代格』）中の律師承俊の奏状は、醍醐天皇の母胤子が生前に醍醐天皇の守護を誓願して勧修寺を建立したと伝える。他方、『今昔物語集』（二二巻一七話「高藤内大臣語」）は、公家勧修寺家の祖藤原高藤と宮道弥益（みやじのいやます）の娘列子の一夜の契りと、その間に生まれた胤子の話を伝え、弥益の家を寺にあらためたのが勧修寺の始まりとする。

『今昔物語集』の説話のすべてを信じることはできないが、高藤は「阿弥陀ノ峰越」で弥益の家を訪ねており、勧修寺がまさにその位置にあることや、勧修寺の周辺に高藤（小野墓）・列子（後小野墓）・胤子（小野陵）などの陵墓が営まれたこと、山科神社が宮道氏の祖神である（『本朝月令』所収延喜一一（九一一）

年正月六日付太政官符）ことなどから、勧修寺が弥益の家に起源をもつとの所伝そのものは首肯されよう。注意したいのは説話で弥益の妻が「向ノ東ノ山辺ニ」建立した堂が大宅寺であるとされている点で、勧修寺と向かい合う東の山辺にほぼ同時期に営まれた寺とは、後述する発掘調査の結果から、大宅廃寺（山科区大宅鳥井脇町）以外には考えにくいことである。

だが、これと矛盾するようにみえる史料もある。藤原為房の子で勧修寺別当となった寛信により、保延五（一一三九）年以降にまとめられた記事を主体とする『勧修寺旧記』（群書類従所収）には、勧修寺の施設とその由緒が述べられるものの、弥益の妻が建立した堂に関する記述はない。この点は、勧修寺の開創初期のころに大宅廃寺跡の地に堂が存在していたとしても、それと勧修寺とが何らかの関係性を有していたことを肯定しにくい材料にはなる。

大宅寺は中世にも存続し、建武三（一三三六）年の「勧修寺所領目録」などにみえる願興寺に比定する見方も提出されているが（黒羽 二〇一九）、大宅廃寺の伽藍中心部に再興された寺は平安末頃には廃絶したと考えられており、大宅寺が願興寺とすれば本来の大宅廃寺の中心部を外れた周辺か、あるいは別の位置で存続したことになろうが、現段階では判断できない。ただ一点、言えることがある。『今昔物語集』に載せる大宅寺が大宅廃寺の位置に再興された寺を指すとすれば、高藤・列子の話が誕生したころには、大宅寺の位置は山階寺の跡とは認識されてはいなかったことになる。つまり大宅廃寺＝山階寺との認識は、それ以後に誕生したことになる。

●大宅廃寺の調査

大宅廃寺（山科区大宅鳥井脇町）に発掘調査の手が入ったのは、昭和三三（一九五八）年のことである。

名神高速道路建設に関わる事前の発掘調査であり、乱石積基壇をもつ建物跡など複数の施設遺構が検出された。

この発掘調査は、三点の意義を有している。第一は、大宅廃寺の推移を考える考古学的成果が得られたことである。藤原宮跡や本薬師寺跡出土瓦と類似する瓦が多数出土し、山階寺と同時期とまではいかぬものの創建が七世紀に遡ること、平安前期に一度焼失し、その後に規模を小さくして再建されたものの、長期間は存続しなかったらしいことなどが確認された（坪井 一九五八）。第二は、この調査に対して日本道路公団が調査費の一部を負担したことで、遺跡の調査が必要となる開発行為を計画した主体が経費を支出して工事着手前に発掘調査を行う、その後の埋蔵文化財保護行政の仕組みを支える原因者負担の手法が初めてとられたことである。第三に、この調査に結集した考古学研究者や学生が、こののち大学・高校あるいは行政機関に職を得、学会・教育・行政のそれぞれの現場を通して、考古学と文化財保護行政を支える人材を育てる役割を担うようになっていったことである。第二・第三の点は、目には見えないものの、大宅廃寺が内包する大きな歴史的意義と言えるだろう。

平成一五（二〇〇四）年の京都市による調査では、講堂の前面西側に金堂、前面東側に塔が配置され、これら全体を築地が囲み、その北外側に僧坊が配置される、やや変則的な法起寺式伽藍配置であることが極めて濃厚になった（図5）。推定金堂は瓦積基壇をもち、焼土層に共伴する土器の編年から九世紀後半〜一〇世

(図4) 大宅廃寺跡の石碑（大宅中学校内）

紀前半に廃絶したものと判断された。

今までの調査成果から復元できる大宅廃寺の推移は以下のようになる。藤原宮跡・本薬師寺跡と共通する瓦を出土するところから、大宅廃寺は七世紀後期後半ころに創建された。当初の主要施設は九世紀前期まで必要な補修を行いつつ維持されたが、九世紀後半～一〇世紀前半に火災で焼失した。その後、講堂基壇を修復した上に堂が建立され、規模を縮小して寺は復興されたが、どう

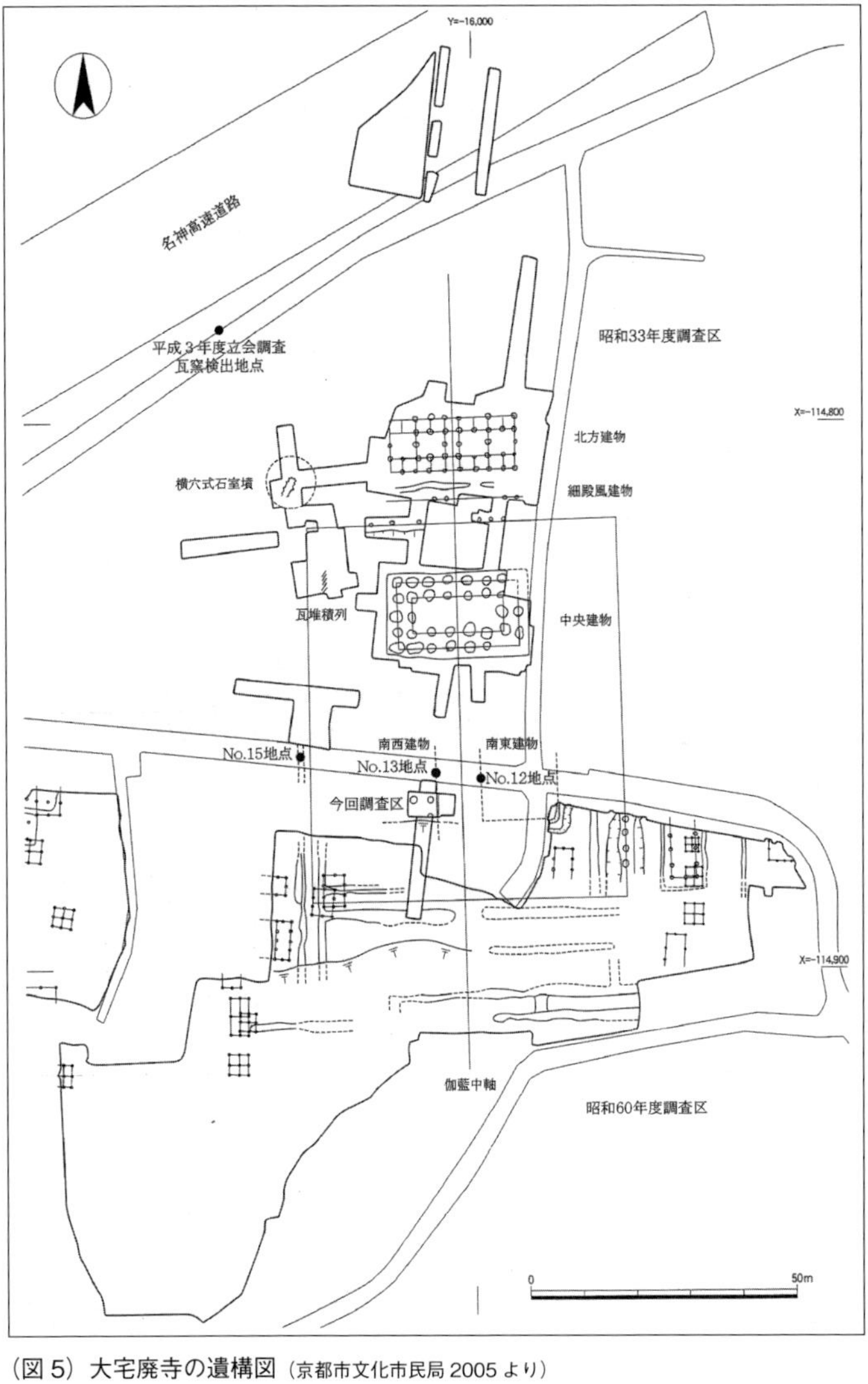

（図５）大宅廃寺の遺構図（京都市文化市民局 2005 より）

やら平安期のうちに廃絶したらしい、ということになる。

大宅廃寺が注目されるのは、雷文縁をもつ紀寺式軒丸瓦と藤原宮式軒平瓦（六六四六C型式）・重弧文軒平瓦（図6）を共伴することで、しかも藤原宮式軒平瓦は大宅廃寺が先行し、その笵型が提供されて藤原宮の使用瓦が生産されたとみられることである（山崎 一九九五）。また、紀寺式軒丸瓦は法琳寺・醍醐廃寺（伏見区醍醐西大路町ほか）や東山丘陵を越えた北白川廃寺（左京区北白川大堂町）からも出土しており、大宅廃寺がこれらの広汎な瓦の供給網の重要な位置を占める点である。

この意味を考えるためには、山科盆地だけでなく、もう少し視野を広げ、当該期の宇治郡内において展開されていた寺院造営の全体像との関連を見ていく必要があるだろう。

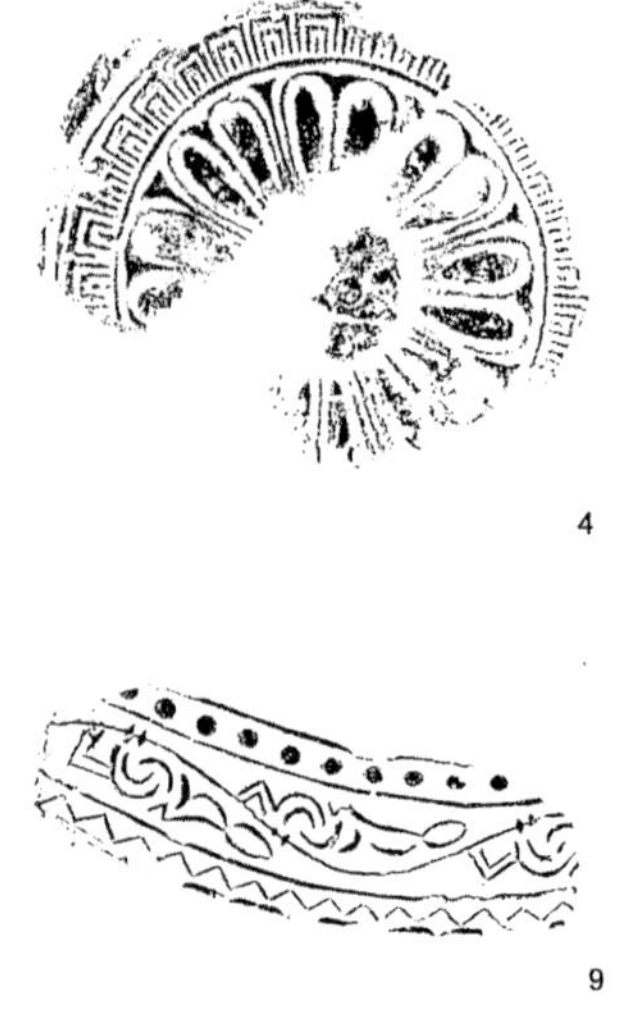

（図6）紀寺式軒丸瓦・藤原宮式軒平瓦の図（京都市文化市民局 2005 より）

●宇治郡内の寺院造営と大宅廃寺

大宅廃寺や法琳寺と同じころに造営された宇治郡の寺院としては、大鳳寺（宇治市莵道）と岡本廃寺（宇治市五ケ庄）が知られる。大鳳寺は最下部に張り出し状の低い基壇（下成基壇）をもつ瓦積基壇建物跡の遺構を検出しており、川原寺式軒丸瓦を出土する。大鳳寺の瓦積基壇は大宅廃寺のそれと類似するが、瓦積基壇は渡来系氏族と関係する寺院に見られることが指摘されており（田辺 一九七八）、近江と大和を結ぶ地域では大津宮遷都を契機としてこの基壇構造が積極的に展開するという指摘もある（網 二〇〇五）。岡本廃寺は法隆寺式の軒丸瓦を出土することが報告されているが、同笵の法隆寺式瓦は法琳寺と醍醐廃寺から出土する。

この二寺を加えて見ると、七世紀後期後半に造営された宇治郡内の諸寺院は、それぞれが個別の存在でありながら、相互に技術の提供や瓦の供給を行う、緩やかな連携体制を構成しながら造営が推進されたとみられる。その連携の軸となった大宅廃寺の造営は、笵型の提供を通して藤原宮の造営とつながっていた。

その藤原宮の造営にあたっては、厩坂寺と想定されている大和久米寺の前身寺院と共通する瓦が供給されていた。久米寺前身寺院（厩坂寺）・紀寺・大宅廃寺は、藤原宮を中心とする一連の事業体を構成し、大宅廃寺は中央の造営事業とつながる端子であると同時に、宇治郡地域に広がる端子群をユニットとして起動させる核的な役割を果たしていた。この事業体の背後に、官衙に視覚的に象徴される律令的組織体制の整備と、新たな国家の思想基盤の視覚的象徴である寺院の整備に邁進した藤原不比等（吉川 一九九八）の存在を想定することは、あながち不当ではないだろう。

では、不比等はいかにしてこのような事業体を作り上げ、機能させ得たのか。

藤原宮の造営以前に不比等は蘇我連子の娘と結婚し、彼女との間に二人の男子（武智麻呂・房前）をもうけていた。倉本一宏は、この婚姻は大臣家である蘇我氏の尊貴性を自氏に取り込むとともに、天皇家との姻戚関係を構築する機会を得、蘇我氏を介して実際に天皇家とのミウチ的関係を獲得することに成功した点で大きな意義をもつものであったとする（倉本 一九九七）。この理解の上に立てば、不比等が蘇我氏から受け継いだものは、尊貴性のみにとどまらなかったのではないかと推測することも可能であろう。

七世紀初頭に操業を開始し、豊浦寺に瓦を供給した隼上り瓦窯跡（宇治市菟道）の存在に代表されるように、宇治郡域の氏族は蘇我氏と早い段階から関係を有していた。不比等は、婚姻とともに、宇治郡やその周辺で蘇我氏が活動を展開する中でつくりあげてきた地域勢力との関係（いわば蘇我氏の遺産）を引き継ぎ、掌握することに成功したのではないか。父鎌足以来の天皇家との関係とその信頼を背景に、蘇我氏から引き継いで自氏の影響下に置いた諸氏の集団を用いて、一方では藤原宮や官寺の造営を推進し、他方では律令制の諸制度の整備に取り組んでいったのではなかろうか。その過程で、藤原宮やその周辺での造営事業に用いられた技術や成果の一部が宇治郡でも顕現することになった。大宅廃寺・法琳寺などの遺跡の背後に、七世紀末に積極的に展開された国家体制の整備を見るとするのは、言が過ぎるであろうか。

近世地誌にみる大宅廃寺

●大宅廃寺＝山階寺跡の認識の誕生と定着

平安末に廃絶した大宅廃寺は、近世後期に至って大宅の地に新たな意味を付加する存在になる。各種の地誌や名所図会が編纂される中で、大宅廃寺を山階寺跡とみる言説が現れ、地域の歴史性を語る素材としての意味をもつようになったのである。

近世の地誌・名所図会類の中で、最も早く大宅廃寺と山階寺跡の両者に関する記述がみられるのは『雍州府志』（貞享三（一六八六）年刊）で、大宅寺跡が大宅村に、山階寺跡が旅辻村（「旅」字は「なぎ」に相当する字の誤りか）の三宮明神の辺にあると記し、大宅寺跡と山階寺跡とを区別する。

この理解は『山城名勝志』（正徳元（一七一一）年刊）に引き継がれる。大宅寺跡が大宅村の南に所在し、「土人堂山と呼ぶ。勧修寺の東向いの岡なり」とより詳しい情報を載せ、山階寺跡についても三宮明神社の辺と示しつつ、「追分道小野村に橋有り。土人、興福寺橋と呼ぶ」との新たな情報を提示する。しかし『山城名勝志』には、陶原家が小野郷にあったとし、一条兼良の『東齋随筆』も同様であるとするなど（実際には『東齋随筆』には小野郷との記述はない）、不正確な記述も目立つ。現地名との比較では、勧修寺に向き合う山は字向山で、堂山（字堂ノ山）はさらにその東奥になり、しかも大宅廃寺が位置するのは向山の北の谷であって丘陵上ではないなど、記述に際してどの程度の確認作業をしたのかが疑われる内容ともなっている。しかも注意すべき点は同書に「興福寺橋」が登場した点で、これ以降の山階寺跡の記述に大きな影響を与えたと推測される。

同じ正徳元年に刊行された『山州名跡志』は、大宅寺跡に関する直接の説明を欠くとともに、山階寺が「石屋鳥居の巽二町許の街道の中央の石橋」の「興福寺橋」のところにあったとし、「石橋の東の道の傍の聖壇の地」が「興福寺の塔の旧跡」であると紹介する。この位置は大宅廃寺跡にあたり、この段階で大宅廃寺跡と山階寺跡とが同一視され、大宅寺跡は大宅廃寺跡との関連を失ったことになる。当所は三之宮明神付近として語られていた山階寺跡が、新しい地誌になるにつれて大宅に収斂されていくことはすでに指摘されているが（藪中　一九九七）、それに伴い大宅寺跡の認識は薄くなり、『山城名勝志』のように別の地点のそれらしいところに付会させられるか、あるいは語られなくなるか、いずれかの扱いを受けるようになる。後述する森幸安製作の地図②は、まさにその状態を端的に示したものと言える。

『山州名跡志』で示された山階寺跡の所在地に関する説明は、『山城名跡巡行志』（宝暦四（一七五四）年成立）にも引き継がれ、『都名所図会』（安永九（一七八〇）年刊）は大宅廃寺跡を「興福寺の旧跡」として立項するに至った。『拾遺都名所図会』（天明七（一七八七）年刊）も同様の記述をし、興福寺橋は山階寺の門前であったとする新たな解説を加えている。

●興福寺橋の所在

ところで、大宅廃寺＝山階寺跡との認識をもたらした興福寺橋は、いったいどこに所在したのか。管見の限りで、これを表示した近世の地図は三点ある。

①森幸安「山城国地図」（国立公文書館所蔵）

岩屋明神の北、妙見社の所在する谷から流下する河川が大塚集落の南で奈良街道と交差する地点に□印が描かれ、「興福寺橋」と記される。

②森幸安「近世京師内外地図　洛陽・洛東・山科」（国立公文書館所蔵）（図7）

堂ノ山の北裾部を流れる河川が奈良街道と交差する地点に、「古ノ山階寺ノ跡　興福寺ノ橋」として、欄干をもつ石橋状の橋が描かれる。堂ノ山には建物跡らしきマークが描かれ、「堂山　古ヘノ大宅寺伽藍ノ跡」と記される。

③『懐宝銅鐫』収載「分見山城国細図」（国立国会図書館所蔵）（図8）

大宅村の南、向山（堂ノ山）付近で奈良街道が大きく西に屈曲する地点に□が描かれ、「コウブク

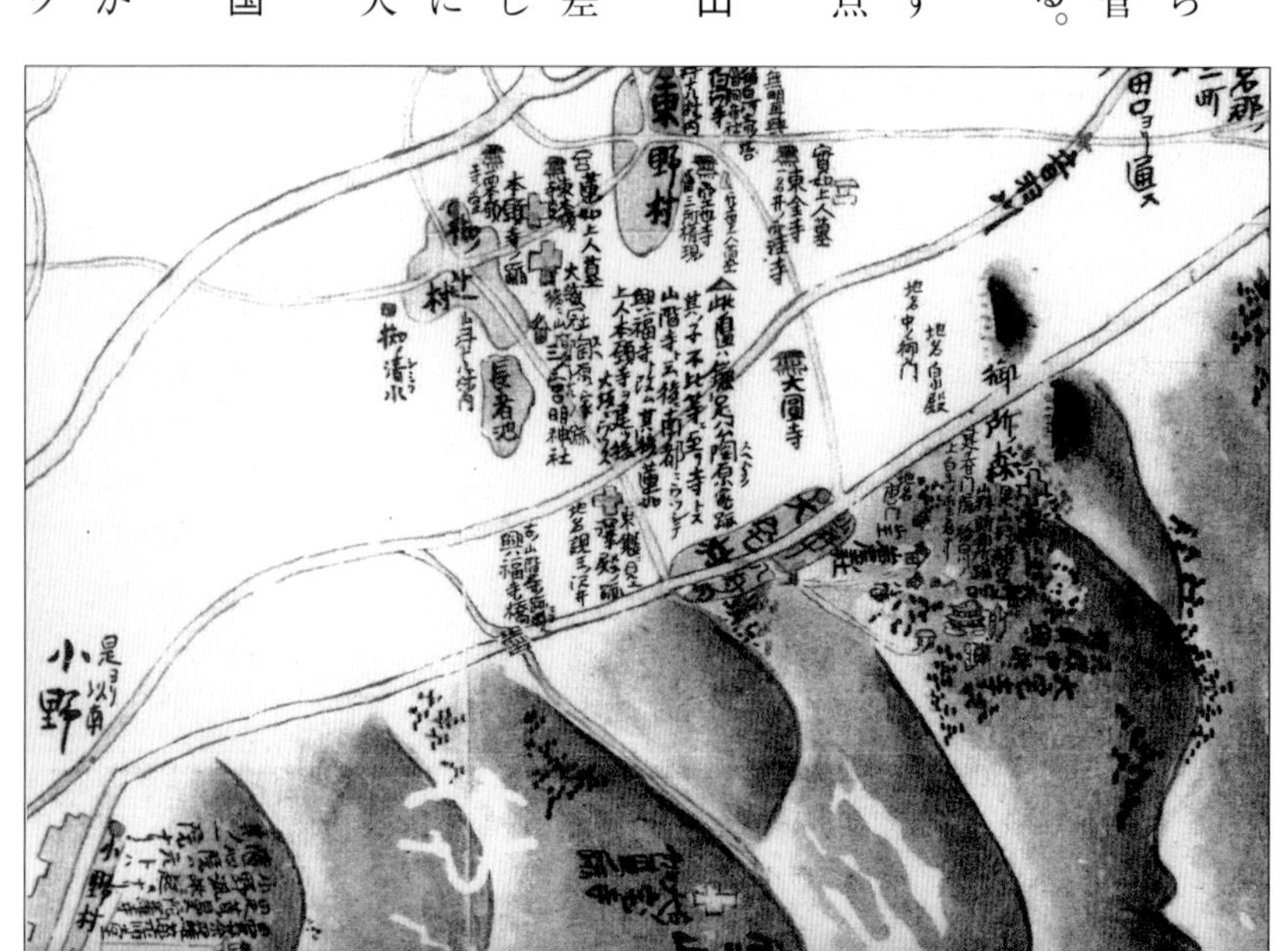

（図７）「近世京師内外地図　洛陽・洛東・山科」（部分拡大）

シハシ」と記される。道を挟んだ東側にも□が描かれ、「興福寺塔跡」と記され、そこから北にかけて□マークが二つ描かれ、それぞれ「カマタリ公ヤカタアト」「白河院宮跡」、次いで「大宅寺」「岩ヤ明神」と記される。

なお、近代に入ってからの地図としては、④「宇治郡之図」（『宇治郡名勝誌』明治三一（一八九八）年刊）の添付図）があり、大宅の南で奈良街道と東海道線が交差する地点のすぐ南の街道東側に●印が付され、「興福寺橋」と記されている。

①②の作図者森幸安は、一八世紀中期に大阪を中心に活動した地誌・地図製作者で、とくに寛延二（一七四九）年以降宝暦年間にかけて多数の地図を作製した。①は寛延二年、②は翌寛延三年の作成である（上杉 二〇〇七）。森が描いた二枚の地図での興福寺橋の位置が異なるのは

（図８）「分見山城国細図」（部分拡大）

気になるが、②③がほぼ同じ位置に描くこと、対する①がかなり大雑把な描写にとどまる地図であることからすると、興福寺橋の位置は現在の旧奈良街道が名神高速道路のガードをくぐった南側の付近（④の位置）にあるものとして描かれたとみてよいのではなかろうか。明治四二（一九〇九）年実測に基づく大正元（一九一二）年二万分の一地形図「膳所（ぜぜ）」によれば、旧東海道線と奈良街道の交差点と向山（堂ノ山）の裾との中間地点を境に、北側は竹林、南側は水田となっていることも、傍証となるだろう。

「石屋鳥居の巽二町許」などと、大宅寺跡・山階寺跡の位置を表示する起点として記述された、岩屋明神の鳥居の位置はどう描かれているだろう。①は定かではないが、②は大宅集落の中央部、大円寺の北の道が奈良街道に合流する地点より南方、街道から少し東に上がった位置に描かれている。鳥居から南に下り、「澤殿ノ跡」と書かれた付近で街道と交差するところが甲ノ辻であろう。③は大宅集落の北端に近い街道東側に描く。

では、これより古い絵図では大宅周辺の地物はどう描かれているだろうか。

鎌倉時代中期に勧修寺が寺領を明示するために作成されたと推測されている「山城国宇治郡山科地方図」（東京大学史料編纂所蔵、通称「山科郷古図」）（図9）を見てみよう。図中の下小野里から大薮里・椿市西里・宮浦西里へとつながる道は近江と宇治・南都方面を結ぶ街道（現在の旧奈良街道に踏襲されている）で、図の椿市西里で大きく西に張り出している尾根上の地形が現在「向山」（東奥は「堂ノ山」）と呼ばれている地域で、その北側の墨線が大きく東に食い込む地形が京都橘大学や大宅中学校の所在する扇状地状の地形にあたり、大宅廃寺跡が所在するのはこの椿市西里になる。問題は、山科里から大藪里の東北部に入り、椿市西里に伸びる道が街道と交差する地点が、現在の岩屋神社御旅所のある甲ノ辻にあたるとみてよいかということである。

北の三条一五里「宮浦西里」を見ると、街道の東側に鳥居が描かれ、そこから一条東の「宮浦東里」に「東岩屋殿」と東岩屋神社（現在の岩屋神社）の位置が記される。ここに記された鳥居の位置は近世の絵図の②③に対応し、一見、岩屋神社の鳥居が鎌倉時代以降ほぼ同じ位置を保ってきたかのようにも思える。

しかし他方、『教言卿記』応永一五（一四〇八）年七月二一日条には「山科カウノ辻」の鳥居が大風により転倒したとの記事があり、ここからすると当時鳥居は甲ノ辻にあった。鳥居から二町ほどのところに寺跡があるとする近世地誌の記述からは甲ノ辻の方が整合的ではあるし、甲ノ辻を起点に南東方向に鳥井脇町という町名があることもうなずける。ちなみに、明治二二（一九八九）年陸地測

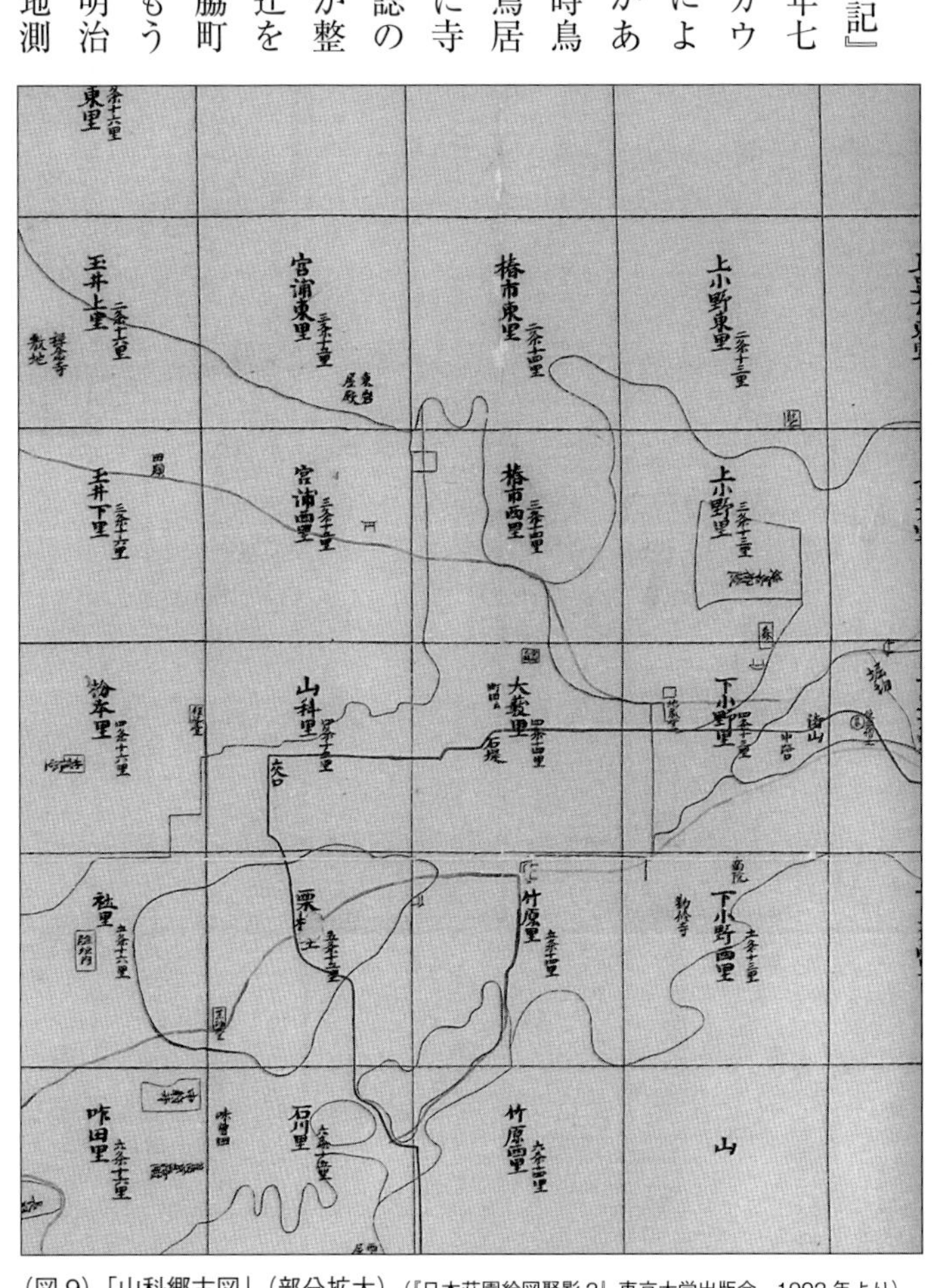

（図 9）「山科郷古図」（部分拡大）（『日本荘園絵図聚影 2』東京大学出版会、1992 年より）

量部作成、明治三〇年修正の二万分の一地形図「醍醐村」（日本文化研究センター公開データベース）を見ると、旧奈良街道脇の一の鳥居から岩屋神社方向に向かう直線状の参道は描写されておらず（鳥居の記号もない）、しかも同地に昭和四（一九二九）年の参道改修碑があるところからすると、当該参道はその頃に現状のように整備されたものであろう。また、「山科郷古図」を戦後の地形図に当てはめた足利健亮（足利 一九六三）の研究では、甲ノ辻は宮浦西里に所在することになり、とすると古図にある道とは合致しないことになる。②絵図に「長者池」と記され、陸地測量部の地形図にも描かれる池（おそらく往時の山科御所＝沢殿の園池）の周囲で等高線が大きく湾曲するが、それと「山科郷古図」の大藪里での道の線形はよく対応しており、現在の甲ノ辻の少し南に道があり、それが古図に描かれたとも考えられる。「山科郷古図」はかなり正確に描写していると考えられるが、この問題は現段階では課題とせざるを得ない。

おわりに

ここまで、白鳳期の山科盆地における寺院造営活動を、その中の拠点的寺院だった大宅廃寺を軸に検討を加えるとともに、後半はその廃絶後を対象に、遺跡が新たな認識を生み出すに至る経緯をたどってみた。本来別個のものとして認識されていた大宅廃寺と山階寺が、地誌や名所図会が編纂・発行を繰り返すなかで同一視されるようになり、やがて歴史的事実とは異なるものの新たな歴史像として再構成され、人口に膾炙（かいしゃ）していくようになる。大宅廃寺の場合は、とくに「興福寺橋」の出現が、その認識を固定する上で大きな材料となったようである。

本稿では十分に触れられなかったが、「山科郷古図」が現在でもなお地形的同定が可能であり、地域研究にきわめて有効であることも痛感させられた。同古図を用いて現代に残る微地形を丹念に追った研究に取り組むことは、山科地域の歴史的資源を改めて発見し、浮上させることにつながるであろう。

参考文献

◎足利健亮　一九六三「律令時代における郡家の歴史地理学的研究―遺阯の探究と復原の試み―」『歴史地理学紀要』五
◎網伸也　二〇〇五「日本における瓦積基壇の成立と展開―畿内を中心として―」『日本考古学』一二―二〇
◎上杉和央　二〇〇七「森幸安の地誌と京都歴史地図」　金田章裕編『平安京―京都　都市図と都市構造』　京都大学学術出版会
◎倉本一宏　一九九七「古代氏族ソガ氏の終焉」『日本古代国家成立期の政権構造』　吉川弘文館
◎黒羽亮太　二〇一九「古代・中世寺院史研究における東安寺の射程―京都府伏見区の小野廃寺について―」　菱田哲郎・吉川真司編『古代寺院史の研究』　思文閣出版
◎田辺征夫　一九七八「古代寺院の基壇―切石積基壇と瓦積基壇―」『原始古代社会研究』　原始古代研究会
◎坪井清足　一九五八「大宅廃寺の発掘」『佛教芸術』三七　毎日新聞社
◎藪中五百樹　一九九七「興福寺の前身・山階寺と厩坂寺をめぐって」『佛教藝術』二三四
◎山崎信二　一九九五「藤原宮造瓦と藤原宮の時期の各地の造瓦」　奈良国立文化財研究所創立40周年記念論文集刊行会『文化財論叢Ⅱ』　同朋舎出版
◎吉川真司　一九九八「藤原氏の創始と発展」『律令官僚制の研究』　塙書房
◎吉川真司　二〇〇四「安祥寺以前」『安祥寺の研究Ⅰ』　京都大学学術出版会
◎吉川真司　二〇〇七「近江京・平安京と山科」　上原真人編『皇太后の山寺―山科安祥寺の創建と古代山林寺院―』　柳原出版
◎京都市文化市民局　二〇〇五「Ⅰ　大宅廃寺・大宅遺跡」（『京都市内発掘調査概報　平成一六年度』）
◎京都橘大学文学部　二〇〇七『法琳寺跡発掘調査報告』

醍醐寺の桜会

西 弥生

はじめに

醍醐寺は京都市伏見区醍醐東大路町にある真言宗醍醐派の総本山で、平成六（一九九四）年一二月に世界文化遺産に登録された寺院である。山科盆地の南にそびえる笠取山の山上（上醍醐）と山裾（下醍醐）にわたる広大な地域に位置している。醍醐寺は、貞観一六（八七四）年、聖宝によって創建されて以来、天皇や将軍などのために「修法（しゅほう）」（祈祷）などの仏教儀礼を行うことで発展を遂げ、現在に至っている。

また、醍醐寺といえば桜の名所である。特に豊臣秀吉の「醍醐の花見」は非常に有名であり、本稿でとりあげる「桜会（さくらえ）」と呼ばれる法会（仏教儀礼）の歴史と密接なつながりをもつ。平安時代に創始された桜会は、醍醐寺において現在も毎年恒例の行事として「清瀧権現桜会（せいりゅうごんげんさくらえ）」の名で執り行われ、人々に親しまれている。

平成三一年四月の清瀧権現桜会は次のような流れで行われた（醍醐寺神変社発行『神変』No.一二五九（二〇一九年七月）参照）。四月一日には下醍醐清瀧宮拝殿で「神祇講式」にて桜会開白法要が行われ、同月八日には京都の代表的な風物詩でもある「豊太閤花見行列」が催された（図1）。歴代太閤は醍醐寺とゆかりのある財界人が扮して務めることになっている。金堂内陣では、朗詠・舞楽・狂言・醍醐花見踊りやパフォーマンスが行われた（図2）。四月一五日には、金堂において醍醐寺を拠点として継承されてきた当山派修験の恵印法流に伝わる最勝恵印三昧耶法要が執行され、また醍醐山華道学会による献花式や大蔵流・奉納狂言が行われた。四月二一日（結願日）には柴燈護摩供がとり行われ、桜会の一連の儀式等が終了した。

以上のように、「清瀧権現桜会」は醍醐寺において現在行われている行事のうち、二月に行われる五大力仁王会に並んで多くの聴聞者で賑わう法会であるが、土谷恵によれば、中世の早い段階で中絶していたことが明らかにされている（土谷二〇〇二）。桜花のもとで舞楽などを伴って華やかに執り行われていた桜会が、長い年月にわたって中絶するに至ったのはなぜであろうか。本稿では、その点を中

（図1）豊太閤花見行列（醍醐寺所有）

（図2）醍醐寺金堂内陣での舞楽（醍醐寺所有）

心に、歴史学的な視点から検討を加えることとしたい。

なお、先学によれば、中世における桜会の正式名称は「清瀧会」であったとされるが、本稿では便宜上、「桜会」で表記を統一し、必要に応じて「清瀧会」・「清瀧権現桜会」の名称を併用することとしたい。

桜会の創始と発展

●桜会と雨乞い

醍醐寺の桜会はいかなる目的で創始され、どのような仏教儀礼として執り行われてきたのであろうか。『醍醐雑事記』巻第四によれば、醍醐寺三宝院の僧侶である勝覚によって下醍醐に建立された清瀧宮において、永久六（一一一八）年三月一三日に「清瀧会」（桜会）が始められた。『醍醐寺雑要』によれば、それに先立つ治安二（一〇二二）年に「釈迦会」が創始されていたが、その釈迦会に代えて清瀧会（桜会）が行われるようになったという。

土谷恵の前掲書によれば、桜会は「祈雨の報恩に始められた法会」であるとされる。永久五（一一一七）年六月、勝覚は神泉苑で祈雨（雨乞いの祈祷）を行い、成功をおさめた。降雨に恵まれたのは醍醐寺清瀧宮の女神の加護によるものであると当時は考えられており、祈雨の報恩のために翌年の永久六年に釈迦会を改めて清瀧会にしたとされる。

ここで、雨乞いの歴史を少し振り返ってみたい。空海によって密教が日本にもたらされて以来、鎮護国家と現世利益を実現する様々な祈祷が世俗権力者から求められ、中でも雨乞いの祈祷は平安時代の貴族社会の中で流行した。では、なぜ雨乞いの祈祷は当時の社会の中で重視されたのであろうか。

真言宗にとっての要事を記す『東要記』（長谷宝秀編『弘法大師伝全集』復刻第二巻、ピタカ、一九六六年所収）には、インドにおける祈雨の事例として善無畏三蔵による祈雨と金剛智三蔵による国王のための祈雨が挙げられている。次に、中国の事例として、金剛智による開元一四（七二六）年の祈雨と不空三蔵による天宝五（七四六）年の祈雨が挙げられている。そして日本の事例として、空海による天長元（八二四）年の祈雨を皮切りに、雨乞いの祈祷は「東寺門徒」すなわち空海に連なる門徒たちによってなされてきたことが記されている（図3）。また、平安京内の神泉苑にいる「龍王」はインドの「無熱悩池」の龍王を勧請したものであるとの由緒も『東要記』に語られている。

このように、雨乞いの祈祷は天竺・唐において国王や皇帝の信仰を得ていたことから、日本でも天皇と真言宗との関係性を構築するにあたり、神泉苑での雨乞いが重視された。こうして平安貴族社会の中で雨乞いの祈祷は最盛期を迎えた。雨乞いの功績を残すことは、聖俗両社会において社会的立場や権威性を確立する上で重要な意味をもったのである。

（図3）『弘法大師行状絵』巻8第4段「神泉祈雨」（東寺所蔵）

上記のような天竺・唐・日本三国伝来の由緒が語られる中で、永久五（一一一七）年六月、醍醐寺の勝覚は神泉苑において請雨経法と呼ばれる雨乞いの祈祷を行った。これは永久三（一一一五）年一一月に醍醐寺三宝院を創建して約一年半後のことで（『醍醐雑事記』参照）、勝覚にとっては三宝院の基礎固めに余念がなかった時期にあたる。『永久五年祈雨日記』(『続群書類従』第二五輯所収)によれば、勝覚が祈祷をしていると蛇が壇所(祈祷のための壇を築いた所)に出現し、大雨が降ってきたという。この「瑞相」はかつて雨乞いで名声を誇った仁海(にんがい)(九五一〜一〇四六)が祈祷をした時と同様であったといい、仁海にも比肩する成果をあげた勝覚は社会的評価を得たのである。勝覚の父である源俊房のほか多くの貴族や、比叡山や仁和寺・興福寺・平等院の僧侶なども神泉苑に駆けつけ、あるいは使者を遣わして祝賀の意を表した。『永久五年祈雨日記』には、これほどの霊験は前代未聞であったことが強調されている。

以上のように、天竺・唐・日本という密教の系譜を象徴する神泉苑という場における雨乞いを通じて、醍醐寺と聖俗両社会は信仰を分かち合うこととなった。このことを踏まえて、勝覚が桜会を創始した理由を考えると、神泉苑だけでなく醍醐寺の境内でもこれらの人々と信仰を共有したいという意図もあったのではないだろうか。それが実現できたならば、三宝院に伝わる祈祷をより社会に印象づけることができよう。祈雨の報恩のために桜会を催し、桜や舞の彩りも添えて多くの聴聞者に法悦をもたらし、信仰を通じて醍醐寺と聖俗両社会とのつながりを一層深めること、そして三宝院の社会的基盤の確立につなげることが桜会創始の重要な動機の一つとしてあったのではないかと考えられる。

●勝賢による桜会の興隆

土谷恵の前掲書によれば、桜会は創始から正治年間(一一九九〜一二〇一)頃までが盛期であったとされており、中でも勝賢(しょうけん)が醍醐寺座主(ざす)であった頃の桜会には後鳥羽天皇が訪れるなど盛況であった(『醍醐寺新要録』巻第二〇「御幸篇」)。文治五(一一八九)年の桜会に関しては、醍醐寺所蔵『桜会類聚』により全体的な流れを辿ることができる。雅楽が入るおおよその箇所を示すならば以下のようになる。

僧侶たちが集会所（尺迦堂礼堂）より行道→発楽（万歳楽）
僧侶たちが舞台の下から清瀧宮拝殿に入って着座　→［奏楽止め］
発楽（蘇莫者破）→導師（祈祷の中心僧）が登高座し、惣礼とともに［奏楽止め］
発楽（蘇合破）→伝供（供物を順に手渡す）が終わって［奏楽止め］
発楽（廻杯楽）→唄師が着座すると［奏楽止め］、散花が行われる。
大行道が行われる　→鳥向楽　→舞人・楽人等は楽屋へ。僧侶たちは本座に着座。
発楽（宗明楽）→讃衆が舞台に昇ると［奏楽止め］、唄が終わると発楽（越天楽）
発楽（秋風楽）→梵音衆が舞台に昇り［奏楽止め］、頌・梵音が終わると発楽
発楽（採桑楽）→錫杖衆が舞台に昇り［奏楽止め］、頌・錫杖の後、発楽（竹林楽）
導師啓白・誦経等　→発楽（千秋楽）
僧侶たちが退出　→入調

これによれば、僧侶たちによる次第・所作の進行に合わせてその節目に雅楽が奏され、僧侶の退出後に「入調」が奏されるという流れであったことがわかる。雅楽や舞は僧侶の声明とともに本尊に対する供養としての意味をもつとともに、音声と彩りをもって会場を飾り、聴聞衆に法悦を供するという役割を果たしていたといえる。『古今著聞集』巻六─五三三段「増円法眼うとめ増円と称せらるる事」によれば、釈迦堂（尺迦堂）の前には桜があったという（『日本古典文学大系』八四）。この光景が実際のものであったと

するならば、桜を背景として釈迦堂から僧侶たちが列をなして進み、雅楽の音色と一体となって華やかに法会が進行したことになろう。

●絵巻に描かれた桜会

雅楽とともに、桜会において重要な要素とされていたのは舞楽であったが、その様子は絵巻にも描かれている。一三世紀末成立の絵巻『天狗草紙』は、南都・北嶺（比叡山）以下の諸大寺の僧侶の驕慢や乱脈の狂態ぶりを天狗にたとえて諷刺したものとされ、「興福寺巻」・「東大寺巻」・「延暦寺巻」・「園城寺巻」・「東寺巻」・「三井寺巻」が現存している。このうちの「東寺巻」（東京国立博物館所蔵）は真言宗について述べられている巻で、「東寺」・「醍醐桜会」・「高野山」・「大塔」・「御影堂」・「三鈷松」・「天軸山」・「奥院」・「摩尼山」の絵が描かれる。「醍醐桜会」の場面では、爛漫と咲き誇る桜のもとで行われた醍醐寺の桜会のひとこまとして、装束を着して披露される童舞の様子が表現されている（図4）。

詞書（ことばがき）の中で注目されるのは、真言宗僧に対する批判として、「門徒の我慢ならひ（並び）なく高挙にして、まことにそのおもひ（思い）はなハたし（甚だし）」とある一文である。「我慢」とは「自負心が強く、自己本位の行動をすること」をいう（岩本裕編『日本仏教語辞典』参照）。真言宗を代

（図4）『天狗草紙』に描かれる「醍醐桜会」
（部分、東京国立博物館所蔵、Image：TNM Image Archives）

表する立場である東寺長者は、中世においては東寺の住僧からではなく、醍醐寺や仁和寺などのいわゆる門跡寺院の僧侶の中から任命されており、さらに東寺長者は諸宗を統轄する僧職である法務を兼務していた。真言宗に対する批判的な文脈の中で桜会が描かれているということは、華やかな舞楽を伴う桜会は当時の社会の中で、真言宗や醍醐寺の権威性や奢侈性を象徴するものとしてとらえられている一面があったのかもしれない。

●説話集に語られる桜会

桜会の様子は、説話集の中にも語られている。その記述から、和歌のやりとりも桜会の場で繰り広げられた大切な文化的営為であった様子がうかがえる。建長四（一二五二）年成立の説話集である『十訓抄(じっきんしょう)』巻一〇第七三には、舞童である源運と宇治の宗順阿闍梨(あじゃり)との間で風流な和歌のやりとりがなされたという一節が見られる。また、橘成季によって編述された建長六（一二五四）年成立の説話集『古今著聞集』巻五第二一一段にも、桜会の聴聞に訪れた仁和寺僧が稚児に歌を送ったという話が見られるほか、比叡山の僧侶である増円が桜会に訪れた時の一節が語られている（巻一六―五三三段）。これらの説話から、醍醐寺にとって桜会は、諸宗の僧侶や近隣の諸寺僧との交流の場でもあったことがうかがえる。

実際に桜会に際して詠まれた和歌は、醍醐寺僧によって撰集された『続門葉和歌集』の中にも残されている（『群書類従』第一〇輯参照）。和歌をたしなむことも当時の僧侶には素養として求められていたのであり、これらの和歌からは、寺院文化の一端が垣間見えるといえよう。

桜会の衰退

前節で見た通り、桜会は創始以来、次第に発展を遂げていったが、永仁の頃（一二九三～一二九九）までには中絶したとされる。桜会の中絶理由について中嶋俊司によれば、「容貌麗はしき舞童が華美を競ふて服装以下に過差を求むる處、自然経費の増大を伴ふのみならず、見る物をして恍惚たらしめずにはおかなかつたのであるから、其間風俗の頽廃又之れに伴ふに至り、遂に桜会其者の廃絶を餘儀なくされる恐れが十二分にあつた」とされる。このように、童舞が過度に華美なものとなったことに伴う経済的な問題および風紀の乱れは、桜会の衰退を招いた一要因としてあったのかもしれない。

しかし、中絶の背景には、童舞をめぐる世俗的な問題のみならず、他に宗教的な事情も絡んでいたのではなかろうか。雨乞いの祈祷の報恩として桜会が行われていたとするならば、桜会の盛衰は雨乞いに対する醍醐寺僧の関わり方にも少なからず影響を受けていた可能性はないのだろうか。本節ではこの点について考察してみたい。

●神泉苑の荒廃と請雨経法

前述のように、勝賢の代には桜会が興隆し、天皇をはじめとする多くの人々の聴聞により華やかに法会が執り行われていたのであるが、その裏では桜会の発展にも関わる問題が生じていた。九条兼実（くじょうかねざね）の日記『玉葉（ぎょくよう）』建久二（一一九一）年五月一四日条によれば、雨乞いの祈祷として永久五年に勝覚が請雨経法を行って以来、八〇年にわたって請雨経法は途絶え、口伝は寺内に伝わってはいるものの、祈祷の様子を実際に見たことのある者はいなかったことが記されている。しかも神泉苑は近年荒廃しており、「汚穢・死骸等」などの「不浄」を取り除いたとしても、垣根や門戸は見る影もないため「不浄」を禁じて祈祷することなど不可能な状態にあったという。醍醐寺の開祖である聖宝(しょうぼう)でさえ、請雨経法を七日間にわたって執り行ったが雨が降らず、東寺に場所を移して孔雀経法に切り替えたところ雨が降ったという出来事もあったとされる。それ以後、勝覚の弟子である定海(じょうかい)も請雨経法の勤修の依頼を辞退し、請雨経法の法験(霊験)の「遅及」については、門弟へと代々伝えられていったという。

祈雨自体は中世を通じて諸寺社によって行われているが、請雨経法の履歴を見ていくと、平安時代が最も盛んで、それ以降の事例は平安時代に比して少なくなっていく。醍醐寺の中で請雨経法を敬遠する傾向が生じたことは、祈雨の報恩として創始された桜会にも少なからず影響を及ぼすことになったのではなかろうか。

その後、醍醐寺の成賢(せいげん)は建保三(一二一五)年、神泉苑において「鎮護国家の肝要」・「真言密教の至極」である請雨経法に成功し、「一寺の面目」・「万代の美談」とされた(安貞三(一二二九)年三月「醍醐寺所司等解」、『鎌倉遺文』六―三八一六号)。また、東寺所蔵の絵巻『弘法大師行状絵』巻八第四段「神泉祈雨(しんせんきう)」によれば、承久三(一二二一)年における承久の乱後、北条泰時によって神泉苑は修築されたという。しかし、そののち神泉苑は再び「牛馬の牧」にも等しいほどに荒廃したと記されている。こうした背景のもとで、醍醐寺は専ら雨乞いのために行う請雨経法よりもむしろ、鎮護国家をはじめとする幅広い目的で行われた息災法(災害苦難・煩悩・罪業などを除去するために行うもの)の一つである仁王経法(にんのうぎょうほう)の方に力を注いでいくようになるのである。

勝覚（三宝院開祖）—定海（三宝院流祖）—元海—実運—勝賢—成賢
├道教（正嫡、但し早世）
└憲深—┬実深　[報恩院]を継承［報恩院方］→仁王経曼荼羅を所有
　　　└定済　[三宝院]を継承［三宝院門跡］→桜会童舞装束を所有、のち入質

（図5）三宝院流の系譜（勝覚〜実深・定済まで。以下は省略）

●仁王経法と醍醐寺

仁王経法とは、弘仁元（八一〇）年に空海が『仁王経』・『守護国界主経（しゅごこっかいしゅぎょう）』・『仏母明王経（ぶつもみょうおうぎょう）』に基づく鎮護国家の祈祷をしたいと朝廷に申請したことをきっかけに行われるようになった祈祷である。真言宗には多種多様な祈祷が伝わっているが、醍醐寺三宝院の定海が新たに仁王経曼荼羅を造立した経緯もあって、醍醐寺はとりわけ仁王経法を重視するに至った。

三宝院流と呼ばれる醍醐寺の中核的法流は、図5のような系譜で継承され、憲深（けんじん）（一一九二〜一二六三）ののちに二つの流れに分派した。そして、鎌倉時代後期、醍醐寺では醍醐寺座主の地位や三宝院および法流（口伝継承の流派）をめぐる争いが発生した。こうした確執の中で、仁王経法の本尊として用いられる仁王経曼荼羅の所有をめぐり、三宝院と報恩院との間で争いが生じたのである。

仁王経曼荼羅はもともと三宝院で保管・継承されていたが、報恩院を拠点とする憲深が醍醐寺座主であった時に三宝院から報恩院に移された。そのため、のちに三宝院を継承した定済（じょうぜい（じょうさい））は仁王経曼荼羅を三宝院に返還してほしいと求め、報恩院との間で相論となった。それほどまでに仁王経曼荼羅の所有に双方がこだわったのは、この曼荼羅がなければ天皇や将軍からの要請に応じて仁王経法を執り行うことができないからであり、まさに法流の発展を

かけた争いであったということができよう。

中世社会において、雨乞い自体は鎌倉時代以降も諸寺によってしばしば行われていったが、醍醐寺の修法の歴史を辿った場合、平安時代に流行した請雨経法から仁王経法へと重心が移っていったことは、桜会の衰退にも少なからず影響を及ぼしたと考えられる。

●桜会童舞装束の質入れ

ところで、桜会において舞童が着用する装束は、三宝院の経蔵に安置されていた。しかし、『桜会類聚』によれば、座主定済は、「寺家累代の重宝」として代々受け継がれてきた桜会の童舞装束を寺外に持ち出して「質物」とし、日野薬師堂（法界寺）や近江国（滋賀県）において損傷した装束が見つかったという。座主の管理下にあるものとはいえ、座主の「私物」ではないとして醍醐寺の僧侶たちは定済を糾弾し、座主の解任を求めた経緯が『桜会類聚』の記事から知られる。そして、弘長二（一二六二）年、定済は醍醐寺衆徒によって武家に訴えられている（弘長二年閏七月「醍醐寺衆徒申状案」『鎌倉遺文』一二―八八四七号）。

いずれにせよ、一方では仁王経曼荼羅に対する強いこだわりが呈され、また一方では童舞装束が「質物」とされたのが事実であったとするならば、請雨経法およびそれと密接な関連をもつ桜会よりも仁王経法の方を醍醐寺の象徴法会として前面に押し出そうとする思惑があったと考えられ、ここに醍醐寺の方向転換の姿が見てとれるのである。

以上のように、神泉苑の荒廃、請雨経法を敬遠する動き、仁王経法への重心の移行、桜会童舞装束の入質といった聖俗にわたる複数の要因が重なって、桜会は中絶へと追いこまれる結果となったのではなかろうか。

「醍醐の花見」から桜会再興へ

永仁年間（一二九三～一二九九）までには消滅したといわれる桜会であるが、その後いかなる経緯を経て現行の「清瀧権現桜会」として復興されるに至ったのであろうか。

『桜会類聚』によれば、三宝院門跡の満済（まんぜい（まんさい））（一三七八～一四三五）は醍醐寺座主に任命された翌年にあたる応永三（一三九六）年に桜会の再興を目指していたようである。しかし、それは実現しなかった。中嶋俊司によれば、「蓋し応永三年は春より東国に平安あり、幕府に於ても是れに晏如たるを許さなかった際であるから、満済准后の計画も遂に頓挫を来したのではあるまいか」という。満済が遺した『満済准后（じゅごう）日記』永享二（一四三〇）年三月一七日条によれば、将軍足利義教らが観桜のために来寺し、満済がこれに対応している。しかしながら、法会の再興には至らな

（図6）義演像（醍醐寺所蔵）

（図7）豊臣秀吉像（醍醐寺所蔵）

かったようである。

その後、満済の遺志を引き継ぎ、桜会の再興を目指したのは三宝院門跡の義演（一五五八～一六二六）であった。義演は豊臣秀吉のために花見を計画・実行し、このことは桜会復興に向けての重要な布石となった。以下、その経緯を見ていくこととしたい。

●「醍醐の花見」と豊臣秀吉

義演が書き遺した『義演准后日記』には、醍醐寺における豊臣秀吉の花見に関する一連の記事がある。慶長二（一五九七）年三月八日条によれば、同日、豊臣秀吉は花見のために突然醍醐寺を訪れ、義演は「仰天」して秀吉を迎えたという。秀吉は境内の桜を堪能した後、寺内の塔婆が「破壊の体」であったのを目の当りにし、修造費用として一五〇〇石を下したという。このように秀吉は醍醐寺伽藍の再興に貢献し、「醍醐の花見」も義演と秀吉との密接な関係性のもとで実現に至った。

慶長三（一五九八）年三月一五日（新暦では四月中旬）に「醍醐の花見」が行われるにあたり、約一か月前から入念な準備が重ねられた。『義演准后日記』によれば、準備の過程は表1のように進められた。

三月六日には桜が少し開花し、九日には桜が咲いているにもか

（図8）「醍醐花見図屛風」（国立歴史民俗博物館所蔵）

（表1）『義演准后日記』慶長3（1598）年 花見関連記事

月	日	天候	日記の記事内容
2月	9日	晴	太閤秀吉が突然醍醐寺を訪れる。桜馬場から三宝院門跡へ直接来て、堂・小座敷・常御所・台所に至るまでことごとくごらんになる。北政所および秀頼が花見をしたいというので、先に（秀吉が）来訪したとのことである。
2月	13日	雨	桜植樹の奉行人が来る。馬場から「やり山」まで350間（約640メートル）あり、そこに桜700本を植えるという。近江国（滋賀県）・河内国（大阪府）・大和国（奈良県）・山城国（京都府）から吉野桜（染井吉野）を植えるという。
2月	14日	終日雨	「桜道」（桜の並木道）を作る。
2月	19日	雨	植樹用の桜が方々より届く。八足門から「やり山」まで左右に植える。
2月	21日	晴	三宝院門跡のために花見用の仮屋を設置する。
2月	22日	晴	前田玄以・増田長盛・長束正家が花見の仮屋等のことを申し付けに醍醐寺に来訪する。
2月	26日	晴	「桜馬場」の葦垣が完成する。道の掃除がなされる。塔の北方に茶屋が完成する。
2月	27日	雨・大風	三宝院門跡のための花見用の仮屋が完成する。
3月	1日	くもり 晩に雨	前田玄以・増田長盛・長束正家が仮屋と「やり山」の様子を見に醍醐寺を来訪する。
3月	6日	雨	桜が少々咲く。花見は3月12、13日頃に行う予定であると知らされる。
3月	9日	晴	前田玄以・増田長盛・長束正家が来訪する。桜がようやく咲く。花見の日程はまだ確定せず。
3月	10日	雨	太閤秀吉が醍醐寺に来る予定であったが、雨により延期になったため、花見の日程が知らされない。
3月	11日	晴	太閤秀吉が醍醐寺を来訪する。先に上醍醐を訪れ、その後、塔の前に舞台・楽屋以下の縄張を当月中に行うよう命じられる。その後、三宝院門跡へ来て食事をともにする。女房衆の花見は14日か15日あたりに行う意向であると伝えられる。
3月	12日	晴	馬場の桜が満開で、方々から人が訪れる。
3月	13日	昼に大雨・ 大風	花見が15日に決定したと連絡がくる。この日は天気が悪く、「珍事、珍事」と慌てる。
3月	14日	くもり 晩は晴	太閤秀吉がお礼のため醍醐寺を来訪する。翌日の花見が決定したので、進上物を持参される。ただし慌ただしいので、また改めて進上するとのこと。日本の諸大名から金銀や樽が進上される。二条昭実・鷹司信房・「上﨟御局」（二条晴良妹）からも金銀を拝領する。
3月	15日	晴	太閤秀吉ならびに女房衆が来訪し、終日花見を楽しむ。路地の茶屋以下の構えも素晴らしく、一事たりとも差し障りとなるできごともなく、無事にお帰りになる。これは「一寺の大慶」であり、「一身の満足」である。三宝院門跡に銀100枚をたまわる。寺へも金銭ならびに菓子折をいただく。
3月	16日	雨	昨日は晴で「太閤御所の御威光が顕然」となり、「奇特」なことであった。お礼のため伏見城へ参賀する。杉原紙10帖と緞子（絹織物）1巻を進上する。色々とふるまわれ、「過分」なことであった。中将殿（豊臣秀頼）へも同様に進物を持参し対面する。お菓子を手ずからたまわる。女房衆もおでましになる。
3月	18日	雨	宇喜多秀家妻よりこのたびの花見の祝賀の申し入れあり。
3月	19日	雨	雨であったが花見にやってくる人々が少々あり。
3月	21日	晴	義演の母や養母その他の一族や、九条家・鷹司家の若い公達が来訪し、終日花見を楽しむ。晩に帰京される。
3月	25日	くもり	去る15日の花見の短冊が届けられる。三宝院門跡に残し置くようにとのことである。太閤秀吉ならびに秀頼・北政所その他の女房衆以下の和歌が多数おさめられた短冊箱である。喜ばしいことである。
3月	27日	晴	短冊箱の「覆の箱」の制作を番匠に命じる。「末代の重宝」である。
3月	晦日	晴	花見の和歌の「序」について二条昭実に相談する。

かわらず花見の日程が決定しておらず、義演は「御花遊覧、今に治定せず」(お花見のことがいまだに確定していない)とやきもきしている。三月一二日は満開になったが翌一三日には大雨・大風で、「珍事々々」との記述からは慌てている義演の様子がうかがえる。しかし、一五日は晴天で無事に花見が行われた(図8)。翌一六日には再び雨で、「昨日天晴れ、太閤御所の御威光顕然たり、奇特々々」と記されており、花見当日まで天候に翻弄されながらも無事実現できたことに安堵する義演の様子が見てとれる。

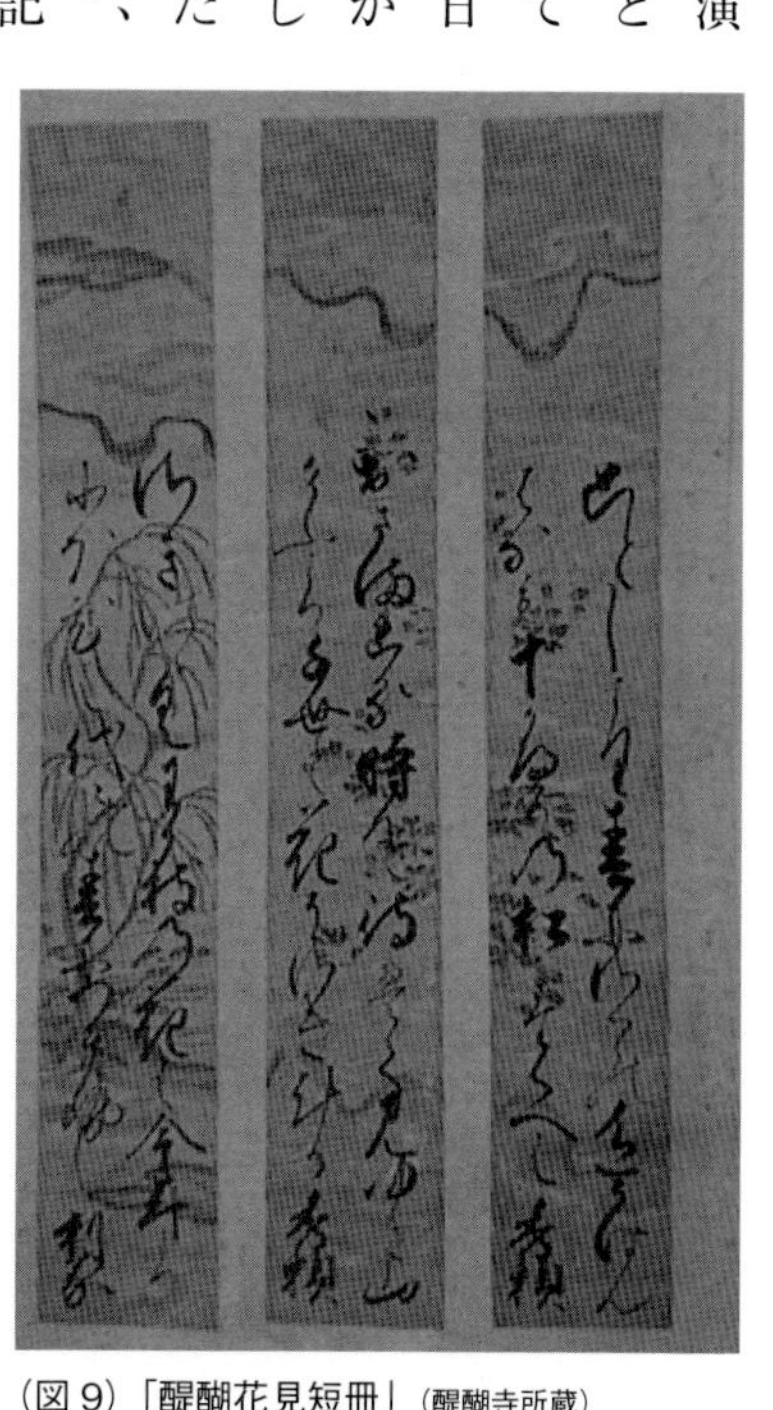

(図9)「醍醐花見短冊」(醍醐寺所蔵)

慶長三年成立の「醍醐花見短冊」図9は、三月一五日の花見の宴に参加した人々が、醍醐寺を主題に詠んだ和歌を短冊にしたためたもので、百名近くの和歌がおさめられている。これは醍醐寺にとって、武家との交流の証にほかならないといえよう。

●桜会復興を望んだ義演

桜会に関する基本史料ともいうべき醍醐寺所蔵の『醍醐寺雑要』・『桜会類聚』は、いずれも義演による写本である。『醍醐寺雑要』の書写は、秀吉が突然花見に訪れた年に行われている。秀吉の来寺をきっかけとして、義演は桜会の再興を意識するようになったのかもしれない。『桜会類聚』の方は、勝賢の代における桜会関係の記事を義演自身が集めたものであり、これは慶長三年の「醍醐の花見」から数年後のことである。花見を通じて武家との交流が深まったことは確かであるが、『桜会類聚』の奥書に「嗚呼(ああ)、何年何月、再興あるべけんや」（ああ、何年何月に再興できるのだろうか）と記していることからすると、義演にとっては花見だけでは満たされないものがあったのであろう。そこで、義演が桜会の再興も含め、僧侶として何を志していたのかを見ていくこととしたい。

●僧侶としての義演の志

義演が公武権力との関わりのもとで第一に志していたことは、応仁・文明の乱で荒廃した醍醐寺の再興であり、具体的には伽藍の再建が課題であったと考えられる。伽藍の再興は豊臣秀吉と義演との密接な関係のもとで進められ、秀吉の支援によって五重塔・寝殿・金堂・二王門・三宝院門跡（金剛輪院）などの再建が実現した。

第二に義演が志したことは真言宗全体の興隆であり、これは義演の晩年にあたる元和九（一六二三）年に真言宗の象徴ともいえる法会「後七日御修法(ごしちにちのみしほ)」の再興という形で実現された。後七日御修法とは空海が鎮護国家のために宮中真言院において創始し、正月八日から一四日までの七日間にわたり、東寺長者が中心となって行われるきわめて重要な祈祷である。このような由緒ある法会であるにもかかわらず、後七日御修法は長禄四（一四六〇）年から約一六〇年間にわたって中絶していた。それが元和九年、義演によって宮中紫宸殿において再興され、醍醐寺には義演の手になる『後七日御修法再興記』が伝来している（「醍醐寺文書聖教」六七二函二〇号）。義演にとって後七日御修法の再興は、真言密教の興隆と布弘を図ることそのものであったのではなかろうか。この後七日御修法は、現在も東寺灌頂院(かんじょういん)で行われている。

このような功績を踏まえるならば、義演にとって桜会を再興することはいかなる意味をもっていたと考えられるだろうか。秀吉による「醍醐の花見」は文化的交流の場ではあったが、宗教性の有無という点から見れば桜会と同質とは言いがたい。醍醐寺の再興と真言宗の盛り立てに尽力してきた義演にとって、桜会は醍醐寺と真言宗および他宗の僧侶、そして醍醐寺と世俗社会との架け橋となる法会にほかならなかったと考えられる。桜をともに賞翫（しょうがん）するだけでなく、「信仰」を共にする人々が一体となることのできる「宗教的空間」として桜会を再興することこそ、義演が志していたことだったのではないだろうか。義演の代に桜会の復興は成し遂げられなかったが、秀吉の「醍醐の花見」を計画・実行し、桜会に関わる書物を書写・撰述したことは桜会復興に向けての道筋をつくる重要な功績であったといえる。

中嶋俊司によれば、「今や醍醐寺は去る昭和五年醍醐天皇一千年御忌奉讃の記念事業として、目覚ましくも一山の復興が企てられつ丶ある。（中略）此時に當り醍醐の櫻會も亦復興の機運に向ひ、既に本年を期して其第一回が行はれた。故に茲に往昔の櫻會に就き資料を蒐録して此會の本格的再興の資としたいと思ふのである」と記されている。このように、昭和八（一九三三）年四月になってようやく桜会は再興された。いつになったら桜会を再興できるのだろうかと義演が歎いた慶長九（一六〇四）年から実に三〇〇年以上経過してからの再興であったわけである。

政治権力との密接なつながりをもつ義演でさえ桜会の再興に至らなかった理由としては、桜会が祈雨の報恩という主旨で行われていた法会であり、平安時代に最盛期を迎えた請雨経法が鎌倉時代以降は下火になっていたことが挙げられよう。醍醐寺僧の請雨経法に対する関わり方に大きく影響を受けたと思われる桜会であるが、醍醐寺の発展の基盤をなした法会であったからこそ、その重要性が再認識され、復興が実現したと考えられる。

おわりに

醍醐寺の桜会は「文化資源」として多彩な側面をもち、様々な角度から国内外に価値や魅力を発信していくことのできる宗教儀礼であろう。ただし、桜会を「文化資源」という枠組みのもとでとらえる場合に軽視してはならないのは、桜や雅楽・舞に彩られた華やかな行事の根底には幾重にも重ねられてきた師弟間の口伝継承と「僧侶としての思い」がある、ということである。仏教継承者としての信仰心があってこそ、醍醐寺の宗教儀礼は時代を超えて今日まで受け継がれてきた。醍醐寺をはじめとする諸寺院が有する「文化資源」は、時代時代の僧侶たちの「祈りの心」と一体となって伝えられてきたものであることを十分に理解し尊重しつつ、「文化資源」として守り、発信していくべきではないだろうか。

参考文献

◎中嶋俊司　一九三三「醍醐之櫻會」『神變』第二八八号　醍醐寺神変社
◎永積安明・島田勇雄校注　一九六六『日本古典文学大系』八四　岩波書店
◎小松茂美編　一九九〇『続日本の絵巻11　弘法大師行状絵詞 下』中央公論社
◎安達直哉　一九九一「『醍醐雑事記』について」『醍醐寺の密教と社会』山喜房
◎小松茂美編　一九九三『続日本の絵巻26　土蜘蛛草紙　天狗草紙　大江山絵詞』中央公論社
◎浅見和彦校注・訳　一九九七『新編日本古典文学全集五一　十訓抄』小学館

◎東寺宝物館　二〇〇〇　図録『弘法大師行状絵巻の世界―永遠への飛翔―』
◎土谷恵　二〇〇一　『中世寺院の社会と芸能』吉川弘文館
◎西弥生　二〇〇八　『中世密教寺院と修法』勉誠出版
◎仲田順和編　二〇一六　『後七日御修法再興記　影印・翻刻・解題』勉誠出版
◎関口真規子　二〇一六　「醍醐寺の史料（二四）醍醐の桜と世上静謐」『神変』No.一二二四　醍醐寺神変社
◎興水多香子　二〇一六　「醍醐寺の史料（二五）義演による桜会の再興」『神変』No.一二二五　醍醐寺神変社
◎藤井雅子　二〇一七　「中世における三宝院門跡と室町幕府」『中世の門跡と公武権力』戎光祥出版
◎サントリー美術館・九州国立博物館　二〇一八　特別展図録『京都・醍醐寺―真言密教の宇宙―』日本経済新聞社
◎西弥生編　二〇一八　『シリーズ・中世の寺社と武士1　醍醐寺』戎光祥出版

コラム2

安祥寺の創建と恵運の入唐

吉岡直人

安祥寺は藤原順子（八〇九〜八七一）の発願により山科に建立された寺院である。入唐八家の一人である恵運が開基僧として招かれている。安祥寺創建の経緯については貞観九（八五九）年に恵運自らが録した『安祥寺資財帳』に詳しい。これによると恵運は承和九（八四二）年から承和一四（八四七）年までの五年にわたり入唐求法の旅を行っていたことが記されている。入唐した恵運は唐の青龍寺義真阿闍梨（あじゃり）から密教を学ぶことを目的の一つに挙げ、大唐青龍寺義真阿闍梨が恵運に授けた法物として「仏舎利九十五粒」などが資財帳にみえており、安祥寺の創建と恵運の入唐が深く関わっていることが理解される。本コラムでは安祥寺創建を恵運の入唐という観点から見ていきたい。

まずは入唐に至る経緯を確認しておこう。恵運は少僧都実恵に密教を学び、天長一〇（八三四）年、筑紫観世音寺講師兼筑前国講師として西海道九国二嶋の僧を統べる地位に就き、寸暇を惜しんで神仏の本質を得ようとしていた。承和九（八四二）年、大唐商人李処人の帰国船に便乗して入唐し、五年間の巡礼求法を経て帰国している。注目すべきは恵運が入唐に際し、海商の船を利用している点である。また帰国にあたっても恵運は張友信という海商の船を利用している。律令国家成立以来、日本から海外への移動は専ら遣唐使をはじめとする国家使節団によって実現されてきた。ところが新羅使の来航は八世紀末に途絶し、承和五（八三八）年を最後に遣唐使も派遣されなくなっていた。これと入れ替わるように東アジア海域を往来したのが海商である。日本への海商来航は弘仁五（八一四）年を史料上の初見として、継続的にみられる。このように恵運は新しい国際交流の波に自ら乗りだしたのである。恵運が海商の船を利用可能であったのは、筑紫観世音寺講師兼筑前国講師として西海道にいたことが大きい。資財帳によると安祥寺の資財の一部は、西海道に頻繁に来着する新羅海商から恵運が購入したものであると記されている。頻繁な海商の来航は北部九州の官吏などと交易を介した紐帯を生みだし、恵運はこのような紐帯関係を利用することで入唐を果たしたのである。

このような紐帯関係に基づく入唐や唐の先進仏教の受容は、国家使節団派遣により国策として行われてきた仏教興隆とは一線を画すものである。堀裕氏によると平安時代の前期は、遣唐使に伴い僧侶を派遣し、国策として日本仏教興隆を目指していた段階から唐の先進文物を選択的に受容する段階へと変化しているという（堀裕 二〇一五）。この点を重視するならば、安祥寺の創建は日本仏教の新たな展開を象徴的に示すものといえるであろう。

（図1）拾遺都名所図会にみえる近世の安祥寺
（京都学・歴彩館 京の記憶アーカイブより）

恵運が録した『安祥寺資財帳』の顕著な特徴の一つに、恵運の自伝的内容について細かに記される点が指摘されている（松田和晃 一九八五）。特に資財帳冒頭の縁起部分に、恵運入唐までの経緯が細かに記されていることは、安祥寺創建に自己の入唐の成果が深く関わっているという、恵運の自負の表れであろう。

資財帳を概観すると藤原順子を願主とする仏像や順子所生の文徳天皇願主の仏像など順子と深い関係を有する人々の御願による仏像、経典、密教道具が多数見えており、藤原順子の御願寺としての性格をよく示している。それと同時に恵運の主体性を読み取ることもできる。先に恵運が筑紫観世音寺講師兼筑前国講師であった時に新羅海商から購入した交易品を施入したと述べた。このほか恵運がもとから所有していたものや造らせたものなど様々な方法で入手したものを安祥寺伽藍にすべて施入したことが資財帳に記される。その上で「太皇太后宮ならびに別人の奉納物、同帳に録し著す」とあり、恵運が施した物を中心に太皇太后順子の奉納物も合わせて書き上げるというスタイルを資財帳は取っているのである。ここからも安祥寺創建にかける恵運の自負が読み取ることができるであろう。

恵運入唐の成果は安祥寺創建に身を結んだといえる。そして恵運が入唐した時代をみると国家使節団派遣の終焉と海商往来の活発化、そして国家的規模での仏教興隆から先進仏教の選択的受容へという時代の転換点にあたっている。資財帳からうかがえる恵運の自負は、新たな仏教興隆の在り方を具現化しているといえるだろう。

参考文献

◎上原真人編 二〇〇七『皇太后の山寺―山科安祥寺の創建と古代山林寺院―』柳原出版
◎堀 裕 二〇一五「平安新仏教と東アジア」『岩波講座日本歴史第4巻 古代4』岩波書店
◎松田和晃 一九八五「安祥寺資財帳について」『日本歴史』四四九

Ⅲ　山科の寺院　執筆者紹介

増渕　徹（ますぶち　とおる）
京都橘大学文学部教授。専門：日本古代史
著作／「平安中後期における貴族と医師」（京都橘大学女性歴史文化研究所編『医療の社会史─生・老・病・死─』思文閣出版、二〇一三年）ほか。

西　弥生（にし　やよい）
種智院大学人文学部講師。専門は日本中世史。
著作／『中世密教寺院と修法』（勉誠出版、二〇〇八年）ほか。

吉岡　直人（よしおか　なおと）
京都府立京都学・歴彩館京都学推進課、京都府立大学共同研究員。専門は日本古代史。
著作／『考証日本霊異記　上巻』〔共著〕（法藏館、二〇一五年）、『考証日本霊異記　中巻』〔共著〕（法藏館、二〇一八年）ほか。

Ⅳ 東山の近代

- 宮川町の成立と近代化
- 琵琶湖疏水利用庭園の成立と展開
- コラム３　京焼・清水焼と登り窯
- 登り窯の受難
- コラム４　清水寺の明治維新

Ⅳ 東山の近代

宮川町の成立と近代化
―京の花街の空間構成―

井上えり子

遊女商売中心の花街の始まり

近世以前において「花街(かがい)」とは、芸妓(げいぎ)が働く茶屋商売や、娼妓(しょうぎ)(1)が働く遊女商売の店が集積する街のことであった。茶屋商売も遊女商売も許可制で、茶屋商売の店に娼妓を置いたり、芸妓を娼妓のごとく働かせることは禁止されていた。

京都にいつ頃から遊女商売中心の花街(傾城町)が形成されたかについてはわかっていない。しかし『京都府下遊廓由緒』(明治五~六年編纂)には、次のようなことが記されている。

大永八(一五二八)年にはすでに傾城屋から税を徴収する役人が存在していた。秀吉時代の天正一七（一五八九）年、あちこちにあった傾城町が一か所に集められ、北は夷川、南は押小路、東は寺町、西は柳馬場を範囲とし「柳町」と呼ばれた。また慶長七（一六〇二）年には、傾城町の場所が移転させられ、東は室町、西は西洞院、北は五条、南は魚棚を範囲とし、「六条柳町」または「三筋町」と呼ばれた。一方で、元和三（一六一七）年には、四条河原町や北野六軒町などで一三か所が、前述の範囲を越えて傾城屋を行ったとして、商売を禁止されている。

寛永一八（一六四一）年、再び傾城町を移転させ、「西新屋敷」と称した。

これが京都で最初に公許された傾城町成立の経緯で、西新屋敷とは「島原」のことである。このように、計画的につくられた島原はその街の空間構成も計画的で、高橋康夫によれば「東西九十九間・東西百二十三間の矩形で、幅一間半の堀が周囲にめぐらされており、堀の内側には土居が築かれていた。（中略）出入口は東側の北よりに一カ所だけ設けられていたが、享保一七（一七三二）年に西側にも出入口が設けられた」という（図1）。

堀をめぐらし出入口の数を制限したのは、傾城町と市中を切り離すためであり、娼妓が逃げないようにするためでもあった。出入口の数を制限する例は江戸吉原など多くの傾城町で見られたが、すべての傾城町が堀や塀を

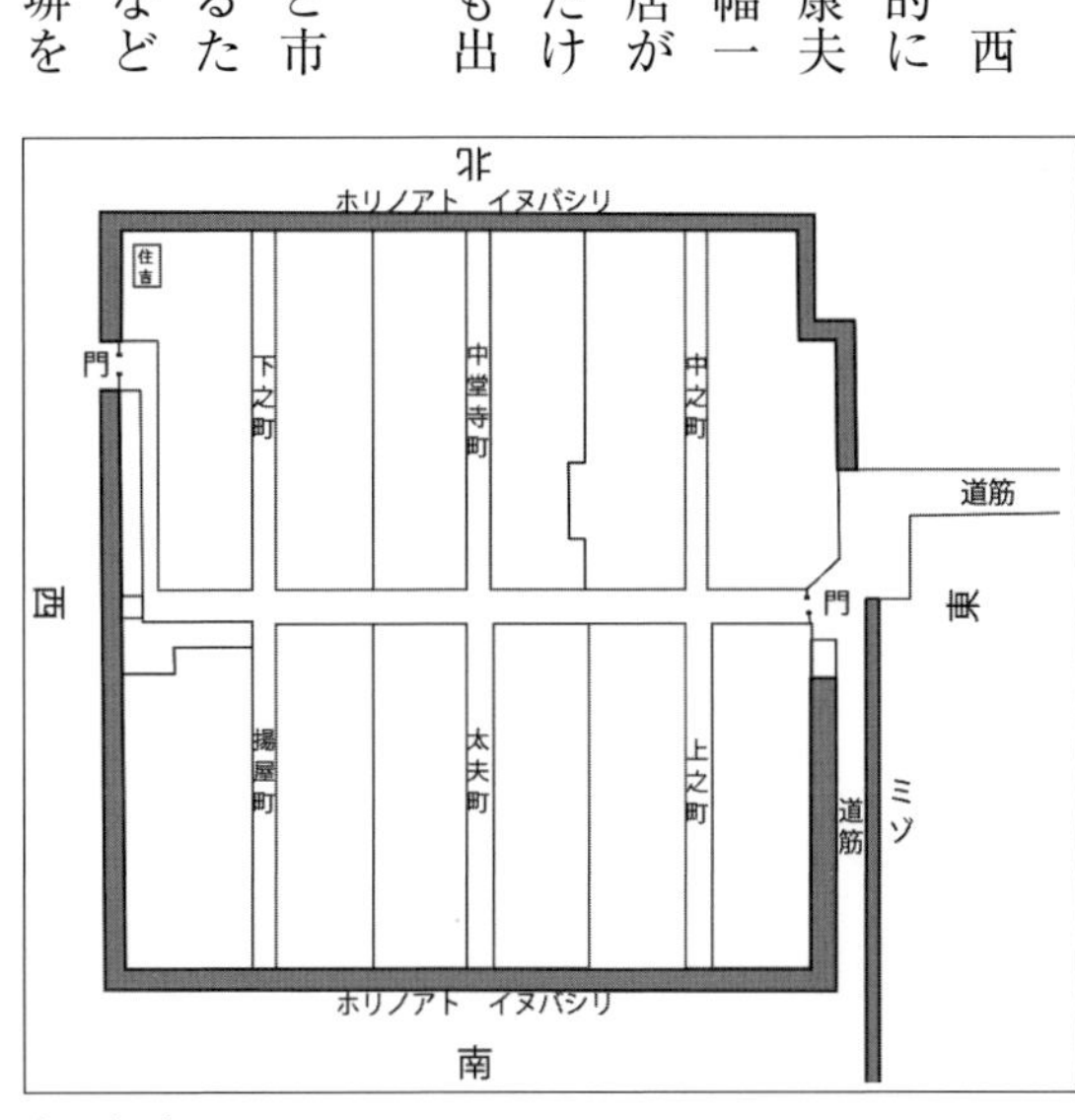

（図1）島原（『京都府下遊廓由緒』を元にリライト）

全面にめぐらす大工事を行うわけではなかった。例えば長崎丸山は、寛永一九（一六四二）年に市中の傾城屋を丸山に集めたことが傾城町としての始まりとされ、出入口が制限されていたものの（図2）、堀の代わりに川や崖（高低差）といった微地形が利用された。具体的には『丸山遊女と唐紅毛人』に、「丸山は、一方には小島の丘、又一方には稲荷嶽の岡に囲まれて、一つの低き窪みになってゐた。（中略）それで、小島の丘、稲荷嶽の岡と隣接する辺は、寄合町上手を除き、殆ど悉く崖をなしてゐる。（中略）もと遊郭は、崖にて境をなす処を除き、土塀を以て囲まれてゐた」と微地形をうまく利用した様子が記述されている。これらの微地形・築造物の中には、娼妓が本気で逃げ出そうと思えば逃げられそうなものもあるが、花街のウチとソトを心理的に厳然と分けていたのであろう。そしてこれらの事例に共通するのは、成立に計画性が認められる点である。

茶屋商売中心の花街の始まり

茶屋商売は、京への見物客や社寺への参詣客に対し、湯茶を提供したのが始まりとされる。室町時代には、東寺や北野社、祇園社の門前に「一服一銭」の店が存在していたことが文献・絵画史料からわかっている。その

（図2）長崎丸山花街。中央やや左の下端にある濃い瓦屋根は「二重門」で、ここから出入りした。左側は崖となっている。（国立国会図書館デジタルコレクション『肥前崎陽玉浦風景図』より）

業態もさまざまあり、天秤棒天秤棒を担いだ立売や、露台に傘をかけただけの店、小屋に粗末な屋根を掛けた店などがあった（図3）。それらの中から、女性が給仕をする店が現れるようになり、江戸時代には彼女たちは「茶立女」「茶汲女」等と呼ばれるようになった（図3(3)）。そして茶立女・茶汲女は、芸妓や娼妓を意味するようになっていったという。

茶屋株（茶屋商売の営業権）を最初に公許された花街「上七軒」の始まりについて、前掲『京都府下遊廓由緒』では次のように書かれている。

> 室町時代、北野社造営の際に残った木材で七軒の茶屋が建てられた。太閤秀吉が北野社の「右近馬場」へ遊覧に来たおりに、七軒の茶屋が休憩所として使われた。このとき、名産品であるみたらし団子が差し出されると秀吉はこれを誉めて、山城国内の法会が催される場所に店を出すことを許した。この由緒から、徳川時代に板倉周防守所司代によって茶屋株が公許された。

このとき秀吉が誉めたのは、みたらし団子そのものだったのか、女性たちのもてなしも含まれていたのかはわからない。しかしこのエピソードは、

(1) 立売り（『観楓図屏風』（部分）〔16世紀〕、東京国立博物館蔵、Image：TNM Image Archives）

（図3）茶屋の起源

(3) 小屋に粗末な屋根の茶屋（『東山遊楽図屏風』（部分）〔17世紀〕、メトロポリタン美術館蔵）

(2) 露台に傘をかけた茶屋（『北野・祇園社遊楽図』（部分）〔17世紀〕、個人蔵、『茶の湯絵画資料集成』平凡社、1992年より）

上七軒が最古の茶屋株公許の花街の根拠とされるとともに、上七軒の名前の由来ともなっている。

次に「祇園」の始まりについて、『京都府下遊廓由緒』では以下のように記されている。

元和年間（一六一五〜一六二四）の頃より、祇園社への参詣客および東山見物遊客を目当てに、水茶屋、煮売茶屋、料理茶屋等には、茶汲女あるいは茶立女、酌取女等と呼ばれる娼妓の類の女性たちがいた。承応年間（一六五二〜一六五五）の牧野佐渡守所司代のときに、洛中洛外の娼妓の類を取り調べ、以後、娼妓に紛れることのないよう茶屋一軒につき茶立女一人ずつ置くことを許した。

このように、湯茶や団子、簡単な食事を提供する茶屋、およびそこで働く女性が、現在のお茶屋および芸妓のルーツであるとされている。

宮川町の歴史

「宮川」という地名の由来について、元禄三（一六九〇）年出版の『名所都鳥』では、「四条河原。祇園社の前にあるゆえに名づけられた」とし、また『京都坊目誌』には「宮川は賀茂川の一名である。一町目は四条通から数え始める」とあり、祇園社や鴨川に関連する神聖な場所として記述されている。

宮川町周辺地域（新道元学区）の沿革について、『京都市學区大観』（昭和一二年刊）には次のような内容が書かれている。

元弘年間から建武年間（一三三一～一三三八）に起きた争乱はこの地に集中して、ついに六波羅探題が陥落し、昔日の壮観は一瞬にして夢と化した。その後、長い間復興されることはなく、応仁の乱（一四六七～一四七八）によりさらに荒廃し、建仁寺境内以外はすべて耕作地となった。豊臣秀吉が行った京の都市改造の際にも、洛外であることからこの地は復興されることがなかった。徳川時代に入って、鴨川沿岸の地が四条河原と呼ばれるようになり、幕府の直轄領となった建仁寺門前がまず開発された。寛文・延宝期（一六六一～一六八一）を経て、宝永・正徳期（一七〇四～一七一六）にいたってようやく市街地となった。

このように江戸期に入るまで、宮川町およびその周辺は開発されずに取り残されたうら寂しい地域であった。しかし元和年間（一六一五～一六二四）、四条河原東岸に七軒の芝居小屋が公許されると（うち一軒は南座）、鴨川東岸の四条通界隈は一変する。寛文五（一六六五）年に発刊された『京雀』には、「祇園町南北側（四条通の両側）に茶屋や旅籠屋が並び、客の絶えることがない」と、当時の賑わいぶりが記述されている。さらに市街化は、宮川町の北側（四条通側）からだけでなく、東側（建仁寺側）からも進んでいった。「建仁寺西門前敷地畑改絵図」の寛永二〇（一六四三）年図によれば、建仁寺門前である建仁寺町通（現・大和大路通）沿いにはすでに住宅地が形成されていた（図4）。ただしその裏（西側）は藪地で、さらに南北に流れる水路（現・新道通）の西側（現・宮川町）は耕作地であった。寛文六（一六六六）年、宮川町通が開通する。これにより宮川町通沿いも市街化されていったと思われる。また、同絵図の宝永八（一七一一）年図には、宮川町通両側に町家が建ち並んでいたことが記されている（図5）。

その後の宮川町に関する記述を文献史料から拾うと、『月堂見聞集』の享保八（一七二三）年五月二日の記事に、宮川筋四町目から出火した火事の類焼記録があり、「宮川筋四町目は、通りの両側とも残っていない。類焼した住宅数三十二軒、借家数百三十軒、合わせて百六十二軒（火元の住宅を含む）。宮川筋三町目は、通りの両側合わせて七軒半が類焼した。借家は十三軒、合わせて二十軒半」と記されている。

この火事の記事から、宮川筋三・四町目だけで一八二軒半もの住宅が焼けたこと、言い換えれば享保年間に、この地にそれだけの数の住宅が建っていたことがわかる。ちなみに宮川筋三・四町目は、明治一〇（一八七七）年の地籍図で一三九筆、現在（二〇一九年）は一二一筆の土地（マンション、駐車場等をそれぞれ一筆としてカウント）を数えることができ、享保期にどれだけ高密化していたかがわかる。

また『月堂見聞集』享保一六（一七三一）年一一月一〇日の記事は、南北に流れる水路の位置に新道通が開通し宅地開発がなされたことを示しており、宮川町通への抜け道や木戸ができるなど、この記述から宮川町界隈が町として整いつつある様子がうかがえる。

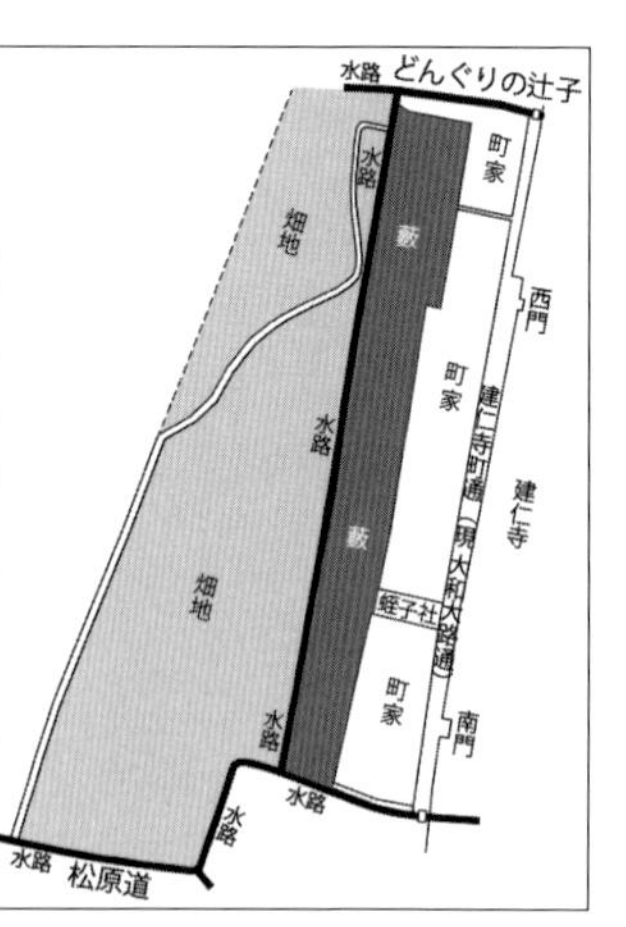

（図4）寛永二〇年の宮川筋二～五町目
（「建仁寺西門前敷地畑改絵図」を元に深田智恵子氏が作図した図を、簡略化し実際の地形に合わせリライト）

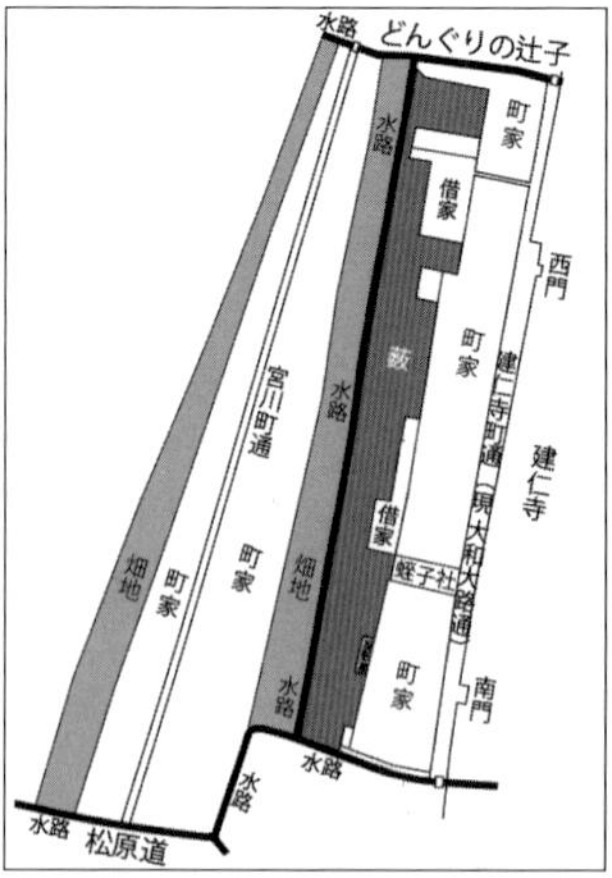

（図5）宝永八年の宮川筋二～五町目
（「建仁寺西門前敷地畑改絵図」を元に深田智恵子氏が作図した図を、簡略化し実際の地形に合わせリライト）

ところで丸山俊明によれば、「享保六年（一七二一）五月の触書は、洛中の下立売・三条・四条・五条・

松原・七条・寺町・川原町・東洞院・烏丸・油小路・大宮の各通りや、洛外の渋谷・伏見街道、建仁寺町の通りについて、一部または全部の木戸門に終夜開放を定め」たという。その理由について丸山は、これらの通りに夜間も「昼間と同じ都市交通を確保」するためとしており、この時期の宮川町周辺は、宅地化されたというだけでなく、京都市中の中でも特に往来の多い地域であったことがうかがえるのである。

宮川町花街の始まり

宮川町に花街が成立された時期について、前掲『京都市學区大観』には「寛延四年、宮川町の遊里を開いてから繁華殷賑の境域となった」と記されている。また『京都府下遊郭由緒』には、「宝暦元年五月に宮川筋一町目から六町目まで、十年を限りとして茶屋株が差し許されたが、徐々に年限の継続を願い出て許可を得た」と記述されている。二つの記事は、「寛延四年」と「宝暦元年」で、一見、異なる年を示しているように見えるが、西暦ではどちらも一七五一年を指す。

『京都府下遊郭由緒』が示す通り、一七五一年は公許の年であるが、公許以前からその場所には、実質的な（非公許の）花街の存在があったことは自明であろう。そこで宮川町花街の公許以前の姿を見ていくこととする。

●公許以前の宮川町花街

前述の通り、寛延四（一七五一）年に茶屋株が公許されたとき、「宮川筋一町目から六町目まで」が宮川町花街の区域とされたが、この区域は公許以前、一体に発展したわけではなかった。まず宮川筋一町目は、宮川町花街の中で最も早く寛文六(一六六六)年に祇園新地の「外六町」として公許された。寛文六年といえば、ちょうど宮川町通が開通した年で、二町目以南(図4参照)はまだ開発が始まったばかりだった。その頃すでに一町目は公許される状態にあったのだ。

また延宝三(一六七五)年版の『洛陽東山名所鑑』では、宮川町が三領域に分かれていたことを確認できる(図6)。宮川筋一町目のほうは祇園社への参拝客や芝居小屋を訪れる客向けの水茶屋風の店が建ち並ぶ様子が見て取れるのに対し、宮川筋二町目から五町目は開発が進み町としての体裁が整った状態、六町目以南はまだ田畑が残っている段階である。

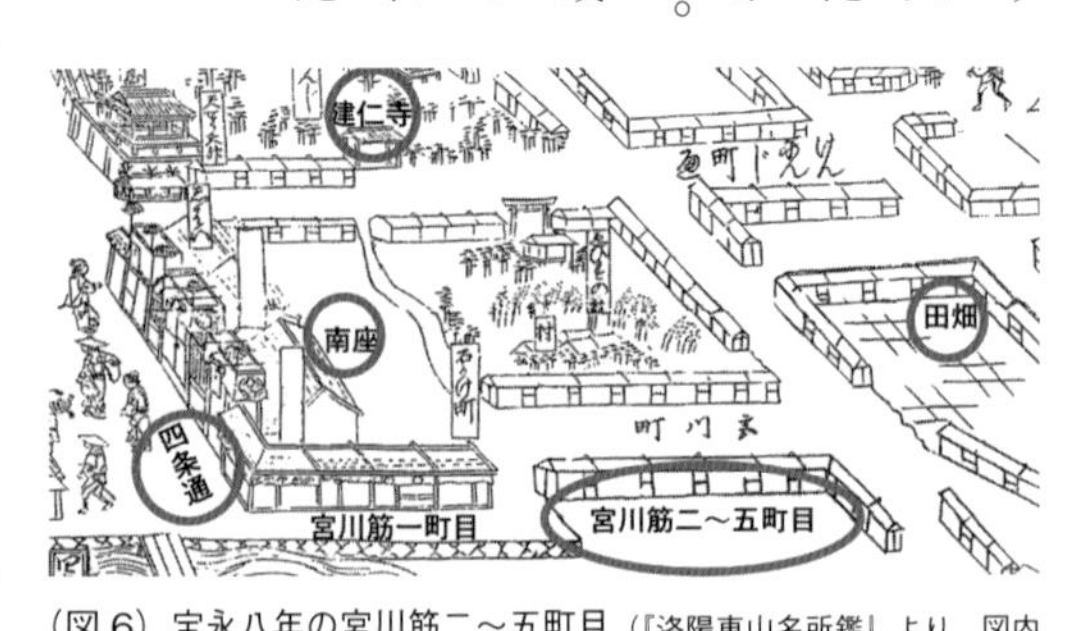

(図6) 宝永八年の宮川筋二～五町目(『洛陽東山名所鑑』より。図内ゴシック文字は筆者による加筆)

●宮川町花街三領域の成立時期とその性格

表1は宮川町花街の三領域に関する記事を、領域ごとに分けて時代順に並べたものである。この表により、各領域の成立時期とその性格を推定すると次のようになる。

(1) 宮川筋一町目

宮川筋一町目は、元和期(一六一五～一六二四)から寛文期(一六六一～一六七三)頃までには成立したと考えられる(表1内❶)。さらに言えば、少なくとも一部は寛文六(一六六六)年までに、祇園新地の外六町として成立していた。南座と接する立地から、元和期に南座を含む七軒の芝居小屋が公許されたこ

（表１）宮川町に関する記事

和暦	西暦	記事の内容			根拠史料	開発時期
		宮川筋一町目	宮川筋二～五町目	宮川筋六町目		
元和年間	1615～1624	四条河原東岸に７軒の芝居小屋が公許。うち１軒が南座。			歌舞伎事始	
寛文5	1665	祇園町南北側に茶屋や旅籠屋が並ぶ			京雀	❶
寛文6	1666		宮川町通開通		京都市の地名	
寛文6	1666	祇園新地外六町として茶屋株が公許			京都坊目誌	❷
延宝2	1674	宮川筋一～五町目までは成立しているが、六～八町目は建て揃っていない			荻野家文書	
延宝3	1675	茶屋風建物が並ぶ様子が図示される	町家風建物が並ぶ様子が図示される	田畑が広がる様子が図示される	洛陽東山名所鑑	
貞享2	1685	遊女を隠し置いていた茶屋が摘発される			京都御役所向大概覚書	
貞享5	1688		「ぶたい子、かげ間、野郎のすみか」と表現		諸国色里案内	
正徳2	1712			「西河原町より下宮河町」を通って鴨川まで堀を通した	金屋町文書	❸
正徳4	1714	「石垣町」と表現	「宮川町」と表現	新地が開かれた	都名所車	
享保4頃	1719	宮川筋一町目の旅籠屋数37軒			京都御役所向大概覚書	
享保8	1723		火事により182軒半の家が焼失する		月堂見聞集	
享保8	1723		団栗の辻子にて素人の私娼30人が摘発		月堂見聞集	
享保16	1731		新道通の開通		月堂見聞集	
寛延4	1751	**10年の年限付きで茶屋株の公許**			京都市學區大観，京都府下遊廓由緒	
天保11	1840	祇園新地の一角として図示される			祇園新地細見図	

と、それに伴い四条通の南北に茶屋や旅籠屋が建ち並んでいたことから、外六町の一部として茶屋株が公許されていた宮川筋一町目もまた、当時すでに茶屋商売が行われていたのは間違いない。したがってその性格は、芝居の見物客目当てに自然発生した花街と思われる。

（2）宮川筋二〜五町目

宮川筋二〜五町目は、建仁寺による宅地開発が行われた寛文期から延宝期（一六七三〜一六八一）頃に成立したのではないかと思われる（表1内❷）。その性格として、貞享五（一六八八）年発刊の『諸國色里案内』は、「ここはぶたい子（＝身を売る歌舞伎の若手役者）、陰間（＝男娼）、野郎（＝身を売る歌舞伎役者）のすみか」と表現している。

このような記述の存在から、宮川町花街には長い間、「陰間茶屋が多かった」というイメージが定着してきた。しかしながら、そのイメージは宮川筋二〜五町目内の一部のものであり、宮川筋一丁目も同様だったかは疑問である。少なくとも天保一一（一八四〇）年に発行された『祇園新地細見図』を確認すると（宮川筋一丁目は祇園新地の一部として掲載されている）、

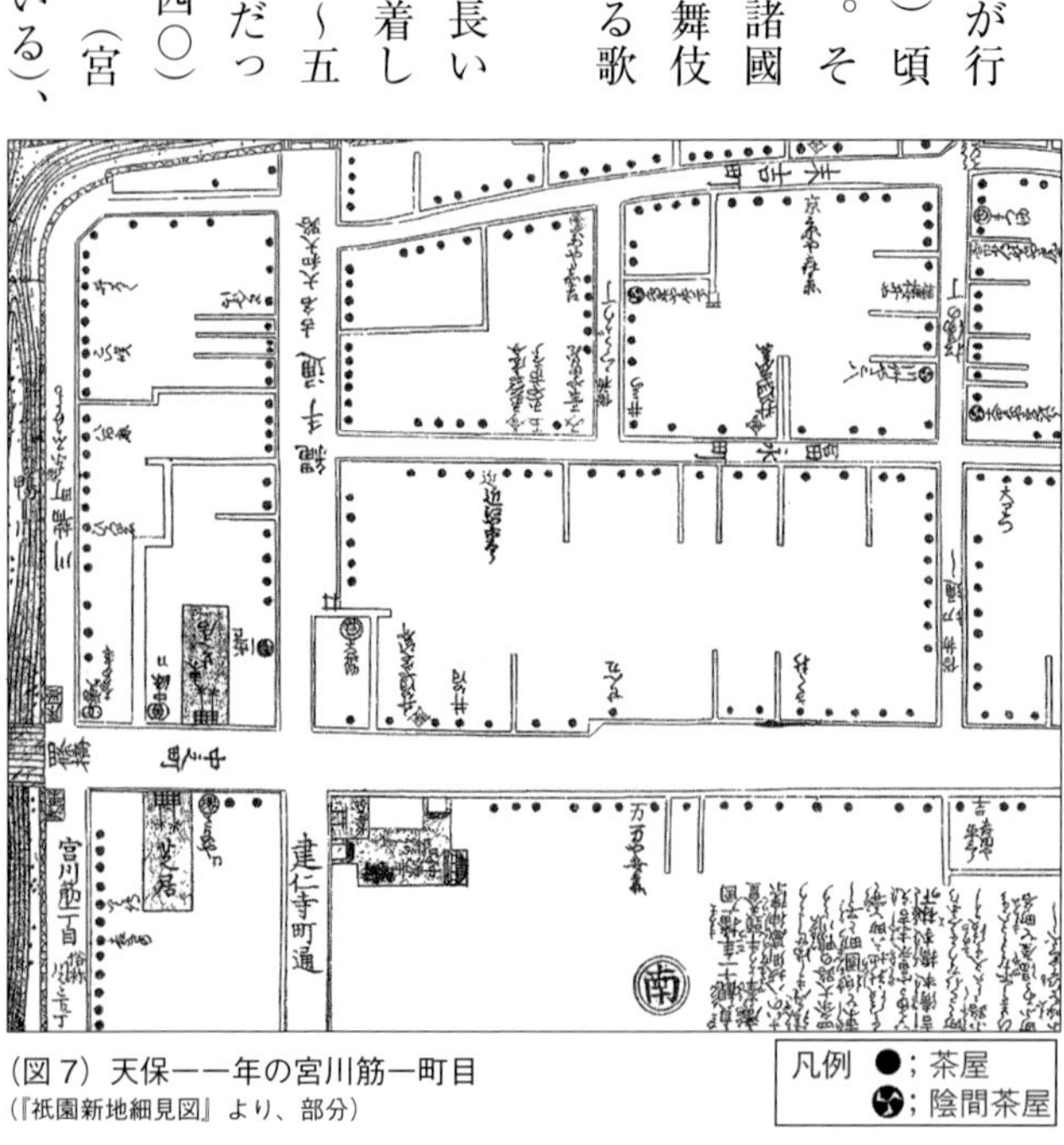

（図7）天保一一年の宮川筋一町目
（『祇園新地細見図』より、部分）

凡例 ●；茶屋
㊋；陰間茶屋

宮川筋一丁目に一二軒の茶屋の存在を確認できるが、その中に陰間茶屋は存在しない（図7）。

また、宮川筋二〜五町目では遊女商売も行われていたと思われる。なぜなら、前掲『月堂見聞集』の享保八（一六九一）年一〇月一八日記事に、どんぐりの辻子（現・団栗通）付近にて無許可で商売をしていた三〇人余りの素人の私娼が摘発され、手配師の四人は伏見や大津等へ追放され、私娼の娘たちは親元に返されたという内容が記録されているからである。そんなに大勢の女性の私娼が団栗通に立ったのは、その周辺（宮川筋二〜五町目）に遊女商売の店があり、そこへ通う客目当てだったからと思われる。

前述の通り、秀吉時代、遊女商売の店は一か所に集められ移転を繰り返し、寛永一八（一六四一）年に島原の地に傾城町が定められた。しかし島原は、市街地から少し離れた場所にあったことなどにより、元禄期（一六八八〜一七〇四）を境に徐々に廃れていったとされる。宮川筋二〜五町目の開発および隆盛はちょうどその時期、すなわち近場に歓楽街を求めた人々が、島原から離れつつあった時期にあたっていたのである。

その後、島原以外でも正式に遊女商売が認められるようになったのは寛政二（一七九〇）年のことで、それも祇園町（および祇園新地）、上七軒、二条新地、七条新地の四か所、それも一か所につき二〇軒のみであったというから、寛延四（一七五一）年に宮川町に茶屋株が公許されるまでは、茶屋商売も遊女商売も無許可での営業だったことになる。

（3）宮川筋六町目

宮川筋六町目は、他の二領域と比べると関連する記述は少ない。最も古い史料として、『荻野家文書』に延宝二（一六七四）年の時点で「未だ住宅が建て揃っていない」との記述がある。これは前掲『洛陽東山名所鑑』の図の様子とも一致する。その性格についてうかがい知れる記述は見つけることができなかった。ただし『金屋町文書』正徳二（一七一二）年一〇月の記事として、新しく家が建ち並んだ地域の水はけが悪かったので、西川原町から宮川筋六町目と七町目の境を通る水路を掘り、公道（現・柿町通を指すと思われる）を通って鴨川へ抜ける水路をつくったこと、水路の何か所かに蓋をして歩行空間を確保したこと、これでこの地は新しい町内としてずっとやっていけるだろうという内容が記されている。そのため六町目は、正徳期（一七一一～一七一六）頃に成立したのではないかと推測する（表1内❸）。そして水路を掘ったことにより、宮川筋六町目は北側（現・松原通側）と南側（現・柿町通側）に水路をもつ空間構成となった。

●宮川町花街と水路との関係

これまでの史料により、宮川町は水路が多い土地であったことがわかる。そこで改めて、水路がどのように流れていたかを絵図史料により確認する。

図8は、享保一六（一七三一）年と推定されている宮川町周辺の絵図をもとにリライトしたものである。宮川町通沿いで、どんぐりの辻子（現・団栗通）から松原通がちょうど宮川筋二～五町目にあたる。宮川町通両側の「町家」とは、これまでの史料から遊女商売等の店と思われる。

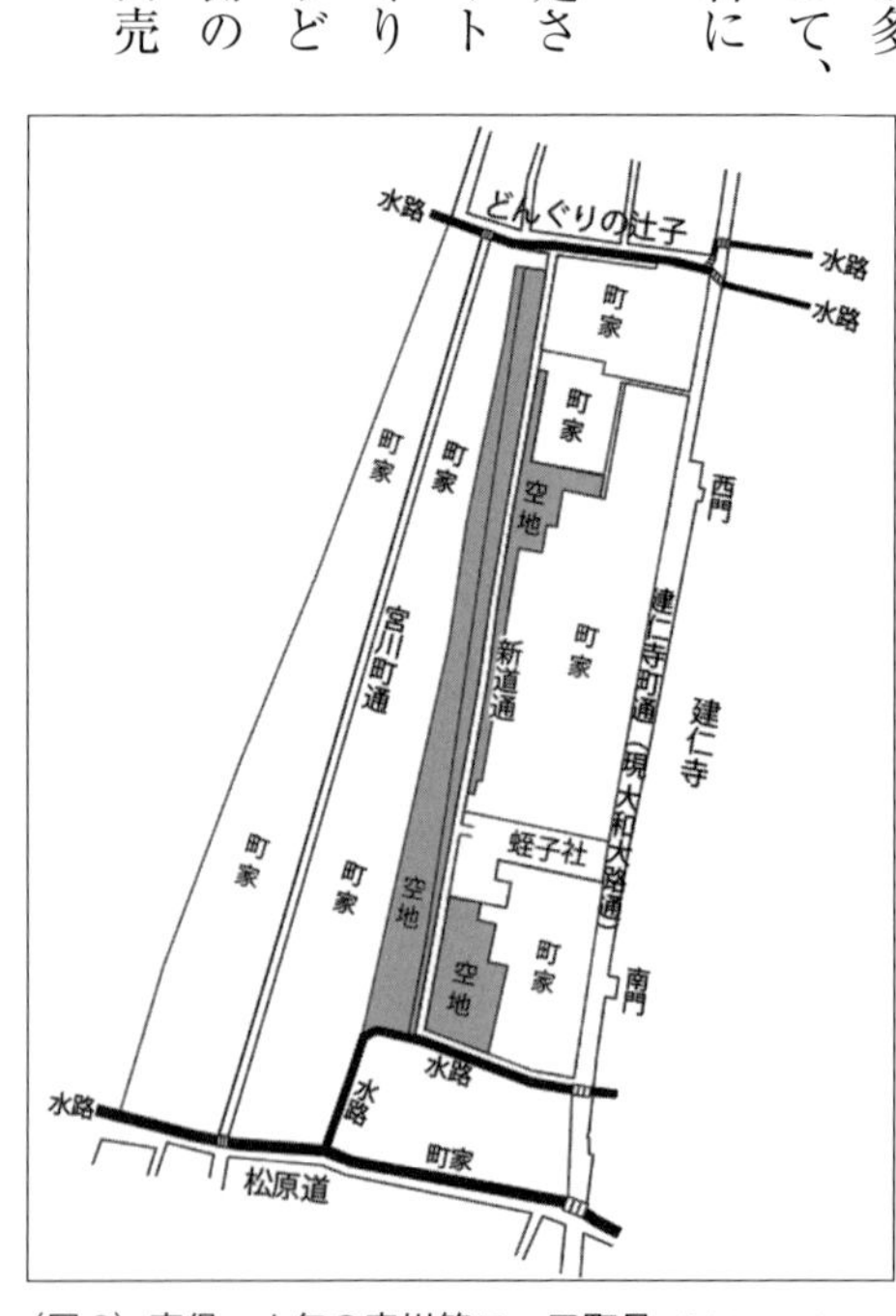

（図8）享保一六年の宮川筋二～五町目（「享保一六年九月一五日 奉行所宛 定恵院・推雲軒差出奉願口上願　道筋絵図」をもとに深田智恵子氏が作図した図を、簡略化し実際の地形に合わせリライト）

宮川筋二～五町目内での移動は、もっぱら宮川町通を使用することになる。また、宮川筋二～五町目以外の地域へ出るためには、どんぐりの辻子の水路にかかっている橋あるいは松原通の水路にかかっている橋を渡らなくてはならないことがわかる。

つまり宮川筋二～五町目は、島原のように計画的に堀を巡らせたわけではないが、もともとの微地形により傾城町的な花街をつくる素地があったと考えられる。

島原以外での遊女商売が禁止されていた当時、計画的につくられた島原が、市街地と離れた立地であるがゆえに衰退し、入れ替わるように新しく開発された宮川町が隆盛を極め、さらには公許までされていく背景には、宮川町特有の水路が多く出入りを監視しやすい微地形が関係していたのではないかと筆者は考えている。

宮川町花街の近代化

●花街の近代化

花街の近代化は、明治五（一八七二）年の太政官布告第二九五号「芸娼妓解放令」をきっかけに始まる。これにより茶屋商売・遊女商売を経営している者は、人身売買の形で芸娼妓を雇い入れることが禁止され、芸娼妓の借金は帳消しとされた。「芸娼妓解放令」は、芸娼妓自らの意思であればそのまま続けることを禁じるものではなかったが、京都府知事は国の方針に呼応して「大いに遊所を改正する」とし、その理由は「海外諸国より野蛮な国として賤しめ侮られる」ためで、「都の地であるから、他の地方に先んじて風俗・習慣を文明化する」とした。これを機に京都の花街は、近代的な組織へと変革することが求められた。

それにいち早く対応したのが祇園（下京第十五区：明治一四年に「祇園東」が独立して「祇園甲部」となる）である。他の花街は、この後も含め、祇園を後追いするため、行政や新聞記事の記録が少ない。そこで本節では、しばらく祇園の動きを追うことで京都花街の近代化の様子を概観する。

京都府の方針を受け、祇園は芸娼妓を自立させるための会社（婦女職工引立会社）を設立したいと同年同月のうちに「下京第十五區遊女藝者券番所」の名で願い出た。婦女職工引立会社は、「会社」と言いつつも教育的な要素の大きい組織であった。教授された内容は衣服裁縫・養蚕・紹刺（日本刺繍の一手法）・琴や三味線の弦の製作・糸組物・鹿の子絞り等、婦女向けの職工であった。一方で、芸娼妓を自立させることが設立の目的としつつも「婦女職工引立會社取立願書」の設立趣旨には「芸娼妓の仕事も営みながら余暇に婦女の職工をおこなうことで、少しでも国の富強の役に立ちたい」とも書かれており、結局は芸娼妓の仕事を行うことを前提としていた。

明治五（一八七二）年一〇月に提出された願書は、京都府から一一月に認可された。下京第十五区遊女芸者券番所は並行して、婦女職工引立会社建物（女紅場）を建設する土地の払い下げを府に願い出ており一二月に認可、建仁寺の元境内地を取得した。この土地は、明治五年に建仁寺が京都府から上地させられたものであった。

明治六（一八七三）年、祇園町南側地区の主要道路となる花見小路が開通した。のちの祇園甲部への入口となる四条花見小路南東角には、以前からお茶屋万亭（一力亭）が存在していたが、その場所を女紅場に明け渡し、自身は八坂神社南側に移った（図9）。当時の万亭主人杉浦次郎右衛門は、下京第十五区の区長として女紅場竣工の届出も行っているので、無理やり移転させられたというよりは、むしろ進んで移転したと考えるべきだろう。

その後、明治六年三月一一日には開業式が執り行われた。また明治九（一八七六）年には、府の方針により「下京第十五區婦女職工引立会社」は「下京第十五區遊所女紅場」と改称、さらに明治一四（一八八九）年九月には「八坂女紅場」と改称した。

また女紅場の周辺には、その他に、芸娼妓専用の病院や製茶所、養蚕所などの建物が建ち並んだ。芸舞妓専用病院が設けられたのは一般の患者と分けるためであり、当時の感覚として芸娼妓はまだまだ一般の人々とは分けるべき存在であったことを示している。一方で図9を見ると、「製茶所」の箇所に「小田〔織田：筆者注〕有楽斎好みの茶室で芸妓が茶道の点前をしながら茶を売る」と書かれており（図9内文字）、芸妓が伝統技能を継承する存在であることをさりげなくアピールしている。

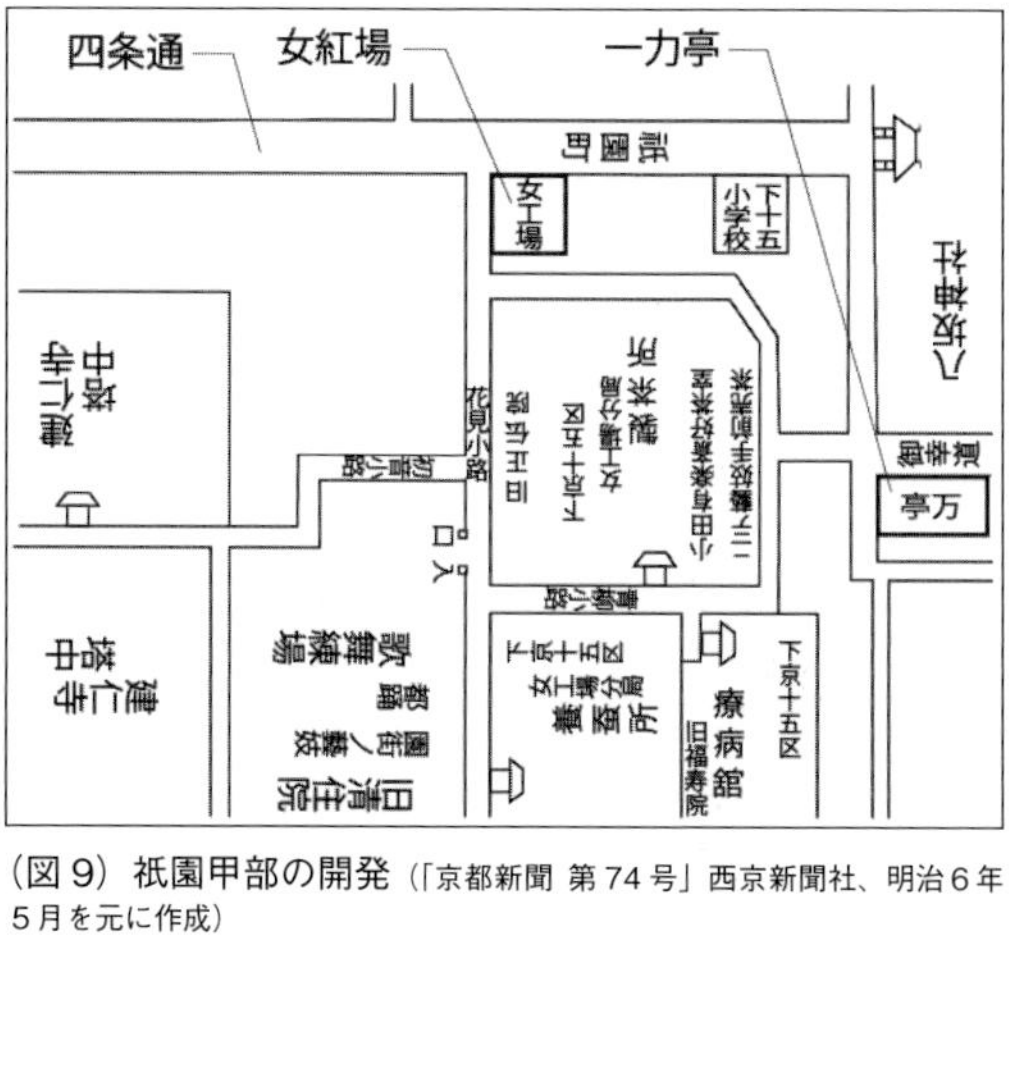

このように祇園では、有力茶屋の万亭を他所へ移らせてまでも女紅場を四条通沿いの好立地に置いた。そしてそれは歌舞練場の新築よりも優先された。また、芸妓が茶道の点前をすることを一般の人々に見せることで、花街に対するイメージアップを図った。つまり当時の花街にとって、芸娼妓への教育と、芸妓が伝統芸能継承者であるというイメージ戦略が、近代化していくために重要だったと言える。

（図9）祇園甲部の開発（「京都新聞 第74号」西京新聞社、明治6年5月を元に作成）

●宮川町花街の近代化

明治期に入ると京都府は、宮川町の範囲を改めて確認し、八ケ町が官許された。八ケ町とは、『京都府下遊郭由緒』付図（明治五年）によれば、宮川筋一町目・宮川筋二町目・宮川筋三町目・宮川筋四町目・宮川筋五町目・宮川筋六町目・宮川筋七町目・西御門町である。当時の茶屋の数は、宮川筋一町目が三三軒、宮川筋二町目が二九軒、宮川筋三町目二三軒、宮川筋四町目六四軒、宮川筋五町目八軒、宮川筋六町目一三軒、宮川筋七町目二軒、西御門町二九軒の計二〇〇軒であった。そして宮川筋一町目と宮川筋四町目は、建物のほとんどが茶屋であった。また、『京都府下遊郭由緒』に記された茶屋経営者と、明治一〇（一八七七）年の地籍図に記された土地所有者とを比較すると、茶屋経営者が土地所有者であることは少ないことがわかる。これは、茶屋経営者の多くが女性で、土地・建物所有者はその旦那（パトロン）というケースもあったと考えられるが、複数の茶屋に土地を貸している地主の存在もあった。特に下京第二十一区の弓矢町に住む寺田五郎兵衛は、一〇軒以上もの茶屋に土地を貸していた。

宮川町においても、祇園同様、明治六（一八七三）年に、「下京第二十區婦女職工引立会社」が設立され（図10）、明治九（一八七六）年に「下京第二十區遊所女紅場」と改称した。場所は二町目で、当時すでに建っていた券番（けんばん）施設内の一部を使用したとされるが、『京都府下遊郭由緒』付図や地籍図においてその場所を見出すことはできない。つまり、女紅場（および券番）もまた個人の地主に土地を借りていた可能性が高い。

そもそも、明治五（一八七二）年一〇月に「芸娼妓解放令」が交付され、その翌年には、祇園を追いかけるように各花街は婦女職工引

（図10）下京第二十区婦女職工引立会社（京都学・歴彩館所蔵）

立会社を設立している。祇園のように、新築しているのに明治六年二月には竣工、三月に開業などというスピードで進められることのほうが特異であり、多くの花街は、婦女職工引立会社の設立を急ぐために、借地や他の施設との兼用等で間に合わせたというのが実情であろう。つまり、ほとんどの土地を京都府から払い下げられた祇園とは異なり、宮川町の近代化は土地の確保が大きな課題となった。

宮川町では、前述の通り、女紅場設立当初は当時すでに建っていた券番施設の一部を使用していたが、明治一〇（一八七七）年になると女紅場の建設（新築）に乗り出した。当初は、同地での建て替えを考えていたようであるが、手狭なため計画を途中で中止し、新たな土地の取得を目指した。この経緯についての詳細な史料を見出すことはできないが、紆余曲折があったことはうかがい知れる。というのも、明治一〇年の宮川筋五町目の地籍図を確認すると、所有者として「女工場區中」と記された土地があることから、一時期、この地での建設を計画していたと思われるのである。しかし最終的には、宮川筋四町目に建設されることとなった。

明治一三（一八八〇）年六月二〇日、新しい宮川町女紅場が開業した。当時の新聞記事には、二階の広間で開業式が行われたと記されている。

ところで、この女紅場が他の花街女紅場と違っていたのは、まず一般家庭の女子を受け入れたことである。本来、芸娼妓と一般婦女子の女紅場は分けられていた。坂本智恵子によれば、宮川町女紅場においても、東棟（元新道小学校の敷地）は一般家庭の子、西棟（ほぼ現在の歌舞練場の敷地）は芸娼妓のための校舎でと分けられていたという。

宮川町女紅場はまた他の女紅場に比べ、一般教養の授業が多かったことも特徴であった。一般の女紅場では、女子が対象ということもあり、その教育内容は裁縫等の科目に偏っていた。一方で宮川町女紅場は学問重視であった。

明治三三（一九〇〇）年、女紅場に検黴所が新築された。所内に医師を常駐させ、一四台の洗濯機が置かれる等、衛生面の向上が図られた。この取組みも、他の花街にはない新しいことだったようで、以後、他の花街でも同様の取組みがなされたという。

明治三〇（一八九七）年、宮川町に最初の歌舞練場が建設される。建設計画が発表された当時の新聞記事には、「同町の歌舞練場設立についてはいろいろな議論があったが、ここに至ってようやく決定し、下京元二〇組の旧鴨東幼稚園を買収して同所に修繕を加えて組合員の会議室、応接室、並びに歌舞の練習場にあてる」と、その具体的内容が記述されている。当時、隣接地には券番と女紅場の一部（西棟）が建っていたが、そこに歌舞練場棟が加わったのである。

さらに大正五（一九一六）年、券番棟のみ残し、女紅場は歌舞練場と一体の建物に建て替えられた。その建物は増改築されながらも、建設当初の雰囲気を残したまま現在に至っている。

このように、宮川町の近代化は女紅場とともにあった。祇園が、明治中頃からは女紅場よりも歌舞練場建設に力を入れるようになるのに対し、宮川町では建設計画・教育内容ともに力を入れて、女紅場での教育環境を充実させていったところに特徴がある。

おわりに

公許以前の宮川町花街では、水路の多い微地形があだとなり、宮川筋二〜五町目に遊女商売の店が増えた。それがいつの頃からか宮川町花街全体のイメージとして定着したと思われる。近代期になると、他の花街同様に女紅場が建設されたが、教育内容は花街以外の女紅場と比較しても充実していた。今でも宮川町歌舞練場兼女紅場建築の意匠を見ると、当時の花街関係者の自負心が伝わってくる。

現在、宮川町花街では歌舞練場の建て替え計画が進む。貴重な木造建築の劇場がなくなるのは非常に残念で、新しい歌舞練場がこれからの宮川町花街のイメージに寄与することを祈るばかりである。

注

(1) 本来、「遊女」の語は舞などの芸能を行う女性を指した。そのため本稿では「身を売る女性」という意味の場合には「娼妓」の語を使用する。「遊女商売」は娼妓商売の意味であるが、当時使用された言葉であるため、そのまま使用する。

参考・引用文献

◎井上えり子　二〇〇三「花街の建築」太田達・平竹耕三編『京の花街―ひと・わざ・まち―』日本評論社

◎高橋康夫・吉田伸之・宮本雅明・伊藤毅編　一九九三『図集日本都市史』東京大学出版会

◎長崎学会編　一九六八『丸山遊女と唐紅毛人』長崎文献社

◎『京都府下遊廓由緒』(新撰京都叢書刊行会　一九八六『新撰 京都叢書 第九巻』臨川書店)

◎『一目千軒』(新撰京都叢書刊行会　一九八六『新撰 京都叢書 第九巻』臨川書店)

◎赤井達郎ほか　一九九二『茶の湯絵画資料集成』平凡社

◎『京都坊目誌』(新修京都叢書刊行会　一九六八『新修 京都叢書 第一六巻』光彩社)

◎京都市學區調査會・長塩哲郎　一九三七『京都市學區大觀』京都市學區調査會

◎深田智恵子・中島節子・谷直樹　二〇〇七「享保年間における建仁寺境内西門前の開発―近世京都の都市開発の事例―」日本建築学会計画系論文集
◎下中邦彦　一九七九『日本歴史地名大系 第27巻　京都市の地名』平凡社
◎「月堂見聞集 巻之一五・二四」（国書刊行会　一九六九『近世風俗見聞集 第二』国書刊行会）
◎丸山俊明　二〇〇三「木戸門の役割と建築許可申請―江戸時代の京都の木戸門の研究（その1）―」日本建築学会計画系論文集
◎岡田信子他　一九八八『京都御役所向大概覚書 上巻』精文堂出版
◎「洛陽東山名所鑑」（新撰京都叢書刊行会　一九八八『新撰 京都叢書 第一一巻下』臨川書店）
◎金港堂編集部　一九一〇「歌舞伎事始 巻之二」『歌舞伎叢書 第一輯』金港堂書籍
◎『京雀』（新修京都叢書刊行会　一九六七『新修 京都叢書 第一巻』光彩社）
◎京都市　一九八七『史料 京都の歴史 第10巻 東山区』平凡社
◎「京都新聞 第七四号」明治六年五月号記事　西京新聞社
◎坂本清泉・坂本智恵子　一九八三『近代女子教育の成立と女紅場』あゆみ出版
◎「西京新聞」明治一三年六月二二日記事　西京新聞社
◎京都府教育会編　一九四〇『京都府教育史 上』京都府教育会

Ⅳ 東山の近代

琵琶湖疏水利用庭園の成立と展開

―無鄰庵に先行する庭園と山県有朋人脈による別邸群の形成―

佐野　静代

はじめに

南禅寺の門前一帯には、琵琶湖疏水から引く池泉を備えた明治期以来の巨大な別荘群が立ち並んでいる。これら富豪たちの非公開の邸宅の中で、京都市が所有する旧山県有朋邸・無鄰庵だけは国の名勝として公開され、疏水庭園の姿を広く伝えている。この無鄰庵は小川治兵衛が関わった最も初期の疏水利用庭園であり、彼が手がけた疏水の庭のルーツとしても注目されている。つまり無鄰庵は、南禅寺地区の疏水利用庭園のうちでは最も有名で、かつ最も古いものとされてきた。

本稿ではこのよく知られた言説について再検討を行いたい。結論からいえば、当地には無鄰庵に先行するとみられる巨大な疏水利用庭園がかつて存在しており、また無鄰庵は単独で立地していたのではなく、その周囲には山県有朋と親しい政治家たちの別邸が並んでいたのである。現在では失われてしまった当地の景観から、疏水利用庭園の成立に関する新たな事実を掘り起こしてみたい。

無鄰庵に先行する疏水利用の庭園

●無鄰庵南西の巨大邸宅

第一琵琶湖疏水は明治二三（一八九〇）年に完成したが、疏水の水が初めて庭園に用いられたのは、明治二六（一八九三）年の円山公園の噴水池であったとされる（図1の1）。一方、個人の庭園に初めて疏水が引かれたのは明治二七（一八九四）年のことであり、これは小川治兵衛が白川沿いの隣家の並河（なみかわ）靖之（やすゆき）邸へ導水したものであった（図1の2）。同年には南禅寺地区において、小川治兵衛が関わって山県有朋の無鄰庵が着工されている（図1の3）（尼崎 二〇一二）。

以上の経緯から先行研究では、南禅寺地区の疏水を利用した個人庭園の嚆矢は、山県の無鄰庵であるとされてきた。この点について、本稿では検証を試みたい。図2は大正一一（一九二二）年の無鄰庵の近辺を示したものである。無鄰庵の南西に、その倍以上の面積を持つ巨大な邸宅がみられることに注目したい。この邸については京都の名園案内記類には記載がなく、先行研究でもまったく言及されることはなかった。この巨大な邸宅は、いつ誰によって作られたものであろうか。またその広大な池泉には疏水の水は引かれていなかったのであろうか。

京都地方法務局所蔵の明治期の旧土地台帳によれば、この「上京区粟田口鳥居町字田中」の総計二二一三坪の土地は、「上京区末丸町二百八十四番」の鳥海弘毅（とりのうみこうき）の所有となっている。鳥海弘毅とは、明治二三（一八九〇）年一〇月から京都府の収税長を勤めていた人物であり（図3）、収税長とは当時の府で四本の指に入る高級官吏であった。旧土地台帳によれば鳥海は明治二四（一八九一）年という早い段階で当地を取得しており、これは無鄰庵の建設よりも先行する。したがってこの鳥海邸が南禅寺地区の別邸群形成の嚆矢であった可能性について、以下に検証してみたい。

（図 1）琵琶湖疏水ルートおよび主要な疏水利用庭園の位置
（ベースマップは平成 17 年 10000 分の 1「京都御所」）

●鳥海邸の池泉とその水源

従来の研究では、南禅寺地区に別邸群が形成された背景として、明治初期の廃仏毀釈に伴う南禅寺境内の上知（あげち）が重視されている。この地はその後払い下げられて水車動力の工場用地となるはずだったが、工場動力の水力発電への転換に伴って不要となり、広大な屋敷地へと転用された経緯が明らかにされている（矢ヶ崎 一九九八）。しかし本稿では、南禅寺旧境内よりも西側の疏水本線沿岸一帯（前掲図1）に、上記とは異なる土地収用の構図がみられたことに注目したい。それは、明治一八（一八八五）年から始まった京都市による疏水用地の買い上げである。

小野芳朗によれば、この疏水用地の買収では、水路用地に加えてその両側の土地も資材置き場などとして広範囲に買収されたことが明らかである（小野 二〇一五）。このうち、疏水完成後に余剰となった部分が、以下のように明治二四（一八九一）年以降に払い下げられていることを本稿では重視したい。この土地の一部が、疏水本線沿いの新たな邸宅用地となっていく様相が認められるからである。

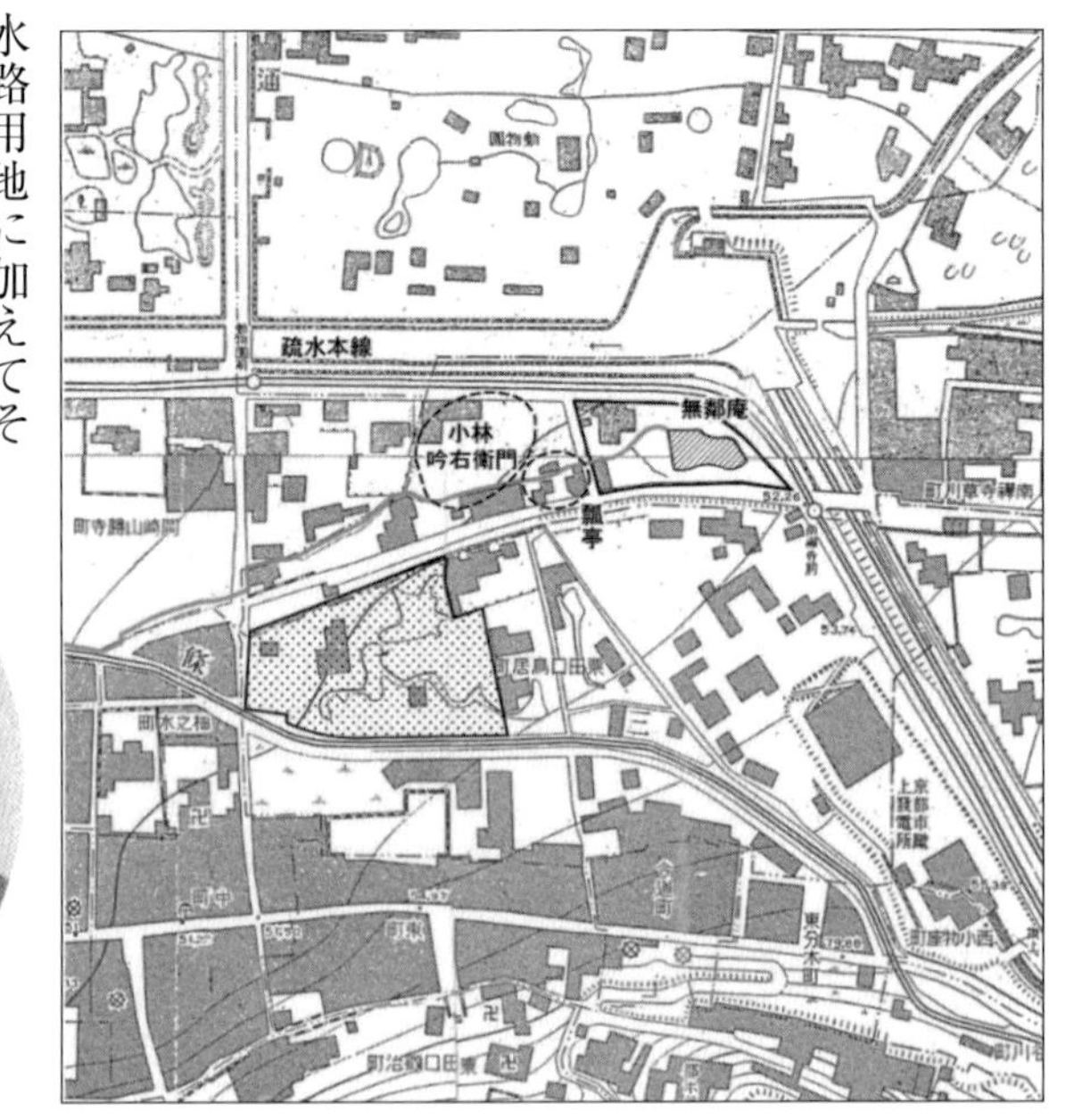

(図2) 無鄰庵南西に存在した大邸宅 (ベースマップは大正11年「都市計画図」)

(図3) 鳥海弘毅
(亀田城佐藤八十八美術館所蔵)

小野は京都市に買い上げられた土地の範囲を詳細に復原しているが、それによれば鳥海邸の敷地となった粟田口鳥居町字田中の一帯も、大部分が買収対象区域であったことがわかる。この字田中の東半分は蹴上発電所および市公用地となったが、残り西半分の土地は、旧土地台帳によれば明治二四（一八九一）年九月から民間に払い下げられている。鳥海はこれらの土地のうち、合計一七三一坪に及ぶ「元田」「原野・草生地」を二四年一一月二七・二八日に買得している。その後明治三三（一九〇〇）年には周囲の四〇〇坪ほどをさらに買い足し、自邸を拡張している。このように鳥海邸の敷地はすべて、京都市による疏水用地の払い下げ地であったことに留意しておきたい。

鳥海は明治二四（一八九一）年一一月の土地取得の直後、一二月五日にはこれらを「宅地ニ開墾」すべく届け出ており、邸宅の造作にとりかかったものと考えられる。翌二五年一〇月一一日には、彼の当初の住所であった「上京区末丸町二百八十四番」を引き払っており、この頃から当邸での居住が始まった可能性が高い。

これを裏付ける史料として、鳥海の甥で大正期の銑鉄王として知られた蒲原達弥の回想を取り上げたい。蒲原は明治二四年の暮れより書生として鳥海邸に住み込んでおり、鳥海が「南禅寺に二千坪の庭園をもった邸宅を建て、そこから馬に乗って役所へ通勤していた」ことを述べている（和田 一九六九）。蒲原自身も明治二七（一八九四）年の春まで当邸から京都市立第一商業学校に通っており、未明に起き出して二〇〇〇坪の庭園と邸内を掃除し、さらに後庭の一部で飼っていた山羊の乳搾りをしてから登校していた様子を述懐している（新山 一九四〇）。

この邸に清澄な池泉があったことについては、以下の記録がある（大國 一九四八）。

（前略）明治三十年頃京都に税務監督局があり、局長に鳥海弘毅といふ人が居られ女子水泳の奨励家であつたが、（中略）見物が煩いので、遂に南禅寺畔にあつた自邸庭園内の池をプールに改造して女子水泳を始められた事がある。

この池での鳥海一家の水泳の様子を写した写真が伝わっている（図４）。写真からは、大規模な築山と広い水面の様子がよくわかる。なお、上記のように当庭園では泉水がプールに改修されたり、山羊を飼うなどの農園的な利用がなされていたために、風雅な名庭を紹介する明治期の庭園案内記等には記載されなかった可能性が考えられる。

本稿で重視したいのは、この鳥海邸の池泉の水源である。京都市水道局に残された疏水の明治三〇（一八九七）年度「予算書水利事業費」によれば、鳥海弘毅・並河靖之・山県有朋の三名が疏水の「冥加金」を支払っており、漏水を庭園用水に使用したことが指摘されている（小野　二〇一五）。したがって鳥海邸にも、並河邸や無鄰庵と同様に疏水の水が引かれていたことは間違いない。

その引水ルートについては、京都地方法務局所蔵の明治二〇年代後半から三〇年代の作成とみられる旧公図に描かれた水路が参考となる。このルートを示した図５によれば、蹴上発電所

（図４）邸内池泉における鳥海弘毅（左から三人目）と家族たち
（亀田城佐藤八十八美術館所蔵）

に入ってその敷地西端を流下していく水路が存在し、この水路から分岐した支流が鳥海邸へ向かっていたことがわかる。第一期蹴上発電所の運転開始は疏水竣工の翌年明治二四（一八九一）年であり、そこには水力発電のために疏水から大量の水が送られていた。旧公図では、上記水路の通る発電所内の地筆には「用悪水路」と書かれている。この地点には明治四五（一九一二）年に第二期発電所が建設されたためその旧状は明らかではないが、この水路は水力発電用水の溢流（いつりゅう）を排出するものであった可能性が高い。その一部が鳥海邸池泉の水源になっていたとみられる。

　鳥海邸の着工は明治二四（一八九一）年の末であり、その庭園には以上のように疏水余流の流入が認められる。したがって、断定はできないものの、この邸は明治二七（一八九四）年着工の無鄰庵に先行する疏水利用庭園であった可能性が高いことがわかる。

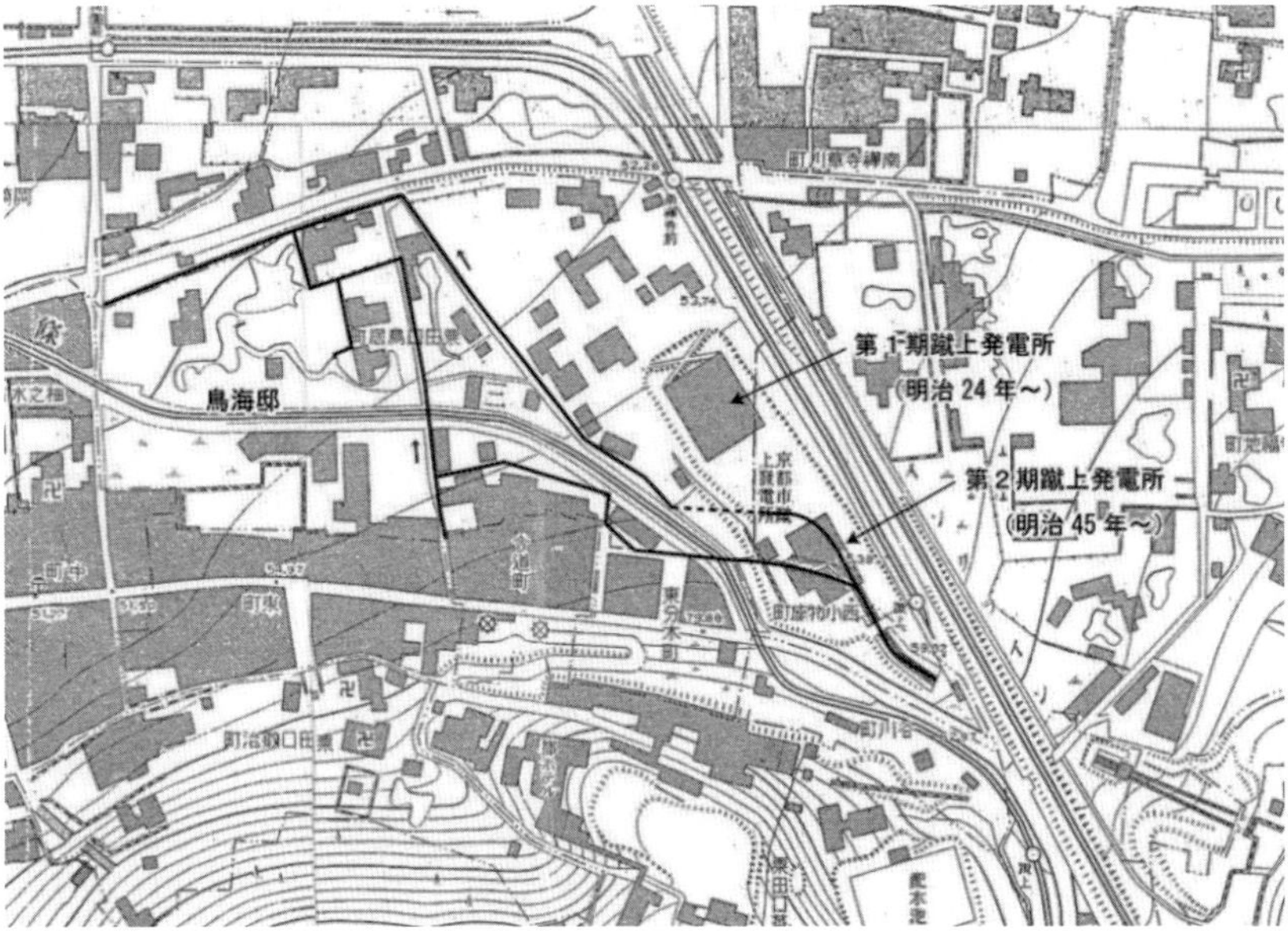

（図 5）旧公図に描かれた水路および鳥海邸への引水ルート（ベースマップは大正 11 年「都市計画図」）

●鳥海弘毅と北垣国道との関係

鳥海が南禅寺地区に最も早期に邸宅を設けた理由は何だったのであろうか。結論から言えば、その要因には京都府知事北垣国道(きたがきくにみち)との関係があったとみられる。二人の接点を探るために、まずは鳥海の経歴について振り返ってみたい。

鳥海は秋田の亀田藩の出身である。戊辰戦争従軍後、明治二(一八六九)年に東京の大学南校へ入学し、卒業後、文部省、続いて大蔵省租税寮へ出仕した(桜井 一八九一)。明治九(一八七六)年には地租改正事務局から香川県・愛媛県へ出向、さらに一二(一八七九)年二月には高知県へ出向している。『改正官員録』によれば同一五(一八八二)年三月に秋田県へ出向し、同一八(一八八五)年七月より栃木県の収税長に転出、その後千葉県収税長を経て、二三(一八九〇)年一〇月より京都府収税長となっている。

彼の職歴のうち、注目されるのは明治一二年二月からの高知県での動向である。鳥海はこの年一一月より高知県師範学校の校長に任じられており、徳島県師範学校校長へ転任する翌年三月まで務めている。この時期の『改正官員録』高知県の欄には、彼の名が県令以下の五番目に「二等属」として掲載されているが、この時の高知県令こそ一二年六月に赴任した北垣国道であった。すなわち彼らは高知県で接点を持っていたのである。なお、鳥海が徳島県へ転任した一三年四月とは、北垣が徳島県令を兼任した期日に相当しており、この後も京都府知事に転出するまで二人のつながりは続いたものと考えられる。

北垣は自由民権運動の盛んな高知を統治した手腕を買われ、明治一四(一八八一)年一月より京都府知事となったが、この高知での人脈を京都府でも積極的に登用している。坂本則美(さかもとのりみ)疏水事務局理事・陶不窳(すえふゆ)次郎(じろう)府警部長などである(高久・小林 二〇一〇)。鳥海の明治二三年の京都府収税長への着任も、北垣の働きかけによるものだったことを推測させる事実がある。それは、鳥海の京都着任当初の住所「上京区末丸町二百八十四番」である。先述のように旧土地台帳に記載されたこの明治二四年一一月当時の彼の住所は、鴨川西岸の北垣国道邸の南隣に当たっている。この邸は木戸孝允の旧邸であり、鳥海は木戸家からこの屋敷を借りていたとみられる。当邸は近衛家の旧河原御殿であり、この広大な隣宅を北垣が斡旋したものと推定される。

鳥海の新居の地をめぐっても、北垣と相談がなされた可能性が高い。北垣は明治二一（一八八八）年、この岡崎・南禅寺を含む鴨川東部一帯を上京区第三四組として市域に編入しており、明治二二年には京都府臨時市部会において、鴨東地区の新市街開発計画を発表した。この計画は「鴨東開発論」と呼ばれるもので、疏水本線を梃子としてその沿線の地域振興と市街地化を図ろうとする構想であった（小林 一九九四、小野 二〇一五）。北垣は新市街を区画する道路も計画しており、工場立地による産業振興とともに、良好な住宅地の創出を目指していたとみられる。鳥海による南禅寺前の土地取得はこのような状況下で行われており、北垣構想の下での鴨東地区開発の一環に位置づけて考えることが可能であろう。

以上のような鳥海と北垣とのつながりは、北垣の府知事退任後も長く続いたとみられる。北垣は明治二五（一八九二）年七月の北海道庁長官への転任以降も京都に本邸を置き続けるが、鳥海もまた京都に在職し続け、明治三五（一九〇二）年一一月に長崎への転勤命令が出ると、同月末に退職して京に残ることを選んでいる（和田 一九六九）。旧土地台帳によれば、鳥海は明治四三（一九一〇）年に南禅寺前の邸宅を売却し、「鹿ヶ谷町字宮ノ前六番」へ転居している（前掲図1のA）。この邸は疏水のすぐ脇にあるが、その南側四〇〇メートルほどの疏水横には、北垣国道の別邸（「鹿ヶ谷町字若王子四九番」）が位置している（図1のB）。この別邸の配置に見るように、二人の交友は晩年まで続いていたのである。

なお、鳥海の鹿ヶ谷邸の北西には、現在京セラの所有となっている疏水利用庭園「和輪庵」が存在する（図1のC）。この和輪庵は、前述の鳥海弘毅の甥である蒲原達弥が大正七（一九一八）年に設けたものである。蒲原はこの邸を鳥海未亡人の勧めによって入手しており（新山 一九四〇）、ここにも鳥海の影響による疏水利用庭園の成立がみられたことは注目される。

山県系官僚による別邸群の形成

●無鄰庵の誘致と鴨東開発

無鄰庵と名付けられた山県の別邸は、現在の場所以外にも二か所に存在していた。第一の無鄰庵は幕末、長門国吉田の清水山（しみず）に置かれたものであり、第二の無鄰庵は鴨川西岸の高瀬川取入口に明治二四（一八九一）年七月に設けられたものであった。山県は当初、この高瀬川沿いの邸の敷地拡張を望んでいたが、河川行政上許可されなかったため、新たな候補地を探すこととなった。この第二無鄰庵の拡張計画が暗礁に乗り上げた明治二五（一八九二）年六月、山県は一七日から二週間ほど当邸へ滞在していたが、来客謝絶の中にあって北垣国道・中井弘（ひろむ）・久原庄三郎（くはらしょうざぶろう）の三名だけは面会を許され、特に中井は一九日には「午後より相携えて南禅寺近傍を散策」していることに注目したい（『日出新聞』明治二五年六月二一日）。先行研究では、この三人が無鄰庵の南禅寺前への移転に関わったことが指摘されている（矢ヶ崎 一九九八）。

久原庄三郎は長州出身の政商、藤田組の藤田伝三郎の兄であり、第三無鄰庵の用地確保に尽力したことについては後述する。本稿で注目したいのは、中井弘の存在である。彼は琵琶湖疏水建設時の滋賀県知事として北垣と組んで疏水を完成させた人物であり、明治二六(一八九三)年からは京都府知事となっている。したがって山県の第三無鄰庵は、琵琶湖疏水に関わった二人の知事がともに協力して南禅寺畔に誘致した可能性が高い。特に中井は上記以外の時期にも山県の南禅寺方面への散策に同行しており(山県より中井への書簡〔年紀不明八月一九日付〕、堂満 一九八九に所収)、また第二無鄰庵の売却価格について藤田伝三郎に相談するなど(中井弘より山県有朋宛書簡〔年紀不明、明治二五年か〕、尚友倶楽部山縣有朋文書編纂委員会二〇〇六に所収)、無鄰庵の移転に具体的に関わっていることが注目される。

山県が中井とともに南禅寺近辺を散策した明治二五(一八九二)年六月頃、鳥海邸はすでに建築中であり、山県は鳥海邸を目にした可能性がある。高瀬川の取入口に位置した第二無鄰庵と比べても、疏水を利用できる当地の利点は遜色のないものだったと考えられる。明治二六年一一月の中井の京都府知事着任時にも鳥海弘毅は変わらず京都府の収税長の地位にあり、翌年一〇月に中井が急死するまで、二人には親しく交流があった。このように北垣と中井、さらに鳥海の連携により、山県の南禅寺前への別邸誘致が進められた可能性を考えたい。

ここで鳥海邸と同様に、第三無鄰庵の敷地もまた京都市が疏水用地として買い上げた土地であったことに注目したい。すでに指摘のあるように、旧土地台帳と旧公図によれば、無鄰庵の西側三分の二に当たる地筆は明治二四(一八九一)年に民間へ払い下げとなっており、それを久原庄三郎が明治二六(一八九三)年一二月に取得し、二九(一八九六)年に山県の所有としている(矢ヶ崎 一九九八、尼崎 二〇一二)。山県自身が明治三三(一九〇〇)年に、「此庭園は此前の川から此方へは、明治二七年に久原に托して作らしておいた」と語っているように(黒田 一九〇七)、この久原の下で造営が始められたのである。

一方、無鄰庵敷地の東側三分の一は、明治三五(一九〇二)年に京都市から山県へ直接所有権移転されていることも注目される。この地は明治二〇年代の払い下げ対象にはなっておらず、用水路敷地として本来は払い下げ予定ではなかった可能性が高い。この部分ではすでに明治二八（一八九五）年から借地という形で作庭が始められており（矢ヶ崎 一九九八）、山県への使用許可やその後の払い下げが特別な配慮によるものであったことを推測させる。この二八年には京都市水利事務所によって疏水から直接鉄管によって無鄰庵へ導水する工事も行われており（『日出新聞』明治二八年八月八日）、無鄰庵ではふんだんに水を使えたことが注目される。このように京都市側が山県を厚遇した理由については、かつて内務大臣として疏水着工を許可した山県に対し、感謝の念を示したものと説明されることが多い。しかしそこには、無鄰庵設置を契機として、さらに当地区の良好な邸宅群形成を進めたい北垣らの意向もあったと考えられる。その期待に応えるかのように、山県は以後、知人たちの別邸を無鄰庵の近辺に引き寄せていくのである。その様相を以下に明らかにしたい。

●山県有朋と渡辺昇

明治二七（一八九四）年の第三無鄰庵の着工当初には、日清戦争で不在であった山県に代わって、久原庄三郎と田中光顕（みつあき）にその造営が託されたことが知られている（矢ヶ崎 一九九八、尼崎 二〇一二）。久原が確保した土地の上に、山県系官僚で友人としても信頼の厚かった田中が建築を進め、その後で山県が作庭を本格化させている。この田中光顕に対して、山県が無鄰庵の近隣に京都別邸を設けるように誘っていたことについては、すでに先行研究による指摘がある（矢ヶ崎 一九九六、佐藤 二〇二〇）。

山県の東京本邸である椿山荘（ちんざんそう）と田中の芭蕉庵は隣接しており、両者は互いの邸を頻繁に行き来する間柄にあった。山県はこの親密な関係を京都でも再現すべく、田中へ第二・第三無鄰庵それぞれの近辺の物件を斡旋していたのである。存続期間の短かった第二無鄰庵付近での田中邸の計画は立ち消えになったが、しかし第三無鄰庵完成後の明治三〇（一八九七）年二月には、山県は再び田中を勧誘し、彼の望む「水車のある地所」について伊集院兼常（いじゅういんかねつね）の協力のもと、計画を具体化しつつあったという（佐藤　二〇二〇）。しかしその後、田中の京都邸に関する史料は見当たらず、南禅寺地区での田中の別邸計画も実現には至らなかったようである。

従来の研究では、山県による友人への京都別邸勧誘はこの田中の例が知られるのみであったが、山県がさらに別の友人たちの京都別邸設置にも関わっていた可能性を追求したい。しかも田中邸の場合とは異なり、その計画は実現し、第三無鄰庵の近隣には彼らの別邸が並んでいた事実を示したい。

旧土地台帳によれば、無鄰庵の西方で同じ「南禅寺町字草川」のうち一八四坪分と、それに隣接する「岡崎町字塔ノ段」の四七〇坪余、併せて六五四坪の所有者として、「東京市麻布区仲ノ町　渡辺　昇（のぼる（のぼり））」の名がみえる。これらの地筆の位置を復原すると、図6のようになる。この邸宅の敷地の一部もまた京都市が疏水用地として買い上げた土地であることに注意したい。邸の主要部分となる地番六七の二七七坪は、明治二八（一八九五）年一月に渡辺の執事とみられる林田逸三に買得され、三〇（一八九七）年九月には渡辺本人の所有となっている。渡辺はこの後明治三二（一八九九）年に、地番八〇をはじめとする四筆を京都市か

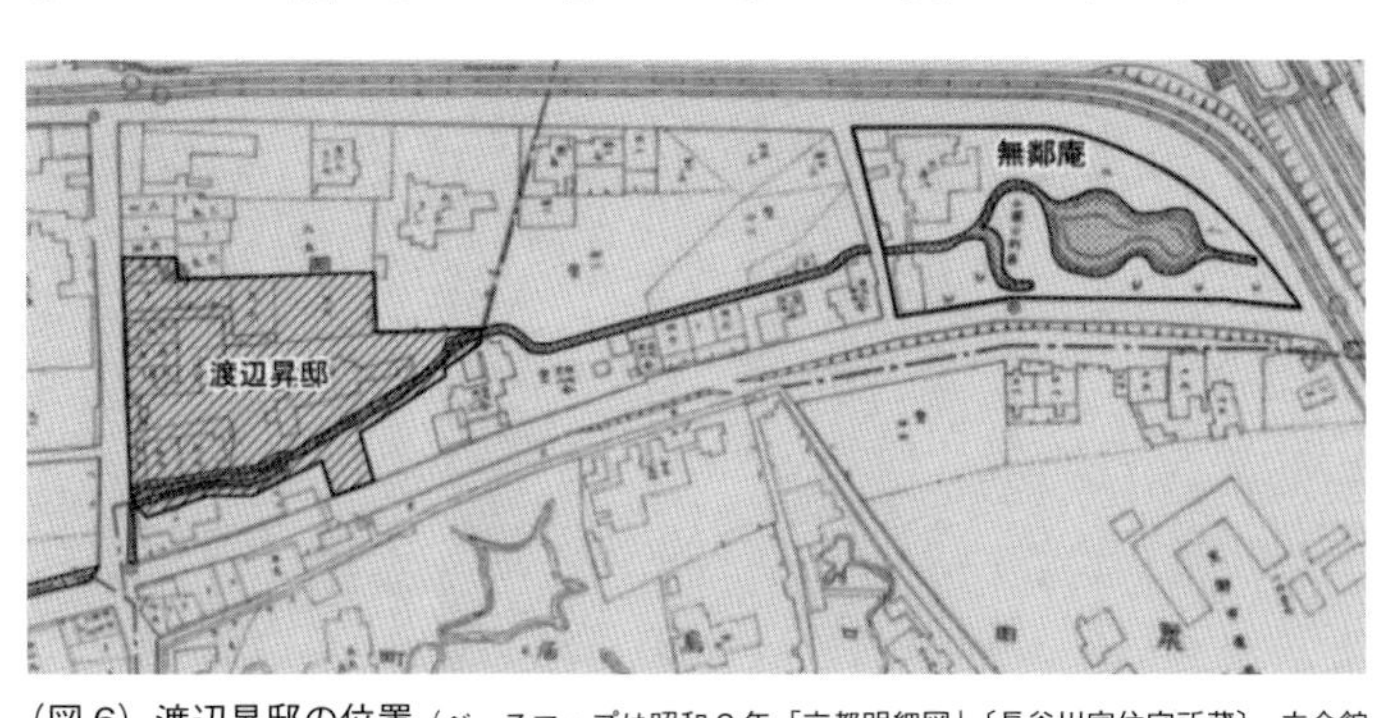

（図6）渡辺昇邸の位置（ベースマップは昭和２年「京都明細図」〔長谷川家住宅所蔵〕、立命館大学アートリサーチセンター「近代京都オーバーレイマップ」より）

ら直接所有権移転されている。

この邸の所有者である渡辺昇は、長崎の大村藩出身で、弾正大忠から大阪府知事、元老院議官、会計検査院長、貴族院議員を歴任した政治家である。注目すべきは、当時彼は「会計検査院長渡辺昇は思想、感情において山県侯に近く」と評されており（鳥谷部　一九〇九）、代表的な山県系官僚であったことである。

この渡辺昇の京都別邸が無鄰庵と近接していたことは、決して偶然ではないと筆者は考える。かつて山県の第二無鄰庵の近隣にも、渡辺の別邸計画が噂されていたからである。

> 二条橋西詰の北側なる二条通りと今の前田又吉氏の家屋との間の地面は、元老院議官渡辺昇氏が買得したるが、同氏は茲（ここ）に粋（いき）な構へを設けられる、とか（『日出新聞』明治二二年一一月一〇日）

この記事中の「二条橋西詰の北側なる二条通りと今の前田又吉氏の家屋との間の地面」とは、山県の第二無鄰庵の北隣の土地である。実際にはここに渡辺邸が建てられることはなかったが、しかし二つの無鄰庵それぞれの近隣に渡辺昇の別邸が計画されていたことは、田中光顕の事例とまったく同様といえるのではないだろうか。渡辺が邸の土地取得を進めた明治二八（一八九五）年から明治三〇（一八九七）年は、山県が無鄰庵を完成させ、田中を勧誘していた時期に相当する。彼ら三者は、山県閥という政治的関係を有するだけではなく、幕末を勤王の志士としてともに過ごした友人同志でもあった。したがって田中と同様に、渡辺の京都別邸の成立にも山県が関わっていた可能性が出てくる。そこで次節にて、この点について考察したい。

●渡辺昇邸と無鄰庵

維新前からの渡辺昇の来歴を見るとき、注目されるのは長州藩との強いつながりである（外山　一九九三、大村市史編さん委員会　二〇一六）。彼は安政七（一八六〇）年に大村藩から江戸へ遊学しているが、その折神道無念流の練兵館に入り、塾頭の桂小五郎や伊藤俊輔など長州藩士たちと親交を結んでいる。渡辺は桂を継いで練兵館の塾頭となったが、文久三（一八六三）年には大村に帰り、兄の渡辺清らとともに勤王派藩士の「三十七士同盟」を結成している。慶応元年には長崎にて坂本龍馬と会い、薩長同盟成立のための長州藩への説得を依頼され、桂小五郎・高杉晋作への周旋に尽力した。同盟成立後の慶応二（一八六五）年には再度長州へ赴き、桂が鹿児島への使者として派遣されるに際し、長州藩の丙寅丸（へいいんまる）に同乗している。この時、丙寅丸を操っていた機関士は、土佐藩出身で陸援隊の田中光顕であり、二人の交流の様子は田中の自伝に綴られている（田中　二〇一〇）。

渡辺は慶応三（一八六六）年には藩主の命で上洛し、薩長や土佐の志士たちとの討幕運動に加わっている。維新後は長崎裁判所諸郡取調掛、盛岡県権知事等を経て明治一〇（一八七七）年には大阪府知事となっているが、府知事時代には大阪に本拠を置く藤田組と昵懇（じっこん）であったことが指摘されている（佐藤　二〇〇八）。

渡辺は維新の動乱を生き抜いた剣豪でもあり、明治に入ってもその剣名は高く、明治二六（一八九三）年には山県有朋と御前試合を行っている。このように渡辺と山県は政治以外の面でも交流を続けていたが、そこで注目されるのは、渡辺にもまた

（図7）若年時の渡辺昇
（大村市歴史資料館所蔵）

山県と同様に作庭の趣味があったことである。親交のあった杉山茂丸によれば、渡辺は「庭造りのチャンピオンとも云ふ可き」人物であり、剣の高弟であった小美田隆義（おみだたかよし）の頼みを断り切れず、小美田の広大な邸宅で「麦藁帽子を冠つて頻りに植木屋の指図」に当たったという（杉山　一九二六）。

このように作庭に通じていた渡辺が、山県の京都の庭に興味を持つことは自然な流れであろう。この頃、渡辺の兄で勤王の同志であった渡辺清も京都に別邸を新築しており（『読売新聞』明治二六年一〇月二六日）、渡辺の別邸設置は、このような周囲の影響を受けたものだった可能性もある。田中光顕のように山県からの書簡が残っているわけではないため、直接的な誘いの有無を確かめることはできないが、しかし渡辺が無鄰庵の近隣をあえて選んだ背景には、二人の幕末以来の交友関係を考えてもよいはずである。前掲図6に見るように渡辺邸の敷地内には水路が通っており、庭園の泉水に利用された可能性が高いが、この水路が無鄰庵から発するものであったことは注目されよう。

●松平忠和と渡辺昇・山県有朋との関係

渡辺昇邸に隣接して、その北東側にも広大な邸宅が存在していることに注意したい（図8）。この邸の主要部の敷地もまた京都市に疏水用地として買収され、明治二四（一八九一）年に払い下げられたものである。旧土地台帳によれば、この岡崎町字塔ノ段の六二〇坪余は、明治三〇（一八九七）年五月一三日に「東京市麻布区仲ノ町」の松平忠和に買得されている。この松平忠和とは旧肥前島原藩主であることに注目したい。忠和は水戸藩の徳川斉昭（なりあき）の一六男で、徳川慶喜（よしのぶ）の異母弟に当たる。幕末に島原藩の深溝松平家の養子となったが、明治に入って放蕩による家計問題と家臣団との対立を引き起こしたため、島原から切り離されて東京居住となっている（刑部　二〇一四）。その松平忠和の別邸がなぜこの地に置かれたのか、そこには渡辺昇、さらには山県につながる因縁があったことを明らかにしてみたい。

松平忠和の東京本邸は「麻布仲ノ町一九」にあったが、この住所は渡辺昇の本邸である「麻布仲ノ町一三」と近いことに注目したい。当時の麻布区の地図をみても、この番地は一軒挟んでの隣であり、両者の邸宅が至近であったことが判明する（東京郵便電信局「東京市麻布区全図」一八九六年）。東京本邸および京都別邸にみられる両者の距離の近さは、いかなる要因によるものであろうか。それは二人の幕末における関係性に起因すると考えられる。前述のように渡辺は、幕末期には大村藩勤王派の首領的地位にあったが、藩論が倒幕へと統一されていく過程において、大村藩は近隣諸藩と同盟を結んでいる。その交渉相手は具体的には平戸藩や福岡藩、島原藩であったが、このうち元治元（一八六四）年八月の島原藩との同盟締結に際して、使者に立ったのは渡辺昇自身であった（大村家史料「大村藩勤王諸藩交渉記録」）。

これを契機として、彼は島原の家中と緊密につながり、藩主松平忠和とも面識を持ったと考えられるが、その推測を裏付けるのは、前節で取り上げた渡辺の剣の高弟、小美田隆義

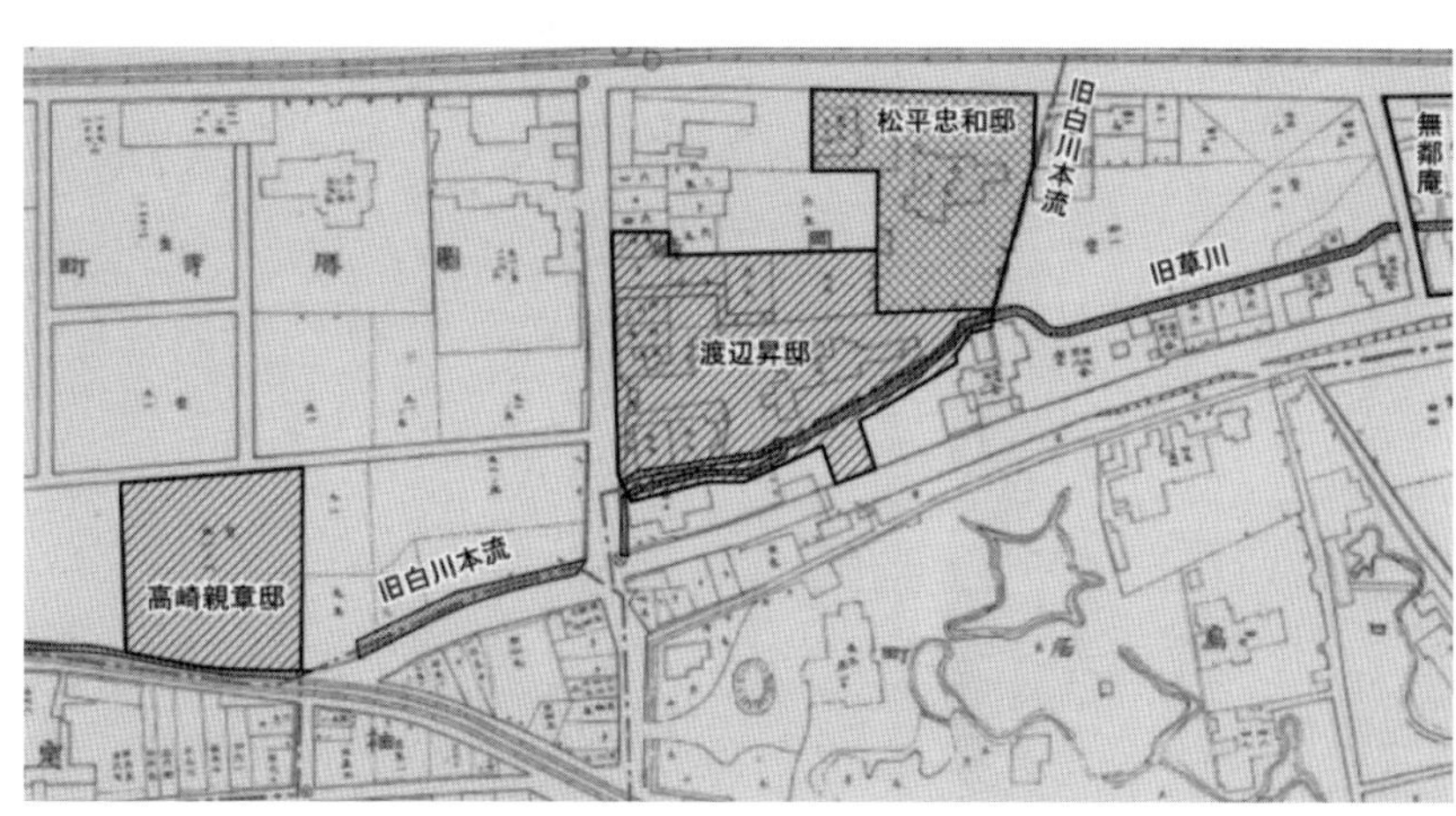

（図８）松平忠和邸および高崎親章邸の位置（ベースマップは昭和２年「京都明細図」〔長谷川家住宅所蔵〕、立命館大学アートリサーチセンター「近代京都オーバーレイマップ」より）

の存在である。小美田は「元島原の藩士」（杉山 一九二六）、「もと島原藩の家老」（一又 一九七五）とされている。小美田は明治四五年の原敬の日記にも登場しており、もとの名は「小美田利義」であったと記されている（明治四五年一月一一日条）。小美田利義とは松平忠和の重臣であり、明治中頃まで家令をつとめ（一又 一九七五）、藩主家の財産を運用して旧家臣団との対立を引き起こした張本人であった（刑部二〇一四）。したがって幕末の大村藩・島原藩同盟に端を発した渡辺と松平忠和とのつながりは、明治期に入ってもこの小美田を通じて続いており、東京と京都の松平忠和邸の成立には、その財産運用と関わって小美田が介在していたことが推測される。

興味深いことに、上記の原敬日記に登場する小美田は、「対清問題並に山縣等に関しても色々の内話」があって来訪したもので、原は「杉山茂丸、松下軍治、小美田隆義などは山縣、桂等に出入し、彼等も悪因縁を結び居るらしき策士共なり」と記している。小美田は杉山茂丸の親友としてその著にも頻出しており、二人は大陸政策に関わる「策士」として山県と関係していたことが確認される。このように松平忠和の京都別邸の成立についても、小美田と渡辺を介することによって、山県の人脈から読み解くことが可能である。

●高崎親章邸と草川・白川の旧流路

前掲の図8にみるように、疏水を水源として無鄰庵から流れ出した水路は渡辺昇邸からさらに西へ向かって流下していくが、その沿岸にもう一つの山県系官僚の邸宅が存在していたことを指摘したい。それは、京都府知事も務めた高崎親章（ちかあき）の別邸である。旧土地台帳によれば、水路の北側に接する岡崎町字円照寺の地番九一ノ八の六六〇坪が明治三五（一九〇二）年に高崎の所有となっている。そこには広大な邸が存在していたと推定されるが、しかし明治・大正期の地図にその建物を記したものはみられず、ここに高崎邸が存在した事実もこれまでほとんど知られていない。それはこの一帯が大正五（一九一六）年より奥村電機商会に広く買収されて工場用地となり、さらにその後、五千坪を超える遊園地が開発されたことに起因している。「京都パラダイス」と呼ばれたこの遊園地は大正一四（一九二五）年には廃業し、跡地は民間の住宅地に分割されたため、高崎邸の痕跡を伝えるものは残されていない。

高崎は薩摩藩の出身であり、警察畑を歩み、内務省警保局長を経て地方官に転じ、茨城・長野・岡山・宮城の知事を務めた後、明治三三（一九〇〇）年三月より京都府知事となっている。旧土地台帳によれば、高崎がこの邸（やしき）の土地を取得したのは明治三五（一九〇二）年四月二日であり、二月に大阪府知事へ転任して以降のことであった。高崎は京都府知事の在任中は公邸に居住しており、よって京都を離れるに際してこの邸を設けたことになる。

高崎は、内務省警保局長の経歴にもみるごとく典型的な山県系の内務官僚の一人であり、京都府知事在職中の明治三四（一九〇一）年四月にも山県とやりとりした書簡が残されている。特にこの邸の設置に触れた記述は見られないものの、大阪への転任後にも山県とのつながりを保つべく、無鄰庵の近辺を別邸の地に選んだ可能性は高いと考える。高崎が山県との結びつきを重視していたことは、後に大正期の叙爵請願に際して、薩閥でありながらも最終的には山県を頼っていることからも明らかである（松田 二〇一五）。

高崎は京都府知事となる前、明治三〇（一八九七）年から岡山県知事の職にあったが、その在任中に児島湾の干拓事業の許可を出していることは注目される。この大工事を出願していたのは藤田伝三郎であり、地元との交渉が決裂して着工困難な状況が続く中、これを打破したのが高崎の決定であったという（蓬郷一九八五）。このように高崎もまた山県と近い藤田組との関係を有していたことに注意したい。

以上のように本章では、山県が無鄰庵をほぼ完成させた明治二九（一八九六）年以降、その近隣に山県系官僚や関係者の邸宅が立ち並んでいったことを明らかにした。この結果を示した図8に明らかなように、これらの邸が無鄰庵から発する水路沿いに連なっていることは重要である。この水路のうち無鄰庵から渡辺邸の東端までの部分は、旧来の自然河川であった草川の河道を踏襲している。さらに、渡辺邸の南辺から高崎邸を通って西流する水路は、松平忠和邸の東側を走る町界線部分と合わせて、疏水工事に伴って付け替えられるまでの白川の本流であった。これらは疏水の開削によっていったん水流を失った旧河道であったが、最上流の無鄰庵地点に疏水の水が注がれることによって、新たな水流となって一つの水系を創り出しているのである。その下流に政治家たちの邸宅が次々と立地していったことは、山県派閥における彼らの位置づけを反映するかのごとくである。このように水系の視点を導入すれば、無鄰庵は単独で存在したものではなく、一連の邸宅群として理解されることがわかる。つまりこの無鄰庵と水路をめぐる景観の中に、山県をめぐる水脈と人脈のアナロジーを見ることができる。

旧白川・草川水系邸宅群の成立とその意義

本稿では、疏水本線の南側一帯に政治家たちの邸宅群が成立していった経緯を明らかにしたが、その位置を示すと図9のようになる。これらの邸宅群は、疏水を利用した最初の個人庭園とされる並河靖之邸と無鄰庵の間を埋めるように分布していることに注目したい。この邸宅群は並河邸も含めて、旧白川とその支流草川の水系に立地するものとして一群とみなすことができる。本稿ではこの一群を仮に「旧白川・草川水系邸宅群」と呼んでおきたい（図9）。

従来知られてきた南禅寺旧境内の別邸群は、明治三〇年代以降に形成されたものであり、小川治兵衛の円熟期の作例を示すものとされてきた。これに対して旧白川・草川水系邸宅群の形成は、これに先行する明治二〇年代から始まっている。本稿で存在を明らかにした四邸はすべて早期に破壊されているため、そこに付設された庭園の姿について知ることはできない。しかし旧白川・草川水系邸宅群のうち、並河邸と無鄰庵がともに小川治兵衛の最も早期の疏水利用庭園であったことを考慮すれば、山県の影響力によってこの地に引き寄せられた知人たちの邸にもまた小川治兵衛が関わっていた可能性は残されていよう。ましてやこの一帯は、小川治兵衛にとっては自宅の裏側に当たる地域であり、彼もまた白川のほとりに居住する一人だったのである。以上のように本稿では、南禅寺旧境内地の巨大別荘群に先立って、疏水本線南側の京都市による払い下げ地に、最も早期の疏水利用庭園群が形成された事実を提示しておきたい。

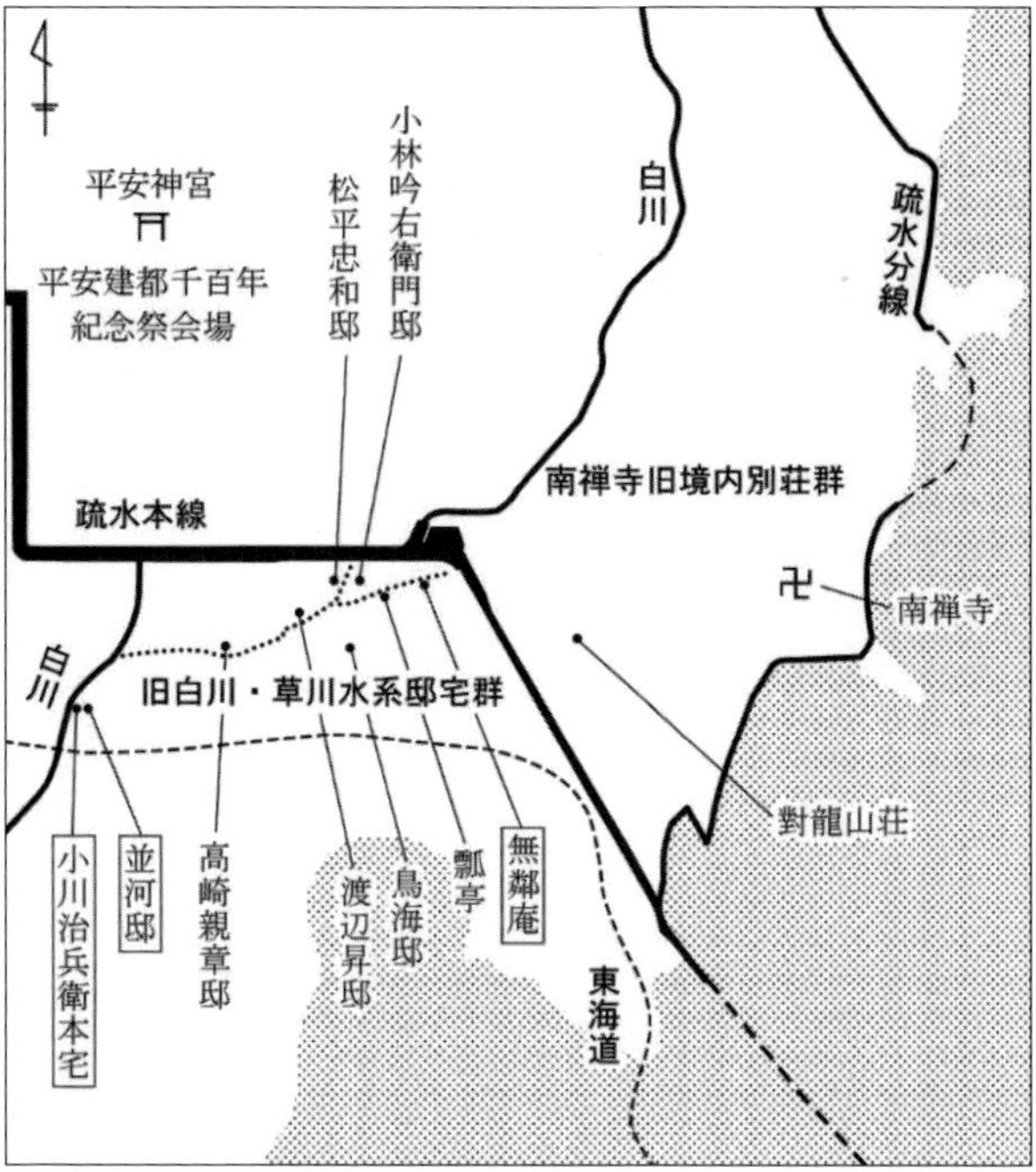

この邸宅群の所有者であった鳥海弘毅・渡辺昇・山県有朋・並河靖之らには、疏水利用庭園とは異なっ

（図9）琵琶湖疏水に関わる別邸群の分布

た側面で、一つの接点があったことに留意したい。それは彼らが大日本武徳会の創設に関係していた点である。大日本武徳会とは、明治二八（一八九五）年に設立された全国規模の武道振興団体であり、その設立を呼びかけた中心人物は鳥海弘毅であった（坂上 一九八九）。同年開催の武徳会第一回演武大会では、渡辺昇が総審判長であり、山県もまた武徳会の賛同者として名を連ねている。さらに並河靖之は馬術部の副監督で、一方、北垣国道は明治三一（一八九八）年に大日本武徳会の会長となっている。その翌年には大日本武徳会の拠点となる「武徳殿」が、疏水本線にも近い岡崎の平安神宮北西に建設されている。

この武徳殿の立地とも合わせて、疏水本線南側の別邸群の成立は、以上のような大日本武徳会関係者のつながりという観点から読み解くことも可能である。この意味でも、やはり鳥海がこれら別邸群の形成に果たした役割を看過することはできない。なお、鳥海の出身地である秋田県の由利本荘市では、現在もなお彼の名を冠した「鳥海弘毅顕彰剣道大会」が毎年開催されており、武道家としての彼の姿を伝えている。

参考文献

◎尼﨑博正　二〇一二　『七代目小川治兵衛』　ミネルヴァ書房

◎一又正雄　一九七五　『杉山茂丸―明治大陸政策の源流―』　原書房

◎大國壽吉　一九四八　『スポーツ生活半世紀』　關書院

◎大村市史編さん委員会編　二〇一六　『新修大村市史第四巻近代編』　大村市

◎刑部芳則　二〇一四　「武家華族の御家騒動―松平忠和と島原騒動を中心に―」『明治維新史研究』一一

◎小野芳朗　二〇一五　『水系都市京都―水インフラと都市膨張―』　思文閣出版

◎黒田譲　一九〇七　『続江湖快心録』　山田芸草堂

◎小林丈広　一九九四　「都市名望家の形成とその条件」『ヒストリア』一四五

◎坂上康博　一九八九　「大日本武徳会の成立過程と構造」『行政社会論集』一（三・四）
◎桜井敬太郎　一八九一　『京都府下人物誌第一編』　金口木舌堂
◎佐藤信　二〇二〇　『近代日本の統治と空間』　東京大学出版会（初出は二〇一五年）
◎佐藤英達　二〇〇八　『藤田組の発展その虚実』　三恵社
◎尚友倶楽部山縣有朋文書編纂委員会編　二〇〇六　『山縣有朋関係文書2』　山川出版社
◎杉山其日庵　一九二六　『百魔〔正篇〕』　大日本雄弁会
◎髙久嶺之介・小林丈広　二〇一〇　「〔解題〕北垣国道とその日記『塵海』について」塵海研究会編『北垣国道日記「塵海」』思文閣出版
◎田中光顕　二〇一〇　『最後の志士が語る 維新風雲回顧録』　河出書房新社
◎堂満幸子　一九八九　「中井弘関係文書の紹介（3）」『黎明館調査研究報告』三
◎外山幹夫　一九九三　『もう一つの維新史―長崎・大村藩の場合―』　新潮社
◎鳥谷部春汀　一九〇九　「山県侯の政治的系統」『春汀全集第一巻』　博文堂
◎新山虎治　一九四〇　『士魂の人・蒲原達弥』　丸山善治郎
◎蓬郷巌　一九八五　「児島湾干拓―藤田伝三郎の業績―」『土木学会誌』五三
◎松田敬之　二〇一五　『〈華族爵位〉請願人名辞典』　吉川弘文館
◎矢ヶ崎善太郎　一九九六　「伊集院兼常と山縣有朋について」『日本建築学会大会学術講演梗概集F―2建築歴史・意匠（一九九六）』
◎矢ヶ崎善太郎　一九九八　「近代京都の東山地域における別邸群の初期形成事情」『日本建築学会計画系論文集』五〇七
◎和田汀史　一九六九　「鳥海弘毅」『あきた』八四

コラム3

京焼・清水焼と登り窯

—その構造と機能—

木立雅朗

登り窯（のぼりがま）は、一六世紀に朝鮮半島から九州各地や山口県に伝えられ、江戸時代には日本列島に広がった。それまでは穴窯という一つの部屋しかないトンネル状の窯だったが、登り窯は、いくつかの間仕切りで小さな部屋に分けられていた。間仕切りには狭間穴（さまあな）と呼ばれる穴が開けられ、炎はそこを通って次の部屋に流れこむ。穴窯は部屋内部の温度差が大きく、大量の薪が必要だったが、登り窯は部屋が区切られているため、部屋内の温度差が比較的小さく、焼成時間が短く、薪も少なくてすむ。極めて効率のよい窯だ。

登り窯の形と系譜

最初に伝わった登り窯は、朝鮮半島から伝わったもので、割った竹を伏せたような割竹型のものだった。九州ではさらに新しい技術を取り入れ、ドーム型の天井が連なった芋虫型登り窯に変化した。狭間穴は横狭間と呼ばれる構造だった。こうした登り窯は有田焼や唐津焼などの朝鮮系の窯業産地で使用され、それ以前から操業していた産地にも強い影響を与えた。

（図1）横室型の京都の登り窯（『京都陶磁器説并図』より）

（図2）匣鉢積みの様子（『京都陶磁器説并図』より）

瀬戸焼・美濃焼の産地では当初は九州から伝わった割竹型登り窯が導入された。しかし、その後、天井が蒲鉾のような形、横室型に変化した。瀬戸焼・美濃焼では登り窯導入以前から、作品を匣鉢と呼ばれる焼物の容器に入れて高く積み上げて焼いていた。実は、匣鉢積みは朝鮮半島では盛んではなく、中国で盛んに行われていた技術だ。匣鉢を使えば、一度にたくさんの作品を窯詰めでき、燃費がさらに向上する。横室型の窯は芋虫型の窯より天井が高く、より多くの匣鉢を積み上げることができる。狭間穴も当初は九州と同じ横狭間構造だったが、早い段階で工夫がほどこされ、縦狭間と呼ばれる独特な形に変えた。横狭間はゆっくり焼成するのに適していたが、縦狭間は火の勢いが強く、短時間で焚き上げることができたと言われている。

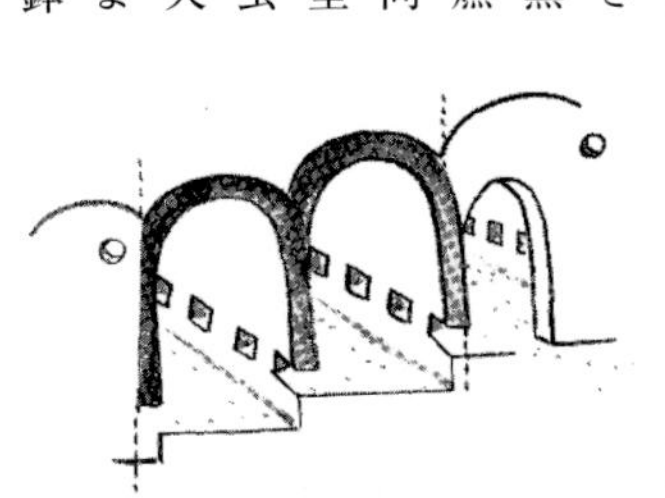
（図3）横狭間狭穴（左）と縦狭間狭穴（右）（大西 1983、2-25 頁より）

　このような歴史をたどるため、日本列島には古式を残した割竹型登り窯、有田系の芋虫型登り窯、瀬戸焼・美濃焼系の横室型登り窯の三つのタイプが各地で作られた。ロクロも、九州では蹴ロクロ（別名「朝鮮ロクロ」）が一般的であるのにたいして、瀬戸焼・美濃焼は手回しロクロが一般的だ。九州の焼物は、文禄・慶長の役の際に朝鮮人陶工を連れ帰ってから始まっており、日本列島のなかでは比較的新しい朝鮮系の焼物だ。瀬戸焼・美濃焼は古代から生産を続けてきた伝統的な産地だった。

　京都は、野々村仁清が瀬戸で修行をしていたと言われているように、瀬戸系の技術が濃厚な産地だ。登り窯でも匣鉢を積み上げる窯詰め方法、横室型の天井は、明らかに瀬戸焼・美濃焼系統だ。しかし、狭間穴の構造はそれとは違い、九州と同じだった。狭間穴の構造は焼成技術にとって重要な要素だ。京都の登り窯は九州系と瀬戸焼・美濃焼系の両方の要素を取り入れた折衷型とも考えられる。しかし、色絵の技術などは、中国東南部のいずれかの産地から直接的に技術導入していると考えられるため、登り窯も中国系の可能性がある。登り窯を含めた京焼のルーツ問題はまだ謎が多い。

登り窯の焚き方

登り窯は部屋がいくつかに分かれているため、それぞれの部屋を順番に焚きあげる必要があった。最初の部屋、胴木間には作品を詰めない。まず、胴木間でゆっくりと薪を燃やし、窯全体の湿気を抜いてゆく。作品は次の部屋、一の間以降に詰めておく。部屋は手前から順番に一の間、二の間というように順番で呼び

（図４）窯焚きの様子（部屋の横から薪を投入している）（『京都陶磁器説并図』より）

わけられる。胴木間であぶり焚きが終わると、次の一の間の両脇に開けられた小さな穴から薪を投入し、一の間の温度を上げる。窯の真ん中まで満遍なく薪が届くように、窯の両脇から上手に薪を投入しなければならない。一の間の温度が十分に上がれば、次の二の間の窯焚きに移る。そうやって部屋ごとに薪を投入してゆくが、一の間・二の間・三の間は最も温度が高く、還元雰囲気（酸素不足の状態でよく焼き締まる）になる。この部分の窯焚きが最も難しく、高度な技術が必要だと言われている。そのため、京焼登り窯では、胴木間から三の間までを「窯焚きさん」と呼ばれる専門職に委託した。それより後ろの部屋は中性雰囲気から酸化雰囲気に徐々に変わってゆき、温度も徐々に下がってゆく。このように部屋毎に焼成温度や焼成雰囲気が変わる。

一の間は粗磁器、二の間・三の間までは磁器、それより後ろは陶器を窯詰めして焼いた。そのような窯焚きの様子は、明治六（一八七三）年に作られた『京都陶磁器説図』に分かりやすい図が示されている。窯焚きでは黒煙がもうもうと立ち込め、真夏でも障子を締め切らなければならなかった。

なお、薪も専門業者に委託して購入した上で、薪割りの専門家が薪を割った。窯を築いたり、直したりする専門業者も存在した。京都の登り窯は、多くの専門業者が維持・管理に関わっており、その高度な技術に支えられて、高級な清水焼が生み出されていた。

参考文献

◎大西政太郎　一九八三『陶芸の土と窯焼き』理工学社
◎京都府　一八七三『京都陶磁器説并図』（藤岡幸二編　一九六二『京焼百年の歩み』付録、京都陶磁器協会）

Ⅳ 東山の近代

登り窯の受難
―清水焼と五条坂の戦中戦後―

木立 雅朗

はじめに

清水焼の伝統産地、五条坂には、河井寛次郎記念館の登り窯、五条坂京焼登り窯（旧藤平）、小川文斎窯、入江道仙窯の四つの京式登り窯が存在する。五条坂を通りすぎる人々は多いが、登り窯は意外に知られていない。かつては二〇基以上存在した時期もあったとはいえ、条例によって使用を禁止されてから五〇年以上が経過しているため、今でも都市部に四基の登り窯が残っているのは奇跡としか言いようがない。これらの登り窯がどのような受難を経て現在にいたっているのか、紹介してゆきたい。

「五条坂」という場所

本来、「五条坂」は、大和大路から東大路までの五条通りを示していた。洛中側から五条通りを東に向かい、鴨川をわたってしばらく進むと、東山連峰に向かって道がやや緩やかに登ってゆく。東大路から東側になると、傾斜がややきつくなるが、ちょうど緩やかな傾斜の範囲が伝統的な「五条坂」である。現在では、東大路より東側の傾斜がきつくなった部分を「五条坂」としている地図があり、一般化している。清水寺に向かう車や人々の往来が激しいことや、交差点「五条坂」、バス停「五条坂」の影響が大きいだろう。

「五条坂」といえば清水寺に至る通過地点、観光地のイメージが強い。しかし、それは近年になって拡大したイメージである。

一九六七年、国道一号線東山バイパスが開通し、五条坂が京都盆地から山科へ抜ける新たな主要道路になった。それ以前は、やや南側の渋谷街道が山科に抜けており、五条坂よりも渋谷街道のほうが表通りとして栄えていた。江戸時代から続く古い町家も渋谷街道沿いのほうに密集していた。五条坂が栄えるのは、江戸時代の後半から近代にかけてである。

（図１）交差点「五条坂」（2018 年 11 月撮影）

「清水焼」という焼物

五条坂の周辺は、清水焼の伝統的な産地として知られている。ただし、「五条坂」という地名と同じく、「清水焼」も歴史的に変化してきた。『当時窯持由緒記』（一八五二年）の記録によると、一六四一（寛永一八）年に「音羽屋惣左衛門」が操業したのがはじまりだという。それは若宮八幡宮の門前通が音羽川と交差し、音羽橋がかけられた西南側であった。土地の名をとり「音羽焼」と呼ばれていたが、その後、一八世紀になると窯元が増加し、清水寺門前で焼かれていた焼き物と一体化して、清水焼と呼ばれるようになる。

本来の清水焼は、三年坂の横に窯を作り、清水寺の庇護下で焼かれたものだけを意味していた。それが一体化したのは「清水焼」という名前のブランド力の大きさだと考えられている（中ノ堂二〇一八、八七頁）。この頃、窯元が集中していたのは、音羽川と渋谷

（図2）「ここよりひがし 五條坂」の石碑（五条通り・大和大路交差点の東北側。緩やかな坂道が始まっている。この歩道がかつての五条通り。2019 年 12 月撮影）

（図3）音羽焼発祥の地、若宮八幡宮門前通（左手の鉄製柵が音羽橋の名残。今は暗渠化しているが、かつてはこの下を音羽川が流れていた）

通りにはさまれた地域だった。登り窯を築くには傾斜面が必要だが、音羽川が作り出した谷の斜面が利用された。現在では暗渠化された音羽川だが、清水寺の音羽滝を源流の一つとし、かなりの水量があったようだ。都市化された現在でも谷地形が確認できる場所がある。その後、一八世紀終わりから一九世紀にかけて五条坂に焼物問屋の同業者町が形成され、音羽川の周辺の窯元もさらに増加していった。この焼物問屋の町が「五条坂」の発展とその名称を決定づけたのだと思われる。

江戸時代中期以降、京都には粟田口（粟田焼）と五条坂（清水焼）の二大産地が繁栄していた。近代以降、粟田口が世界大恐慌の煽りで衰退したため、五条坂が最も古い産地として生き残った。日吉・泉涌寺地区は近代以降に新たに広がった新興産地だが、今はそれらの焼き物も含めて京都の焼き物のすべてが清水焼と呼ばれるようになっている。もし、粟田焼が衰退していなければ、京都の焼物＝清水焼とはならなかっただろう。

江戸時代には窯株制度によって自由な登り窯の築造が規制されていたが、明治以降、それが廃止されたため、自由競争の時代に入った。そのため、登り窯は増加に転じ、常時二一〜二六基程度の登り窯が操業を行った。この登り窯は全国各地の登り窯に比べて小型であり、最大でも全長二〇メートル程度のものであった。

（図 4）井野祝峰窯（2015 年 8 月撮影）

（図 5）五条坂京焼登り窯（旧藤平）

有田では江戸時代のうちに長さ一〇〇メートルを越える長大な登り窯が築かれていた。京都は歴史的に生産規模が小さい産地だった。そのかわり高級品を少量、かつ、多様な形状の製品（多品種）を生産するという特徴があった。

戦時体制下の五条坂と建物疎開—京都明細図に記録された町並み—

●京都市明細図にみる建物疎開以前の町並み

アジア・太平洋戦争の末期、空襲による都市火災の延焼防止を目的として、強制的な建物疎開が行われた。一九四五年三月から四月にかけて行われた京都市の第三次建物疎開で、五条坂南側の家々が強制的に撤去された。戦後、しばらく空き地に近い状態で放置されたが、人々が戻ることは許されなかった。一九六七年に国道一号線・五条パイパスが開通し、それによって五条通りは広大な通りに発展・拡大したようにみえる。しかし一九四五年三月まで、その部分に町家が立ち並んでいたことを考えると、複雑な気持ちが去就する。

この失われた町並みを記録する二つの詳細な記録がある。一つは京都市明細図である。

京都市明細図は火災保険協会京都地方会が製作した「火災保険図」であり、個々の建物や細かい路地まで表現されている。一九二六（大正一五）年～一九二七（昭和二）年頃にかけて作製されたと考えられる（河角 二〇一九a、二五頁）。長谷川家所蔵本と京都府立京都学・歴彩館所蔵の二つが伝えられており、インターネット（近代京都オーバーレイマップ）で閲覧することができる。京都府立京都学・歴彩館所蔵の京都市明細図は京都市都市計画課から引き渡されたものであり、刊行直後から一九五一年まで継続して書き込みが加えられている（河角 二〇一九b、三三頁）。この京都市明細図には、建物疎開によって「除却」された範囲を除いて、「陶器工場」などと土地・建物の利用状況を書き加え、建物の形状や使用種別について、彩色で記録している。

京都市明細図の「SE30」はちょうど五条坂が中央に描かれている。五条坂の南側に鉛筆で斜線を引き、除却された範囲を示している。番地ごとに建物が描かれているが、地籍図を参考にして作製したらしく、分筆された様子もよくわかる。これによると五条坂南側には五条通りに直接面した区画だけでも五六区画程度確認することができる。鰻の寝床の敷地で奥行きが長い敷地もあるが、ロージなどでその奥（南側）にも多数の区画が確認される部分もある。区画だけで軒数を確定することは難しいが、伝統的な五条坂（大和大路から東大路までの間）の範囲で除却された家の数は合計一〇〇軒を越えたと想定される。今は広々とした国道一号線にこれほどの家々がひしめいていたのかと、驚かざるをえない。

なお、建物疎開では幅六〇〜六五メートルの範囲が除却されたが、一部、音羽川を目安に除却したと思われる範囲に「取り壊し過ぎた部分」があり、それらの一部は戦後、元の所有

（図6）京都市明細図 SE30（京都学・歴彩館所蔵。中央付近の色塗がない部分が建物撤去範囲）

者に返却されている。清水六兵衛窯や金光院は土地の多くを失ったが、「取り壊し過ぎた部分」に帰ることができた幸運な事例である（川口 二〇一四、一八九－一九〇頁）。清水六兵衛窯と隣接した清風与平窯（元清水七兵衛窯、後に井野視峰窯）は音羽川の右岸にあった。「清風家は登り窯を残してすべて取り壊され」（前崎 二〇〇五、四頁）たという。清水六兵衛家も同様に登り窯だけが残されたようだ。

五条坂の強制疎開で幅六〇メートルもの建物が疎開されたが、登り窯は無事だった。五条坂の南側では、音羽川の左岸に窯が多かったため、疎開の範囲から外れていたのである。もし、五条坂の北側が選ばれていたなら、入江道仙・浅見五郎助・小川文斎の登り窯が疎開の対象になったはずだ。

●入江道仙の受難

入江道仙は幕末から続く陶家だが、二代目・三代目が化学磁器の製造に成功し、五条坂でも有数の陶家として発展した。大正三（一九一四）年に建立された若宮八幡宮の鳥居寄進者の中に名を連ね、昭和九（一九三四）年結成された京都陶磁器工業組合でも「五条之部」で清水六兵衛・浅見五郎助に次ぐ出資を行っている有力な陶家だった（藤岡 一九六二、一三九頁）。五条坂で化学陶磁器を生産していたことは意外に思われるが、有田焼や瀬戸焼でも同じだった。入江道仙は京都の一般的な登り窯の一部を使用し、そのほかの部屋は京焼陶工に貸し出していた。窯とその運営方法も、清水焼とまったく同じだった。

昭和一八（一九四三）年一月には京都府陶磁器工業整備要綱に従って木村製陶所・後藤製陶所を吸収合併して有限会社道仙化学製陶所が設立された（木立 二〇二〇、一〇七－一〇八頁）。同年一月二三日には藤平窯業有限会社の設立が認可されている（木立 二〇一五、四二－四四頁）。この前後、戦時生産力の増強を図るため、国家総動員法に基づく業界の統合がさらに推進されたのである。有力な入江道仙は会社化することができたが、小規模な製陶所は吸収合併された。

道仙化学製陶所が保管していた文書（道仙文書）によって入江道仙が所有していた土地建物の詳細を知ることができる。「轆轤増設届・分割工場届」（昭和一八年一一月）によると、入江道仙は、五条坂の南側の五条橋東四丁目四四七番地に自宅と第一工場（合計一一四坪。うち工房は約二〇坪）を、五条坂北側の五条橋東四丁目四四八番地に土地建物と第二工場（八七・七七坪）を所有していたことがわかる。四四八番地の第二工場の測量図では、五条通り北側のロージ奥に第二工場が存在したことがわかるが、入江道仙の所有地であったロージの両側は描かれておらず、貸家になっていたと想定される。四四七番地と四四八番地は、それぞれ五条坂の南北に面していた。昭和一九（一九四四）年九月に作成した測量図（道仙文書）によると、入江道仙が所有する四四八番地ほかの建坪は第二工場も含めて合計一七三坪であり、そのうち平屋長屋六軒分を工場倉庫として新たに使用していたことがわかる。昭和一八（一九四三）年一一月の後、第二工場（八七・七七坪）が手狭になり、借家部分を自己で使用するようになったと推測される。

昭和二〇（一九四五）年、建物疎開によって自宅と第一工場を失うことになる。そのた

（図7）京都明細図　五条橋東４丁目447番地と向かいの448番地（図６の拡大）

め、すべてを第二工場の敷地に移動したと想定される。おそらく、これを契機にして貸家にしていたと思われる五条通りに面した建物を自宅兼事務所として使用するようになったと推測される。この建物は、戦後、道仙化学製陶所の社長宅兼事務所として使用され、昭和三七（一九六三）年以後、高級な京焼を販売する楽只苑の店舗として人々に親しまれた。現在はホテル建設のために売却されたが、五条坂に残るわずかな町家建築として貴重な遺産であり、所有した不動産業者も登り窯跡と楽只苑跡を保存活用する計画である。

建物疎開に関わる混乱の状況が、道仙文書『自昭和廿年四月一日　至昭和廿一年参月卅一日　第四期決算報告書』に記録されている。少し長いが、当時の状況を彷彿とさせるため、以下に引用しよう。

第四期決算事業概要
自昭和廿年四月一日　至昭和廿一年参月卅一日
戦局愈々急ヲ告グ昭和二十年四月頃ヨリ空襲次第ニ熾烈トナリ、大都市殆ド燃土ト化セル結果遂ニ敗戦・終末トナル、コ、ニ於テ敗戦国トシテノ社会経済恐慌ニ見舞ハレ、インフレーション益々悪化ノ下、ソノ影響スル所当会社ノ生産高ニモ相当ノ減産ヲ余儀ナクセシメラレタリ。
昭和二十年三月下旬五條通南側一帯第一次強制疎開ニヨリ機械・轆轤工場及ビ原料場全部取■（壊カ）ノ運命ニ相過シ（ママ）コレガ移転ノタメ全員作業ニ従事シ直ニ再設置ノ計画ヲ進メシ■緊迫セル情勢下予定意ノ如ク進マズ漸ク三ヶ月後仮設備ナリタリ、勿論コノ期間中生産ノ方ハ全ク停止サレ相当ノ犠牲ヲ払ヒタリ。其ノ後再ビ生産ヘ掛カリタルニ大都市ヘノ空襲益々激化スル所トナリ、当社製品ノ主タル納入先ノ大阪市ハ大部分灰燼トナリタル結果勢上需要モ止マリ、爲ニ残存工場ハ避難疎開スル等ニヨリ生産所デハナク、京都モソノ余波ノタメニ種々困難ナル事態ノ下ニ置カル、当社ハカ、ル状態ノ下ニモ屈セズ最少ノ従業員ヲ以ツテ正ニ背水ノ陣ヲ布キ七月十七日ニ至り当期初ノ焼成ナリタリ。

八月十五日無条件降伏ハ生産界ヲシテ遂ニ全ク停止虚脱状態トナサシメタルモ、時ヲ従ヒ漸次平常ヲ取戻シ得意先方面トモ連絡ノ結果少々乍ラ復活ノ見込アリトノ意見ニ大イニ心ヲ強クシ再出発生産計画ヲ致シタリ、而シ敗戦ノ結果ハインフレ経済時代ニ入リ、復活セル一部工員モ食糧事情ノ爲ニ退職スル者モ出テ依然人的不足、燃料松薪原料入手難トニヨリ生産意ノ如ク進マズ漸クニシテ十一月末当期第二回目ノ焼成ナリタリ。

昭和廿一年再生日本ノ新年ヲ迎ヘテ二月ニ入ルヤ、工員ノ復帰モアリテ、活気ヅキ資材料就中松薪ノ入手ニ努力ヲ払ヒシ結果三月末日ニハ当期第三回目最終ノ焼成ヲナシタリ。当期間ヲ通ジテ僅々三回ノ焼成成績ニ過ギナカリシガ無事大過ナク当社事業ヲ継続スルコトヲ得タリ。（漢字を改めた部分がある）

なお、『第二回営業報告書』（昭和一九年三月）によれば昭和一八年度は軍需品の発注が多く多忙を極めている。燃料の確保

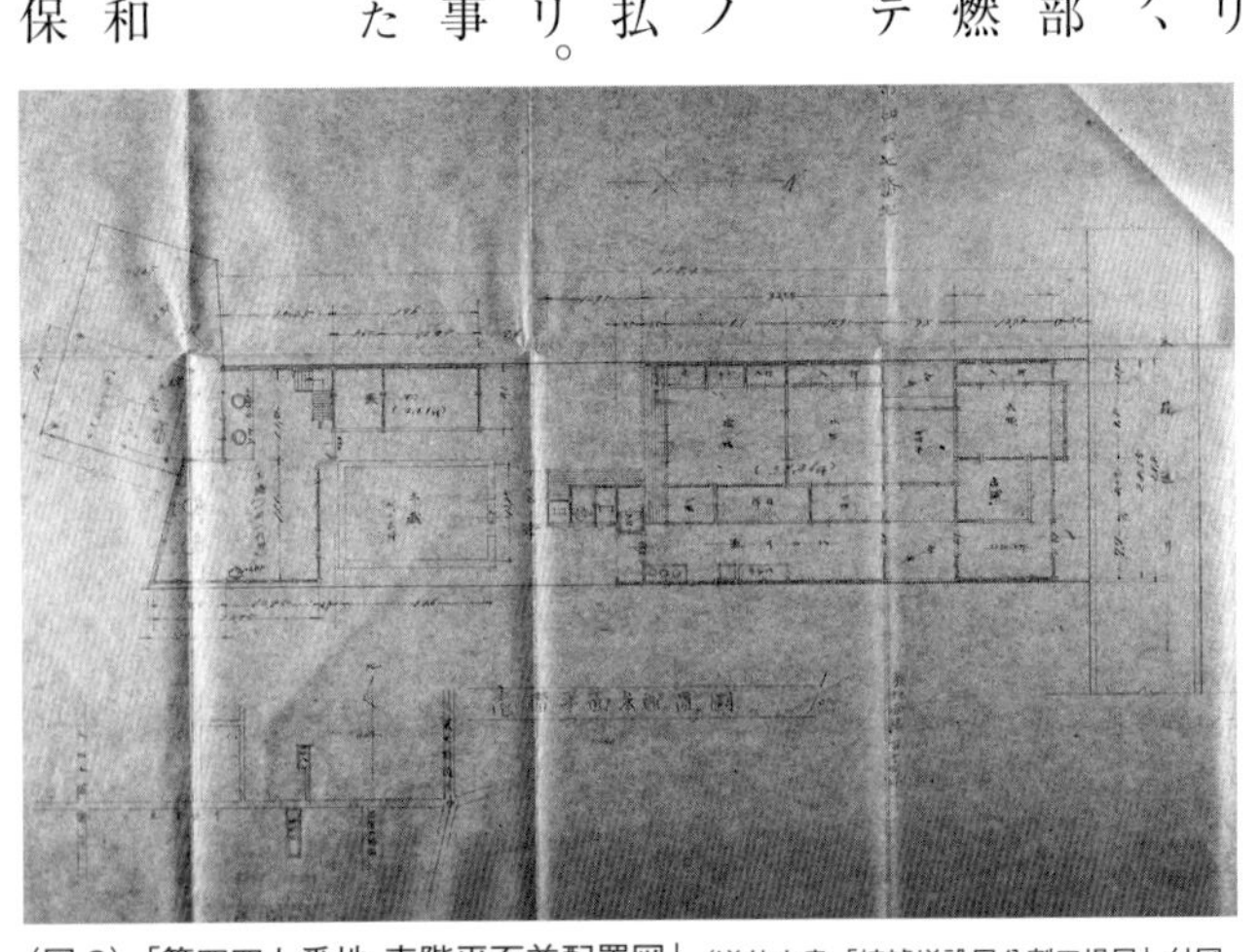

（図 8）「第四四七番地 壱階平面兼配置図」（道仙文書「轆轤増設届分割工場届」付図。昭和 18 年 11 月 17 日申請、同 18 日許可。右端が五条通り。右側が北）

が困難だったが、予想外に獲得できたため、焼成回数は前年に比べて一〇%増加したという。他の文書から昭和七（一九三二）年~九（一九三四）年には年間一〇~一一回の窯焚きが確認できる。また、「最盛期には月一回程度は窯焚きをした」という最後の轆轤(ろくろ)師笹原信雄氏の証言から、昭和一八年度には年間一二回~一三回程度の窯焚きが行われたと推測できる。生産量も前年を突破したが、「計画割当生産量」を消化できなかったと書かれている。

このように、戦時中は軍需工場に準じた活況を呈していたにもかかわらず、建物疎開で自宅と第一工場を失ったのである。引っ越しに大きな負担と犠牲を払ったようだが、登り窯が無事だったおかげで、七月にはこの年度最初の窯焚きを行っている。

この決算報告書の「負債の部」の未払金の中に「疎開古木代　費消分入江道仙　二、五〇〇」（円）、損益計算明細書の中に「古木消費分　二、五〇〇」（円）と書かれている。入江道仙が、自宅兼第一工場を解体した部材を道仙化学製陶所に売却して燃料として活用したのであろう。通常は松薪を使用しているため、古材の価格と単純に比較することができないが、昭和一九年度の松薪代金は「四、七五六・八一」（円）であった。昭和二〇（一九四五）年度は三回の窯焚きしかなかったはずだが、松薪代金は「三、〇三二・六二」（円）であり、古材代金と合計すれば前年度より燃料費が多くなってしまう。古木は相当の量があったのだろう。

八月一五日以降、一旦は生産を停止したのだろうが、一一月末に二回目、翌三月末には三回目の窯焚きを行っている。登り窯が失われなかったため、五条坂の回復は比較的早かったのかもしれない。

五条坂南側町並散華の図と人々の記憶

●戦前・戦中の五条坂を描いた貴重な絵画作品群

もうひとつの失われた町並みの記録は、五条坂に生まれ育ったインテリアデザイナーの伊吹弘氏（一九二六〜二〇一〇）が描いた詳細な屏風絵である。「肺を患って徴兵されなかった当時二〇歳の伊吹さんが記憶にとどめた光景を、趣味の日本画に仕立てたという」（中塩路 二〇一一）。

「昭和二十年春　五条坂南側町並散華の図」（一九九二年四月作製）は建物疎開による立ち退きの生々しい状態を描いている。その下絵では「五条坂町並崩壊の図」というタイトルだった。仕上げてゆく過程で「崩壊」から「散華」へと変化したことがわかる。

また、「昭和二十年　強制疎開立ち退き前の五条坂南側　心象風景」（一九八三年八月作製）では強制疎開直前の様子を描いている。京都明細図ではわからない当主の氏名が書き込まれており、貴重な記録である。「心象風景」と「散華の図」は同じ範囲を同じ大きさで描いており、二つの屏風を並べれば、建物疎開の実態、散華の状況が生々しく伝わってくる。

伊吹氏はこの他にも「昭和二十年（一九四五）三月　強制疎開立退き前の五条通南側町並み」（大和大路より西側。一九九〇年三月作製）、「五条

（図９）「昭和二十年 強制疎開立退き前の五条坂南側心象風景」（大和大路から東側。昭和 58（1983）年8月8日製作）

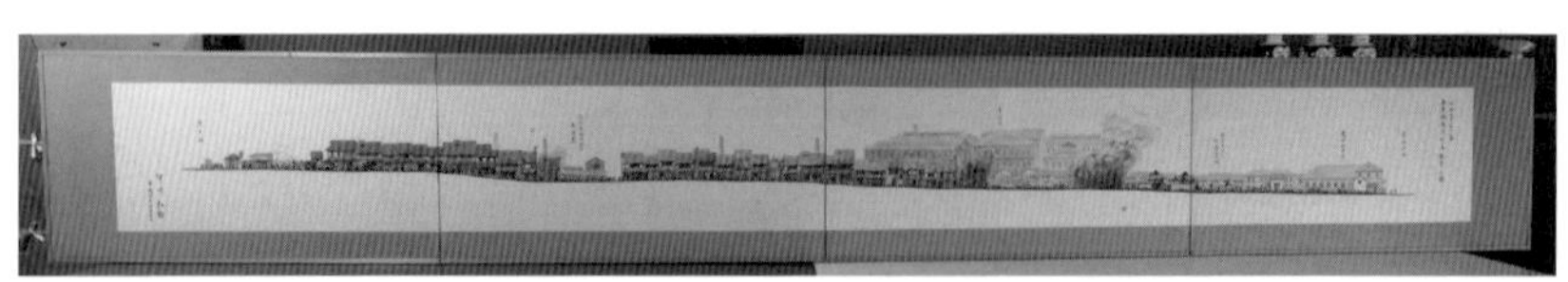

（図 10）「昭和二十年春 五条坂南側町並散華の図」（大和大路から東側。平成 4（1992）年 4 月 10 日製作）

坂　心象風景　三丁目　北側と南側」など、一連の作品を製作されている。「町並俯瞰図 旧五条坂南側」（一九九九年六月作製）は、強制疎開前の五条坂南側を西上空側から眺めた鳥瞰図（掛け軸）である。

これらを描いたのは建物疎開から四〇年以上後のことだが、極めて詳細な絵であり、当時の姿を彷彿とさせてくれる。奥様の伊吹紫子氏によると、アトリエに一人で籠って描いていたためよくわからないが、資料を参考にしたのではなく記憶だけを頼りに描いたのではないかという。執念をも感じさせる詳細な描写であり、「記憶遺産」と呼ぶにふさわしい貴重な作品群だ。

●五条坂南側町並散華の図

「散華の図」では、集団で綱を引いて建物を引き倒して壊している様子、建物が壊されて粉塵を挙げている様子など、実に生々しい強制疎開の実態が描かれている。建物の撤去は西側から始まったようで、第一扇では町家が土蔵を除いて無くなっている。東山郵便局（京都市明細図では「五條郵便局」）や専売局（京都市明細

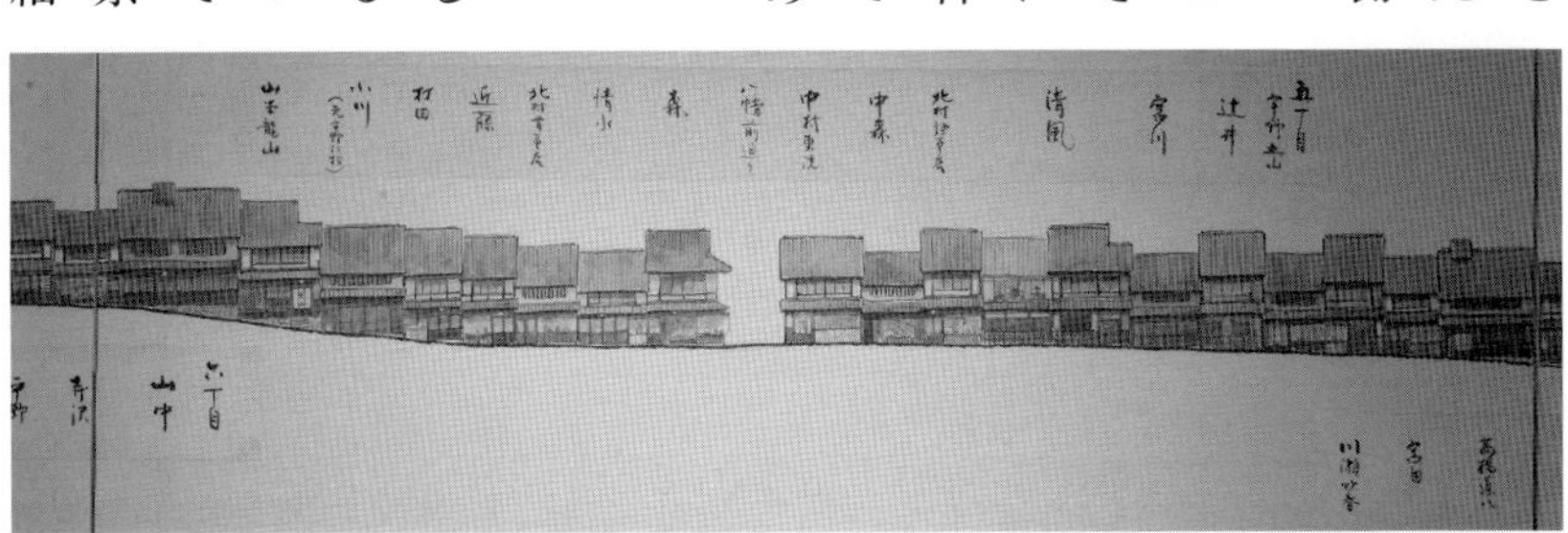

（図 11）五条坂南側心象風景 第２扇（図 12 と同じ場所）

（図 12）五条坂南側町並散華の図 第２扇（図 11 と同じ場所）

図では「京都専売支局」）が見えているのは、そのことを強く表現しているのだろう。引き壊したのか、解体したのかは不明だが、荷車に資材を積み込んで馬に引かせようとしている様子も描かれている。ちょうど専売局の西側あたりから何軒かの建物が解体中である。

「散華の図」では専売局から東側では屋根瓦を下ろしている最中の家もあるが、多くの建物は瓦を下ろした後の様子が描かれている。しかし、東大路に近い東側の建物はまだ屋根に瓦が載っており、トラックや馬車で荷物を搬出している。東大路近くでは満開の桜と花吹雪が舞っている。桜吹雪の下で満杯の荷車を引く人々の姿が「散華」のありさまをさらに強調し、胸に迫ってくる。

入江道仙の自宅は瓦を下ろしている

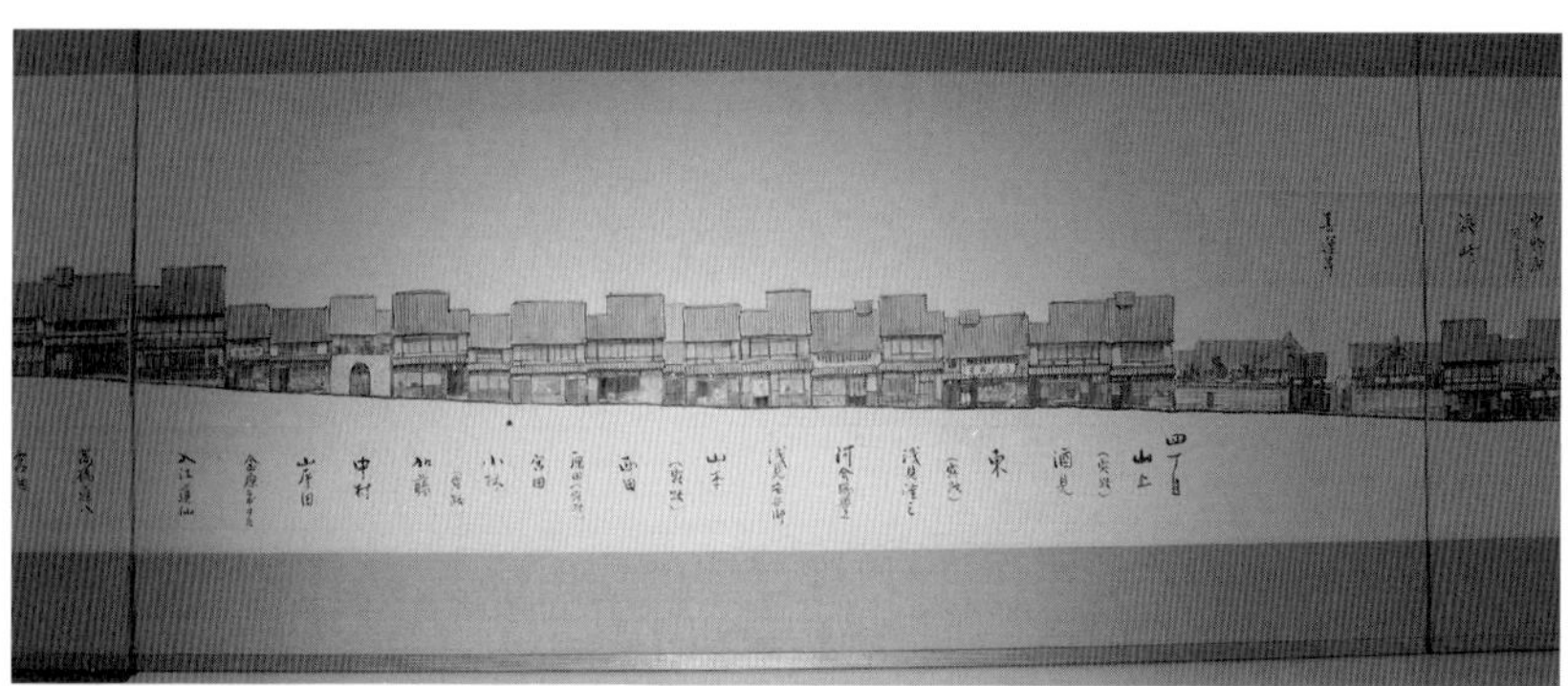

（図 13）五条坂南側心象風景 第 3 扇

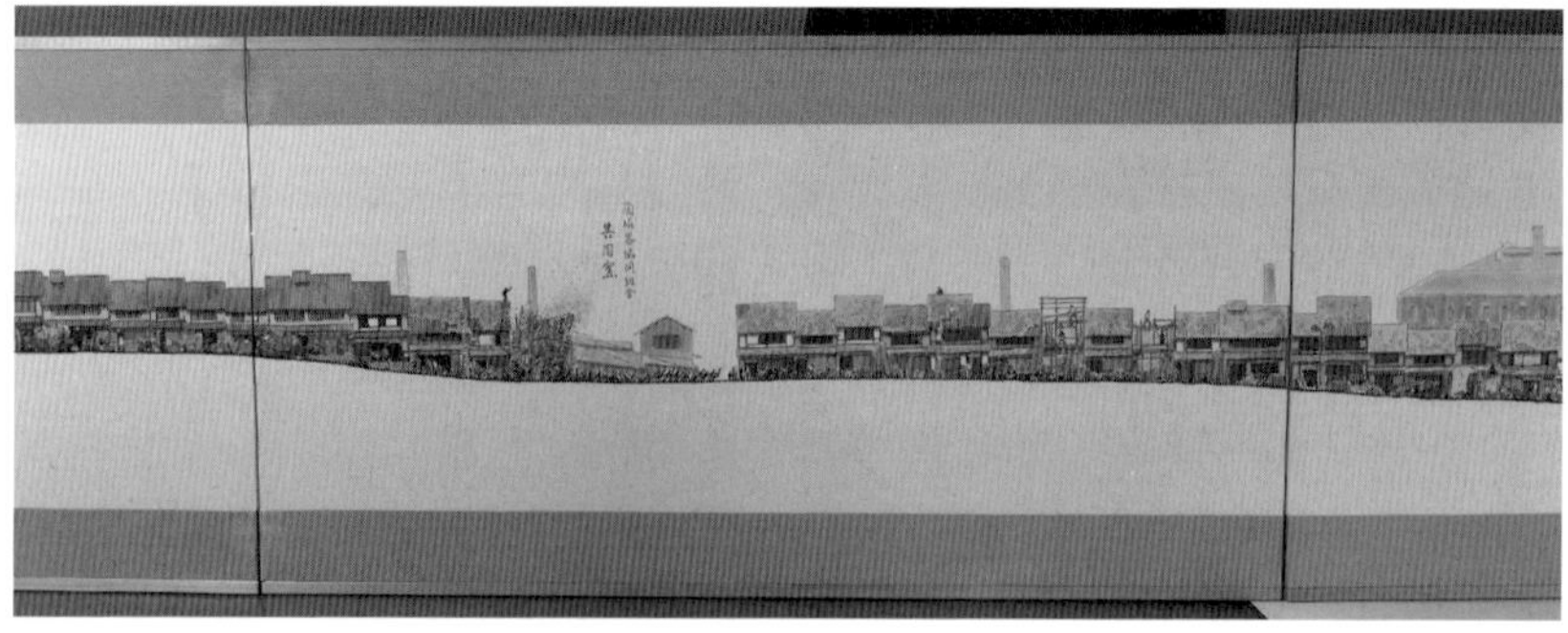

（図 14）五条坂南側町並散華の図 第 3 扇（図 12 と同じ場所）

途中である。周囲はすでに瓦を下ろし終え、八幡通り西側で瓦を下ろしているのは、清風与平と入江道仙、喜運寺だけである。これらは作業が遅れていたのかもしれないが、大きな家と認識されていたのかもしれない。入江道仙の西側七軒目がちょうど引き倒され、徐々に迫ってきている危機的な雰囲気が読み取れる。

●人々の記憶

川口朋子氏の聞き取り調査は、この屏風の意味をさらに大きくしてくれる。

一九四五年一月一六日、馬町で空襲があったという噂が流れ、五条坂では建物疎開がはじまるのではないかという憶測が飛び交った。実際には三月一八日以降に建物疎開が始まるが、「義兄の将校がすぐに大工三名をつれてきて、柱や天井板、床板、欄間をきれいにはずし、近所の空家に預けるように手配した」という家もあれば、「取り壊された自宅の材木に人々が群が」った家もあった。その家の人は「家財道具を運び出すのに必死」で、「それだけは悲しかったですわ。家の、襖の縁が燃えますやろ、木だしね。だから情けないなあと思いましたわ。

（図 15）五条坂南側町並散華の図 第 3 扇の拡大（引き倒される町家。その背後に「陶磁器協同組合 共同窯」の覆屋と煙突）

もうどうすることもできないような」と述べている。取り壊しに動員された人々が「先を争って庭石まで持ち帰ってしまったため、自分たちは床下の木だけを持ち帰った」という家もあった。敷地三〇〇坪以上あった和風建築二階建ての住宅では、瓦を外したようだが「瓦一枚一枚が銅線で組んであり除却の際に難儀」し、叩いたり引っ張ったりして、無茶苦茶にして壊された。大八車で漬け物や醤油の樽などの家財道具を運びだし九キロほど離れた寺に置かせてもらったという証言もあった（川口 二〇一四、一九三－一九六頁）。

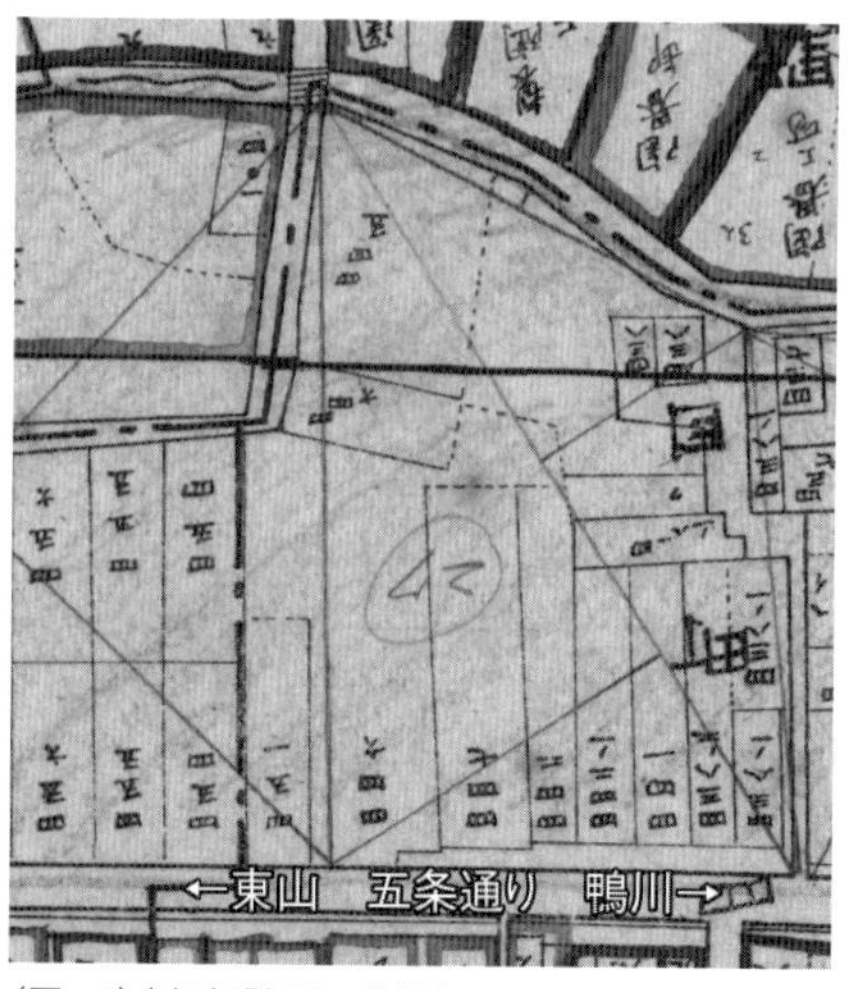

（図16）京都市明細図 五條橋東4丁目447番地周辺（上が南）

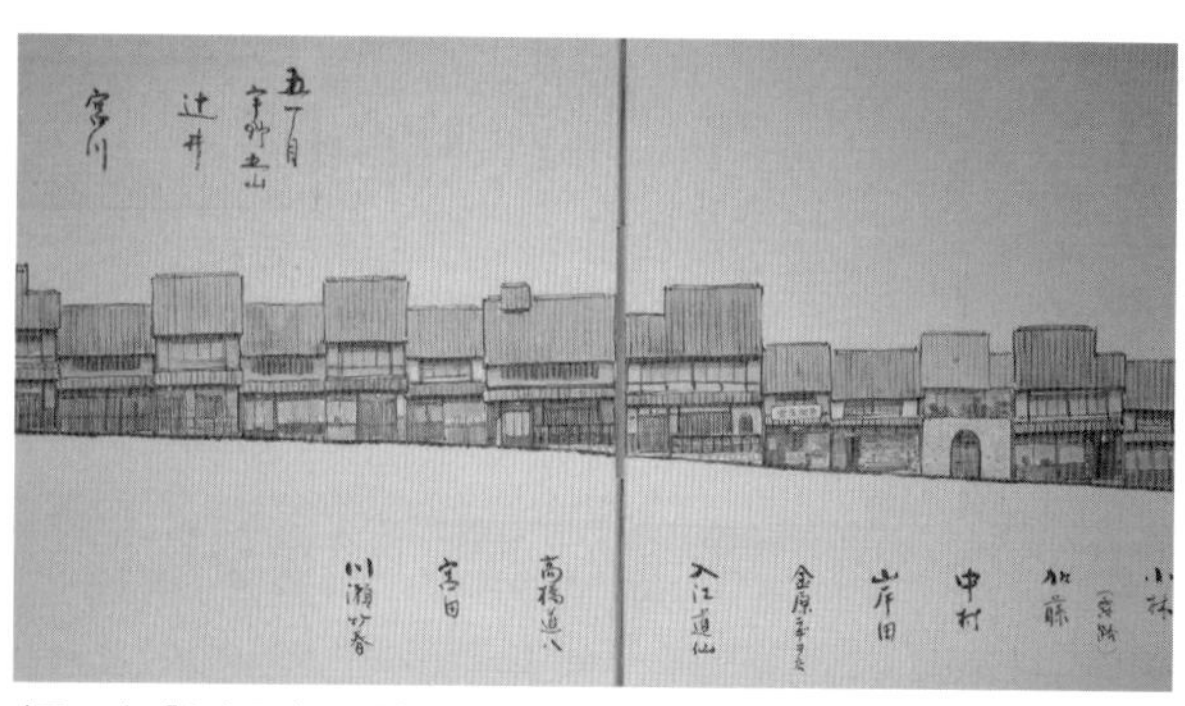
（図17）「心象図」五條橋東 4 丁目 447 番地周辺（図 18 と同じ範囲）

（図18）「散華の図」五條橋東 4 丁目 447 番地周辺（図 17 と同じ範囲）

これらの証言はいずれも「散華の図」に描かれた内容と一致する。多くの人々が動員され、短時間のうちに建物疎開が実行された状況が生々しく伝わってくる。

五条通りを含めた京都の第三次建物疎開は一九四五年三月一八日「疎開票添付開始」からはじまり、三月二五日から除却が開始されている。四月二五日には京都市全体の九割近くの強制撤去が終了していた(川口 二〇一四、一五三―一五四頁)というが、「通達からあけ渡しまで、わずか三日の猶予」だったという証言(田村 一九八八、一四頁)や、「一週間以内に潰せ言われたら気がおかしくなりますよ」という証言も見られ(川口 二〇一四、一九六頁)、極めて短い期間で「散華」が行われたことがわかる。

●登り窯の煙突について

伊吹氏が作成した「心象風景」と「散華の図」を京都市明細図と比較したところ、ややずれるところや不明な部分が残るものの、合致する部分が多かった。図16～18には入江道仙の自宅があった五條橋東四丁目四四七番地周辺の対比を示した。完全な一致はしないが、この他の部分でもロージや通りの位置などが、おおむねで合致する。明細図の土地区画は測量当時のものであり、昭和二〇(一九四五)年三月の現況ではないため、測量図作製以後の改変も当然あったと想定される。そのことを考慮するならば、伊吹氏の図は測量図ほど正確ではなかったとしても、極めて正確、かつ詳細なスケッチであり、記録画として高い価値を持っているといえる。

興味深いことは、「散華の図」では音羽川の畔に築かれた京都府陶磁器協同組合の登り窯煙突と窯屋が見えるようになっていることである。八幡通りの東側にあった「森・清水・北村骨董店」の三軒の除却が終わり、さらに四軒目の「近藤」家を引き倒す瞬間が描かれている。

「散華の図」には合計五つの煙突が描かれているが、そのうち一つは専売局の煙突はタバコ工場に関わる可能性がある。少なくとも四つは登り窯の煙突を表現したものだろう。建物疎開前の姿を題材とした「心象風景」では五条通に面した町家だけが描かれ、その奥は表現されておらず、煙突も一切描かれていない。「散華の図」は建物疎開によって、南側の見通しがよくなったことを視覚的に示しているのだと思われる。東山郵便局や専売局の巨大な建物も同様である。五条通の北側に面した家で生まれ育った伊吹氏にとって、南側の町並みが無くなり、広大な空閑地の背後が見通せるようになった時の衝撃は極めて大きかっただろう。そのことを強く表現する手段の一つが煙突だったと想像できる。

ところが、井野祝峰三代目の井野良喜氏によると、音羽川沿いにはいくつもの窯があったが、井野祝峰窯をはじめ、ほとんどは煙突を持たない窯だったという。「煙突をもった登り窯は一つしかなかった」というから全くなかったわけではないが、京式登り窯は煙突を持たない「吹き出し」が伝統的な形態であったと言われている。音羽川沿いからやや南に外れるが河井寛次郎窯は今もその伝統的な姿を残している。伊吹氏が「散華の図」を描いた時には旧音羽川沿いに井野祝峰窯と京都府陶磁器協同組合の登り窯が残されていたが、双方ともに煙突はなかった。それにもかかわらず、「散華の図」では実態以上の数の煙突が描かれている。五条坂の北側に生まれ育った伊吹氏にとって、南側の風景は見慣れたものであり、大きな衝撃を受けたことは想像に難くない。しかし、実際には煙突を見ていないはずだ。

「散華の図」に煙突を描いたのは、「登り窯には煙突があるものだ」というステレオタイプのイメージで描いたためかもしれないが、わかりやすくするために意図的に付け加えられた可能性もあるだろう。これによって五条坂が焼物の町であったということをイメージしやすい。「散華の図」の下絵(「五条坂　町並崩壊の図」)を見ると、何度か推敲していることがわかるが、京都陶磁器共同組合の登り窯の煙突の位置を修正しており、入念に検討して煙突を描いていることがわかる。

なお、『京焼百年のあゆみ』によれば、京都府陶磁器協同組合の設立は昭和二六（一九五一）年である（藤岡 一九六二、二〇八頁）。昭和二六年頃までの状況を記した「京都市明細図」では、「石川陶器製作工場」の敷地が登り窯の覆屋部分まで伸びている。土地の区画も現在とは異なっており、後に京都府陶磁器協同組合がこの地に登り窯を築いたことによって変更された可能性が高い。この地点は、明治末には「邦山（田中）」（藤岡幸二 一九六二、「明治末の五条坂清水附近 窯要図」）、大正期には「田中」（河井磊三 一九三〇）の窯とされている。昭和二〇（一九四五）年の所有者は不明だが、京都府陶磁器協同組合ではないことだけは確かである。この部分は戦後のイメージで誤解されて描かれた可能性が高い。「田中」窯が存続していたのであろうが、さらに詳細な検討が必要である。

以上のように、これら屏風は極めて詳細であるがゆえに、詳細な史料批判が必要である。しかし、伊吹氏の詳細な記憶を超えるものはない。これが四〇年以上後に書かれたことの意味は極めて大きく、若干の齟齬はむしろ当然だろう。むしろ、それ以外の齟齬が著しく小さい。執念といわざるを得ないほど詳細な描写は、詳細な資料を参考にしたのではないかと思えるほどである。伊吹氏の解釈として、その価値は高まりこそすれ、減ずることは全くない。

（図19）「散華の図」下絵部分煙突の位置を修正した様子

高度経済成長期と京都府公害防止条例

登り窯の窯焚き日には洗濯物を干すことができず、真夏でも窓を締め切って生活していたという。タンスの中にまで煤が入りこむため、洗濯物は風呂敷に包んでからタンスにしまったと言われている（木立二〇一〇、六七―六八頁）。かつて、陶磁器生産に関わる人々は登り窯のおかげで生業がなりたっていたため、文句をいう人もなく、それが当たり前だった。

戦中戦後の混乱を乗り越えた五条坂は、国道一号線施設に伴って南北に分断されたままであったが、高度経済成長の波に乗って増産を続けた。しかし、その傍らで公害が大きな社会問題となり、一九七一年、京都府公害防止条例の施行によって京都市と宇治市では登り窯による窯焚きが実質的に困難になった。

登り窯の一角を借りていた小規模な陶工たちは、独立して電気窯やガス窯を個人的に持ちつつあった。すでに一九六一（昭和三六）年には河井寛次郎の登り窯が縮小を余儀なくされていた（河井須也子二〇〇六、二二〇頁）。一九六八（昭和四三）年には道仙化学製陶所の登り窯が窯の火を落とした。貸し窯経営を基本とする京焼登り窯にとって、借り手の独立は大きな痛手だった。また、都市化が進み、五条坂の周囲に陶芸関係者以外の人々が増えてきたため、煙害が大きな社会問題として取り上げられるようになった。貸し窯をしていなかった藤平陶芸も一九六八年に登り窯の使用を中止した。時代の背景が大きく変わったのだ。

一九六一年には中小企業振興助成法が改正され、工場団地化に補助金が出されることになった。それと時を同じくして清水焼団地造成同志会が結成され、宅地化が進んで手狭になり、煙害が問題化された五条坂から離れて新天地を求める動きが始まる。一九六三年には造成工事に着手、一九六五（昭和四〇）年には分譲・移転が始まる（清水 二〇一五、三二頁）。清水団地では「近代化」と「生産性の向上」を求め、煤煙問題を引き起こす登り窯は築かれなかった。手狭な土地を広くし、建物や窯などの設備が近代化されていったのである。五条坂から登り窯の炎が消えてゆく「近代化」の動きは、公害防止条例施行以前から着々と進んでいた。

こうした煤煙問題があっても、高度経済成長の後押しによって、京焼・清水焼は業績を伸ばし続けた。しかし、その後、経済発展に伴う日常生活様式の大きな変化が進行した結果、その業績にも陰りが見え始めた。さらにバブル崩壊やリーマン・ショックなどの度重なる経済打撃によって、京焼・清水焼だけでなく、多くの伝統産業は急激に業績を悪化してゆくことになる。

電気窯やガス窯は登り窯に比べて歩留りがよく、失敗しにくい。しかし、想像以上の大きな成功は望めない。登り窯は焼き過ぎや焼成不足などの不具合が多かったが、時折、人知を超えた想像以上の焼き上がりの製品が生み出された。そのため、多くの陶工たちが登り窯に祈りを捧げた。歩留りは悪かったが、その達成感は電気窯やガス窯の比ではなかったし、作品の質がまるで違う。登り窯の魅力にこだわる一部の人々は、京都市外に登り窯を移築せざるを得なかった。わずかだが、そうした魅力的な清水焼を今も守り続ける人々がいる。

一般的に登り窯といえば、信楽焼や備前焼などのように土味や登り窯の窯変（ようへん）を大切にする焼物のイメージが強い。そうした焼物に比べると、優雅な清水焼は登り窯のイメージと合わないかもしれない。おそらく、登り窯で焼成された清水焼を識別できる方々は少ないだろう。しかし、美術館に展示されている江戸時代や近代の名品のほとんどすべてが登り窯で焼かれた作品だ。京都陶磁器会館をはじめとする五条坂でも、数少ないが登り窯の作品が展示販売されているはずだ。ぜひ、見比べて確認してほしい。

新しい受難―二〇二〇年の登り窯―

さまざまな受難をくぐり抜けた登り窯だが、今また、大きな受難が襲いかかっている。

高度経済成長が終わり、バブル崩壊やリーマン・ショックを受けた清水焼と五条坂から、かつての賑わいは失われた。そこへ世界的なインバウンドによって二〇一三年以降、京都にも多くの外国人観光客が押し寄せるようになり、衰退した陶磁器専門店がホテルと入れ代わるように急速に撤退していった。五条坂周辺の町家もゲストハウスに改装された。清水寺の麓にある五条坂は、地の利もあって「衰微した焼物の街」から「外国人観光客のホテル街」に急速に変貌しつつあった。戦時中の建物疎開の被害を免れ、古い町家を比較的残していた五条坂北側でも、急速に町家が失われ、周囲も含めて地元住民が住む場所が圧迫されていった。静かに残っていた登り窯もこれを契機に六基から四基に減少した。

インバウンドによる急激な開発が進んでいたが、新型コロナウイルス感染症の影響で二〇二〇年二月以降、外国人観光客の姿が忽然と消えた。急増したホテル経営の将来には暗雲が立ち込めている。この影響がどのよう

（図 20）五条坂の現在（2020 年 1 月 20 日撮影）

に収束するのか予測できないが、コロナ前の姿に戻ることはあり得ないだろう。新しい空き地が痛々しい。建物疎開の再来を思わせるものがある。

五条坂が失ったモノとコト

インバウンドと新型コロナウイルスによって、五条坂をはじめとする「観光」は様変わりした。そのおかげで、私たちが失ってきたモノ・コトがどういうものであったのかが明確になりつつある。「住民の暮らし」と「持続可能な文化遺産の活用」は表裏一体であるべきだが、世界各地の観光地同様、観光客優先の開発進行によって、五条坂も住民が住みにくい街へと変わりつつある。文化遺産を継承してきたのはそこに住む人々とその営みだった。住みにくくなった街から住民がいなくなれば、観光客が見たいと思う魅力的なモノ・コトも同時に失うことになる。

清水愛子は、登り窯を囲むコミュニティーが五条坂の共同意識を生み出していたと論じている。「窯焚き職人に焼成という大仕事を委ねなければならない」ため、「焼成には、祈りのような想いがあった」という。個人で管理できる電気窯とは焼成の意味が大きく違うのである（清水 二〇一五、三三–三四頁）。共同意識は登り窯で育まれた。その場がここに住む人々を結びつけた。

五条坂の登り窯に集う人々は、多くの作品を生み出してきた。その祈りは最高の作品を作り上げることだった。製作に関わる、高度に分業化された専門職集団が形成され、登り窯を行き来した（木立二〇一九）。人々は登り窯に願いをかけ、それによってそれぞれの命を輝かせてきた。

登り窯は単なる窯ではなく、生産システムの核と言ってよいだろう。ただし、登り窯はそびえ立つ視覚的な象徴ではなかった。むしろ、敷地の奥にひそみ、直接関わった人以外には見えないものである。五条坂が失った最も大きな「コト」は、かつてのコミュニティーの場とその実態であろう。町並みや登り窯は、その実態を象徴する「モノ」だ。

技術革新を遂げた現在では、登り窯は過去の遺物にすぎないのかもしれない。確かに登り窯は不安定で歩留りが悪い。煙害も大変なものだった。しかし、それを承知で今もそれにこだわっている陶家が存在している。その理由は作品を見比べれば一目瞭然だが、現在でも、電気窯やガス窯などでは登り窯以上の最高作品を焼き上げることができない。

もちろん、電気窯・ガス窯のほうが美しく焼き上がる作品もある。しかし、現代の窯業化学は、登り窯を「単なる過去の遺物」と呼べるほどには進んではいない。生産性や利便性は格段に向上しているが、私たちは便利な機械を使用することで、大切なコトを失い、目も心も退化した。

度重なる受難に遭遇しながらも、登り窯はその都度生き延びてきた。今も四つの登り窯が残されているのは、関係した人々の犠牲的な努力の結果である。これらがコロナ後の地域社会を結びつける象徴となり活用されることを願っている。

参考・引用文献

◎河井寛次郎記念館　一九九八　『河井寛治路の宇宙』　講談社

◎河井磊三　一九三〇　「五條坂に於ける窯の分布」『都市と芸術』二〇五号　都市と芸術

◎河井須也子　二〇〇六　「解説　時空を超えて」『蝶が飛ぶ　葉っぱが飛ぶ』　講談社文芸文庫

◎川口朋子　二〇一四『建物疎開と都市防空―「非戦災都市」京都の戦中・戦後―』京都大学学術出版会
◎河角直美　二〇一九a「長谷川家住宅所蔵「京都市明細図」を読む」『地図で楽しむ京都の近代』風媒社
◎河角直美　二〇一九b「京都府立京都学・歴彩館所蔵「京都市明細図」を読む」『地図で楽しむ京都の近代』風媒社
◎木立雅朗　二〇一五「元藤平陶芸登り窯について―遺構と記録―」『元藤平陶芸登り窯の歴史的価値等調査研究　報告書』京都市
◎木立雅朗　二〇一九「河井寛次郎と京焼の生産システム」『近代京都の美術工芸―制作・流通・鑑賞―』思文閣出版
◎木立雅朗　二〇二〇「登り窯の終焉と記憶をめぐる文化資源―五条坂・道仙化学製陶所の民俗考古学―」『令和元年度京都府域の文化資源に関する共同研究会報告書（洛東編）』京都府立京都学・歴彩館
◎清水愛子　二〇一五「京焼の近代化における登り窯の役割について」『元藤平陶芸登り窯の歴史的価値等調査研究報告書』京都市
◎田村喜子　一九八八『五条坂陶芸のまち今昔』新潮社
◎中井治郎　二〇一九『パンクする京都―オーバーツーリズムと戦う観光都市―』星海社新書
◎中塩路良平　二〇一一「京の建物疎開 克明に」『京都新聞』二〇一一年八月一三日付夕刊
◎中ノ堂一信　二〇一八『京焼　伝統と革新』淡交社
◎藤岡幸二　一九六二『京焼百年の歩み』京都陶磁器協会
◎藤平長一・北沢恒彦　一九八二『五条坂陶工物語』晶文社
◎前﨑信也　二〇一五「清水七兵衛から清風与平、井野祝峰へ」『五条坂の登り窯―井野祝峰窯の歴史―』
◎二〇二〇年三月一五日閲覧、近代京都オーバーレイマップ　https://www.arc.ritsumei.ac.jp/archive01/theater/html/ModernKyoto/

コラム4

清水寺の明治維新

杉本弘幸

京都府民や世界中の観光客に親しまれている清水寺は、どこの宗派の寺院であるかご存じだろうか？　北法相宗と答えられる方もあるかもしれない。しかし、これは一九六五（昭和四〇）年七月一日に、大西良慶が、清水寺を法相(ほっそう)宗から独立させた後の名称である。

実は、独立するまで、清水寺は興福寺塔頭(たっちゅう)一乗院の末寺とされ、法相宗の有力寺院のひとつであり、奈良の南都仏教寺院の系譜に属していた。奈良時代に栄えた仏教宗派や寺院は南都仏教と呼ばれている。具体的には、法相宗・倶舎宗・三論宗・成実宗・華厳宗・律宗の六宗である。また、南都仏教は仏教の教義や戒律研究に従事した学僧の集団であり、各宗派も宗派というよりも学派のようなものだった。

幕末期に清水寺の本坊である成就院住職であった月照は尊皇攘夷派の僧として知られたが、一八五八（安政五）年の安政の大獄に際し、西郷隆盛とともに鹿児島県の錦江湾（鹿児島湾）に入水した。西郷は助かるが、月照は死去する。月照の弟、信海も獄死し、清水寺は中心的人物を失ってしまった。明治維新が起こり、廃仏毀釈や神仏分離などがあり、様々な有力寺院に打撃を与えた。南都仏教に属する法相宗に直接大きな影響があったのは、一八七二（明治五）年一〇月の教部省令である。この教部省令は、明治政府が仏教の宗派として七宗のみを公認し、仏教寺院はそのいずれかの宗派に所属しなければならないというものだった。ここで七宗とは、天台宗・真言宗・浄土宗・浄土真宗・禅宗・日蓮宗・時宗である。ここに、法相宗などの南都仏教は含まれなかった。南都仏教の寺院は、まずどの宗派に所属するかという大きな問題と直面した。結局、清水寺は唐招提寺・薬師寺・法隆寺とともに真言宗に入ることになった（清水寺史編纂委員会編　一九九七）。

また、明治維新の身分制度・土地制度改革に伴い、寺社の領地も上知(あげち)といって明治政府に返上させられた。その際、朱印地と呼ばれる将軍の朱印状・判物(はんもつ)によって年貢や課役を免除された寺社領地を有する寺院が多かった南都仏教寺院の場合、他宗派に比べて、その影響は極めて大きなものだった。清水寺は、もともと、一戸の檀家も持たない祈祷寺である。一八七一（明治四）年の上知令の影響もあるが、それに続く一八七五（明治八）

年六月の第二次上知令の影響がより大きかった。京都では、第二次上知令を「引裂き上知」と呼び、第一次上知令で除外された境内地の中でも宗教活動に直接関係がないとされた農地や山林まで上知されたことで、多くの境内地と諸院、末寺を失った。地主神社も分離された。さらに、清水寺は東京遷都による皇室や公家など有力庇護者の転出に伴う大幅な財政収入の減少もあり、苦境に追い込まれていった。そのため、清水寺は堂塔を維持するために、参詣客の増大を図った。例えば、伽藍修復を目的として、一八七二（明治五）年には、五〇日間に及ぶ本尊開扉を実施した。また、煮売屋や水茶屋の出店を京都府に願い出て、許可を得ている。参道である清水道は、江戸時代から茶店や土産物屋が立ち並び、参詣と遊山で賑わっていた。さらに、殖産興業の一環として、京焼が発展した。明治期に入ると竹藪の続くさみしい道だった五条坂に陶器商が軒を連ねるようになった。こうして、参詣客の増加にともなって、門前町も整備された（図）（中谷弸 一九八七、竹林忠男 一九八九、一九九七、清水寺史編纂委員会編 一九九七）。

（図）清水寺門前町（明治期・国際日本文化研究センター所蔵）

　このように、経済的基盤を失い、宗派も失った南都仏教だが、一八八一（明治一四）年頃になると、古社寺保護や維持組織を形成しようとする。これは、日本文化を代表するような宝物の流出や建造物の荒廃などが全国各地で問題となり、明治政府としてもなんらかの対応策を講じる必要が出てきたからである。政府は、明治維新以前のように特定の寺院を保護するような政策はとらず、それぞれの寺院が信徒組織を形成して、自主的に建造物や宝物を維持できるようにすることを目指した。清水寺でもこの時期に信徒総代を選出するが、興福寺や法隆寺など他の南都仏教寺院でも同様の動きがみられる。有力者の後援が期待できない清水寺は、観音信仰に基づく民間参詣団体である講に集う商工業者が支えることになった。こうした講の連合体は二十二講と呼ばれた。史料的制約が大きく、詳細はわからないが、それを基礎に保存講、さらには保存会が設立されたのではないかと考えられている。檀家が少ない南都仏教系の寺院では、通常宗派の寺院における檀家総代にあたるものを、こうした講の代表者の中から選び、信徒総代として組織化したとされている（清水寺史編纂委員会編 一九九七）。

　それまで、西大寺や法隆寺など大規模な寺院は、子院や塔頭を代表する寺内の

column 4

複数の僧侶による共同運営という形式がとられていた。このような体制はそれぞれの子院や塔頭の自立性が高く、物事を決定する時には決まらず、また決定したこともなかなか徹底されなかった。特に明治政府は寺社を統合しようとする意図が強く、政府の決定を寺社の末端まで早く浸透させねばならなかった。そのため、大規模な寺院にも一人の住職を決め、すべての責任と権限をその住職に一任するというシステムが取られた。南都仏教系の寺院の中には、檀家は少ないが、歴史と格式を誇る子院や塔頭が多く、寺院組織全体の貧困問題などについての意思決定がはかどらないところが多かった（真言律宗独立認可百周年記念誌編纂委員会編 一九九六）。

このような寺院改革の責任と権限は、清水寺では月照の後に、本坊成就院の住職となった園部忍慶が担った。園部忍慶は、一八七五（明治八）年に清水寺住職に就任した。その後、実績を買われて、復興した興福寺の住職にも迎えられ、南都仏教全体の立て直しにも尽力する。園部忍慶らの努力と多くの信者の支援の結果、廃仏毀釈で荒廃した古社寺の修繕が徐々に行われていった。一八九〇（明治二三）年、もともと興福寺の学侶であった雲井良海を清水寺住職に迎え、翌年には興福寺住職を兼務させる。雲井は本堂（清水の舞台）の維持などのために資金を必要としたので、塔頭の整理を進めた。山外から新たに着任した雲井に対して、清水寺の塔頭住職の井坊忍教達は、激しく抵抗し、裁判になった。雲井は、様々な嫌疑をかけられたことで、一八九四（明治二七）年五月に自殺してしまう。以降、清水寺における寺院組織の近代化は千早定朝が行うが、その際、千早は塔頭住職とも関係が深かった講の関係者ではなく、京都市内の有力な商工業者や政治家の中から信徒総代を選び、清水寺の改革を推進した。そして、一八九七（明治三〇）年に古寺社保存法が制定され、清水寺本堂は特別保護建造物（国宝）に指定された。これにより、本堂と舞台の大修理が行われ、一九〇二年（明治三五）年六月、本堂修理の完成に伴う落慶法要が営まれた。（清水寺史編纂委員会編 一九九七）。

このように、上知令や東京遷都による収入の大きな減少、宗派の統制などによって、一寺住職制、社寺総代制度の発足などの寺院組織の改革が行われた。これらの改革は、清水寺の寺院組織の近代化を促す大きな契機となった。明治維新以降の清水寺は、大きな波乱を含みながら、寺院組織の改革を行い、堂塔を維持し、現在にいたるのである。

参考文献

◎中谷堋 一九八七「明治初期社寺政策と事情」『資料館紀要』第一五号

◎竹林忠男 一九八九・一九九七「京都府における地租改正ならびに地籍編纂事業（上）（下）」『資料館紀要』第一七号・第二五号

◎真言律宗独立認可百周年記念誌編纂委員会編 一九九六『近代の西大寺と真言律宗』西大寺

◎清水寺史編纂委員会編 一九九七『清水寺史』第二巻 法藏館

Ⅳ　東山の近代　執筆者紹介

井上　えり子（いのうえ　えりこ）
京都女子大学家政学部教授。専門は建築計画（住宅計画）。
著作／『京の花街　ひと・わざ・まち』〔共著〕（日本評論社、二〇〇九年）ほか。

佐野　静代（さの　しずよ）
同志社大学文学部教授。専門は歴史地理学。
著作／『中近世の生業と里湖の環境史』（吉川弘文館、二〇一七年）ほか。

木立　雅朗（きだち　まさあき）
立命館大学文学部教授。専門は窯業考古学。
著作／『元藤平陶芸登り窯の歴史的価値等調査研究報告書』〔共著〕（京都市、二〇一五年）ほか。

杉本　弘幸（すぎもと　ひろゆき）
京都府立京都学・歴彩館京都学推進課、大阪大学大学院ほか非常勤講師。専門は日本近現代史。
著作／『近代日本の都市社会政策とマイノリティ』（思文閣出版、二〇一五年）ほか。

あとがき

本書の構成は、これまで既刊の『京都を学ぶ』シリーズにおける方針を基本的に踏襲し、洛東の特徴ある文化資源を発掘して、それを紹介することを主眼とした。従って、既刊の四冊と同様に、網羅的・目録的な紹介を目指したものではないが、本書にご執筆いただいた研究者の視角は、多様な文化資源に注目を向けることとなった。それらを、次のように四部に分けて収載した。

Ⅰ「洛中と洛東を結ぶ橋」では、洛中と洛東を結ぶ、鴨川の渡河について取り上げた。平安時代の河床の渡渉や唐橋（辛橋・韓橋とも）から、中・近世の数多くの橋について紹介し、特に著名な五条の橋については、牛若・弁慶伝承や橋の形についても目を向けた。

ついでⅡ「東山の山荘と寺院」に収載した諸論は、鴨川のすぐ東の吉田・白川・東山における、中世の寺院・山荘が対象である。そこでは平家物語や天狗譚も取り上げられた。

さらにⅢ「山科の寺院」では、いくつかの著名寺院が取り上げられているが、寺院そのものだけではなく、寺院をめぐるさまざまな動向に目を配り、しかもその視野が近世・近代の再発見にまで及んでいる。

Ⅳ「東山の近代」が紹介するのは、一転してきわめて特徴的な近代の諸相である。宮川町花街の成立過程や構成、岡崎の琵琶湖疏水利用による近代庭園をはじめ、近代の清水寺や京焼・清水焼や登り窯が対象である。

繰り返しになるが、本書で取り上げた事象は、洛東の文化資源のごくわずかな例でしかない。しかし、本書を契機としてさまざまな文化資源の様相に関心を向けていただくことができたなら、本書の目的の大半を果たしたことになる。

本書の出版をお引き受けいただいたナカニシヤ出版に、とりわけ編集実務を御担当いただいた石崎雄高氏にも、改めて深謝したい。また、研究会の運営と本書の編集実務についてコーディネーターとしてご尽力いただいた、京都府立京都学・歴彩館（京都学推進課）の吉岡直人、川口成人、中西大輔、杉本弘幸、寺嶋一根の各氏にも、末尾ながらお礼申し上げたい。

なお表紙カバーに用いた、独特な鳥観図風の地図は、吉田初三郎による「京都名所御案内　御大礼記念」（京都大丸刊、一九二八年）の鴨川付近の部分である。並べた現在の鴨川の写真と比べていただきたい。

金田章裕

京都を学ぶ【洛東編】──文化資源を発掘する──

2021年3月31日　初版第1刷発行　　定価はカバーに表示してあります

京都学研究会 編
編集委員　金田章裕・安達敬子
コーディネーター　吉岡直人・川口成人・中西大輔・杉本弘幸・寺嶋一根
発行者　中西　良
発行所　株式会社ナカニシヤ出版
〒606-8161　京都市左京区一乗寺木ノ本町15番地
電　話　075－723－0111
FAX　075－723－0095
振替口座　01030－0－13128
URL　http://www.nakanishiya.co.jp/
E-mail　iihon-ippai@nakanishiya.co.jp

落丁・乱丁本はお取り替えします。ISBN978-4-7795-1573-6 C0025

装丁　草川啓三
印刷・製本　ファインワークス